创新型人才培养模式探究

周 楠 著

吉林大学出版社
·长春·

图书在版编目（CIP）数据

创新型人才培养模式探究 / 周楠著. -- 长春：吉林大学出版社，2021.4
ISBN 978-7-5692-8207-8

Ⅰ.①创… Ⅱ.①周… Ⅲ.①高等学校—人才培养—培养模式—研究—中国 Ⅳ.① G649.2

中国版本图书馆 CIP 数据核字（2021）第 077425 号

书　　名	创新型人才培养模式探究 CHUANGXINXING RENCAI PEIYANG MOSHI TANJIU	
作　　者	周楠　著	
策划编辑	杨占星	
责任编辑	滕岩	
责任校对	李潇潇	
装帧设计	芳芳	
出版发行	吉林大学出版社	
社　　址	长春市人民大街 4059 号	
邮政编码	130021	
发行电话	0431-89580028/29/21	
网　　址	http://www.jlup.com.cn	
电子邮箱	jdcbs@jlu.edu.cn	
印　　刷	河北文盛印刷有限公司	
开　　本	787mm×1092mm　1/16	
印　　张	14	
字　　数	220 千字	
版　　次	2021 年 4 月　第 1 版	
印　　次	2021 年 4 月　第 1 次	
书　　号	ISBN 978-7-5692-8207-8	
定　　价	68.00 元	

版权所有　翻印必究

前言 PREFACE

目前，新科技革命正在深刻地改变着人类的经济生活和社会生活，面对新的挑战，对创新人才的需求更为迫切。创新人才培养是时代赋予社会的一项重要任务，要在全社会营造一种适宜于创造力发展与创新人才成长的文化环境，树立"以人为本"的科学理念，创造开放的、宽松的科学环境，倡导追求真理，发挥优秀人才的带动作用、导向作用和示范作用。

《创新型人才培养模式探究》一书以当代人的历史使命与潜能挖掘为切入，共设置为七章：第一章围绕知识经济时代及其对人才培养的挑战、知识经济与创新、时代发展趋势及科技创新人才的需求、科技创新能力培养的影响因素不同方面，对知识经济及对创新能力的需求进行了解读；第二章探讨了创新型人才成长的一般规律，内容包括创新型人才的类型与特征、原生家庭教养方式对创造力的影响、基于适应性绩效的创新型人才个体特征、创造力与组织创新氛围、基于期望理论的企业创新型人才激励方式；第三章分析了创新思维的发生原理、创新型人才培养的价值理论、中国创新型人才的发展、国际化思维及其创新人才培养；第四章论述了创新人才与教育环境、创新人才培养的文化环境、创新人才培养的制度环境、创新人才教育环境的评估；第五章基于创新型人才培养与高校人才培养制度创新，围绕高校创新型人才培养制度的宏观层面创新、中观层面创新、微观层面创新进行了探究；第六、七章突出实践性，分别对创新型人才培养与高校人才培养模式构建、创新型人才培养与高校师资队伍建设两个方面进行了研究。

全书内容丰富、结构严谨，全面分析了创新型人才培养模式的相关理论知识以及实践研究，力求把培养创新人才作为教育改革的主要任务之一，强调全面发展、自由发展的同时突出创新精神，能够使广大学者和读者真正理解培养创新型人才的重要性。

  笔者在撰写本书的过程中，得到了许多专家学者的帮助和指导，在此表示诚挚的谢意。由于笔者水平有限，书中所涉及的内容难免有疏漏之处，希望各位读者多提宝贵意见，以便笔者进一步修改，使之更加完善。

作者
2020.12

目录 CONTENTS

绪论　当代人的历史使命与潜能挖掘……………………………………… 001

第一章　知识经济及对创新能力的需求……………………………………… 007
第一节　知识经济时代及其对人才培养的挑战 ……………………… 007
第二节　知识经济与创新 ……………………………………………… 010
第三节　时代发展趋势及科技创新人才的需求 ……………………… 017
第四节　科技创新能力培养的影响因素 ……………………………… 031

第二章　创新型人才成长的一般规律………………………………………… 042
第一节　创新型人才的类型与特征 …………………………………… 042
第二节　原生家庭教养方式对创造力的影响 ………………………… 044
第三节　基于适应性绩效的创新型人才个体特征 …………………… 046
第四节　创造力与组织创新氛围 ……………………………………… 051
第五节　基于期望理论的企业创新型人才激励方式 ………………… 052

第三章　创新型人才培养……………………………………………………… 058
第一节　创新思维的发生原理 ………………………………………… 058
第二节　创新型人才培养的价值理论 ………………………………… 087
第三节　中国创新型人才的发展分析 ………………………………… 091
第四节　国际化思维及其创新人才培养 ……………………………… 108

第四章　创新人才培养的教育环境建设 143

第一节　创新人才的教育环境 143

第二节　创新人才培养的文化环境 154

第三节　创新人才培养的制度环境 160

第四节　创新人才教育环境的评估 165

第五章　创新型人才培养与高校人才培养制度创新 167

第一节　高校创新型人才培养制度的宏观层面创新 167

第二节　高校创新型人才培养制度的中观层面创新 173

第三节　高校创新型人才培养制度的微观层面创新 181

第六章　创新型人才培养与高校人才培养模式构建 188

第一节　高校创新型人才培养模式的认知 188

第二节　高校创新型人才培养模式的基本架构与运作机制 194

第三节　高校创新型人才培养模式构建的原则与对策 198

第四节　高校创新型人才培养模式在实施中存在的难点 203

第七章　创新型人才培养与高校师资队伍建设 205

第一节　高校创新型教师队伍建设的重要性分析 205

第二节　高校创新型教师应具备的基本素质 207

第三节　高校创新型人才培养途径和教师激励机制 209

参考文献 216

绪论　当代人的历史使命与潜能挖掘

一、当代人的历史使命

当代大学生的历史使命是实现现代化，振兴中华。如何理解"历史使命"应当从以下几方面着手。

（一）历史使命的意义

在古代，"使命"通常指的是初始的人所领受的应完成的任务，后来多指应尽的责任与义务；"历史使命"则是一个和时代相结合形成的概念，指的是在历史发展中应承担的历史责任和应尽的历史义务。若想正确理解大学生的"历史使命"与"当代使命"，首先需要正确区分"历史"和"当代"两个概念。"当代"是一个横向概念，指的是目前所处的时代，它是构成"历史"这一纵向概念的重要组成部分之一，每一个"当代"的政治、经济、科学、文化、教育等，都将对历史的发展产生不容忽视的重要影响。

现今社会的一切客观存在，包括人类本身与人类文明，都是历史不断向前发展的产物，当代人类活动既具有一定的历史色彩，同时又将对未来社会的发展产生重要影响。所以说我们所承担的责任与使命既是历史使命、历史责任，又是"当代"的责任与使命，主要就是由人类活动与历史的相关性所决定的。抛开历史，只谈当代，就会丧失历史事实的客观性；抛开当代，只谈历史，就会丧失当代现实的必然性。因此，当代大学生必须以历史意识、历史责任感严格要求自己，对历史负责，对当代负责。

（二）我国近代历史的回顾

中华民族的近代历史，其实就是中国共产党领导人民进行革命斗争和进行社会主义建设的历史，在对中华民族近代历史的回顾中不容忽视的一个阶段，就是改革开放四十多年的历史。在这之中，主要可以获得三个有效结论：

第一，由中国近代屈辱史可知，"落后就要挨打"；

第二，由中国共产党领导人民取得革命胜利的历史可知，不甘落后是中华民族的一种民族精神；

第三，由中国共产党领导人民进行社会主义建设与改革开放的历史可知，凭借自强不息、顽强奋斗的民族精神，中华民族终将跻身世界先进民族行列。

这三个历史结论，前一个主要针对的是历史局限，后两个主要针对的是历史发展成果。同时，在回顾中华民族近代历史的过程中需要进一步强调，中华民族对社会主义发展道路的选择具有一定的必然性。只有不断强化这一点认知，才能加深中国共产党领导人民走上建设社会主义道路的历史必然性在学生脑海中的印象。

（三）当代人肩负的历史使命

随着经济全球化的进程加快，世界各国之间的竞争形势越来越严峻，以经济贸易为发展战略中心地位、以经济和科技实力为基础、以综合国力为标准的国际竞争，正在对世界格局产生着潜移默化的影响，更推动着世界经济的迅猛发展。我国正处于新旧世纪交替的关键历史时期，既面临着对社会主义事业和当代人的双重挑战，同时也面临着前所未有的历史机遇。所谓挑战，指的是我们国家的经济发展必须在科学的原则上提速，必须能够发挥巩固社会主义制度和国家长治久安的作用；所谓机遇，指的是具有一定时效性的契机，是在复杂多变的国际形势中形成的和平与发展空间。具体来讲，就现阶段而言，我国面临的发展机遇主要包括以下几方面。

（1）和平发展的国际环境。两极格局的终结使世界各国迎来了和平稳定的发展期，大国实力正在面临重新分化的局面，多极化发展格局正在经历一个缓慢且复杂的发展周期。在相当长的一段发展期里，新的世界性战争将不会发生，这无疑为各国寻求新的发展创造了和平稳定的国际环境。具体到我国，和平共处五项原则和独立自主的外交政策施行以来，我国与多数国家建立了良好的外交关系，这种和谐的外交环境对于我国来讲，同样是一个可以安心发展的外部环境保障。

（2）新技术革命的兴起。以信息化、现代化为主要特征的新技术革命在世界范围内兴起，在各国掀起了学习和利用新技术的浪潮。虽然各国在利用最新技术方面的起点不同，但经济落后的国家将以始料未及的速度实现迅速发展。

（3）机遇与挑战并存的世界形势。纵观世界形势，通盘研究后，党中央将我国所面临的国内外形势认定为"既有挑战，更有机遇"，这为我国坚定以经济建设为中心提供了理论依据。因此，我国想要在国际事务中占据有利地位，想要拥有更大的话语权，就必须抓住有利时机，集中主要精力，加强经济建设，提升我国的综合国力和国际竞争力。而绝对优势的国际地位同样可以创造便于我国顺利开展现代化建设的和平稳定环境。

综上所述，强化当代学生对我国在世界形势中所面对的机遇与挑战的理解，主要可以从以下三方面入手。

第一，"挑战"于个人、于民族、于国家而言，都是普遍存在的，想要为自己创造更大的机遇、实现更大的发展，就必须正视挑战，迎接挑战，并最终战胜挑战；

第二，国家的发展水平、经济实力情况直接关系着国家在国际竞争中的地位和话语权，因此，要铆足干劲投身经济建设；

第三，综合国力的竞争、科学技术的竞争是国际竞争的实质，优质人才的竞争是国际竞争的核心。

由此可见，民族的生存和发展与我国所面临的挑战和机遇之间的紧密内在联系至关重要，它同样会对民族后代的生存与发展产生深远影响。从这个角度来讲，以振兴中华民族为己任，为了全力推动社会主义现代化建设和社会主义和谐社会建设，实现个人进步与发展奉献，努力抓住机遇、勇敢面对挑战，将成为当代学生的使命和重要任务。

综上所述，在机遇与挑战并行的社会环境下，能否把握机遇、积极应对挑战，将成为当代大学生所面临的历史使命和关乎民族生存与发展的重要问题。这不仅仅是实现四个现代化的发展要求，更是当代大学生能否真正发挥民族振兴中坚力量、助力民族繁荣富强的关键命题。当代大学生是祖国的希望和民族的未来，在激烈的国际竞争中，只有树立大学生迎接挑战和抓住机遇的意识，才能让他们在激烈的社会竞争中拥有积极进取的精神和敢于面对的品格，才能让其以更大的优势实现其历史使命。

二、人的潜能挖掘

教育的重要意义在于，能够以充分开发人的潜能为契机，实现人的全面发展，最终实现促进经济社会发展的目标。而要实现这一目标，首先要能够清楚地认识到教育对人潜能的开发作用，而要正确认识这一点，就要对人的潜能有一定的理解。

（一）人的潜能分类与特征

1. 人的潜能分类

长期以来，不同的专家学者从不同的立场和角度对潜能的分类做了不同的解释，形成了不同的理论体系。就笔者个人观点来看，人的潜能可分为智力潜能、情绪潜能、个人潜能、社会潜能、身体潜能、感觉潜能、语言潜能、自省潜能、空间潜能等几类。教育工作者要针对性地发掘每个独立个体身上的潜能优势，并采用因材施教的方式，帮助独立个体发现并有效利用这种潜能，以发挥潜能潜在的巨大能量，实现个体的全面发展。

2. 人的潜能特征

根据不同学派的专家学者对人的潜能的不同认识，人的潜能特征也包括以下几大类。

（1）内隐性。即人的潜能潜藏在人的潜意识中，是已经存在的主观体现，只是尚未以具体的形态展现出来。

（2）可认识性和可操作性。即承认人的潜能潜藏在人的潜意识中，同时认为人的潜能可以通过针对性研究被人们所认识、接受，并可以被开发出来。

（3）动力趋向性。即认为人的潜能经过针对性的开发过程，可以实现隐性向显性的转变，进而转化成个人素质结构的有机部分。

（4）多样性。即认为人的潜能需要知识挖掘和意志控制，具有多样性的基本特征，因此没有善与恶的区分。

（5）遗传性。陶行知先生曾说"人生天地间，各自有禀赋"，就是说人在后天发育和学习过程中会拥有内在的基础性资源，它构成了人的潜能中的重要内容，通过合理的开发和利用，这些基础性资源可以为实现青年的全面发展提供最佳的发展空间，夯实最坚实的基础，这与素质教育倡导的人的素质是人的先天的遗传性和后天习得性的统一的理论不谋而合。

（6）内在结构性。即认为人的潜能是一个内部彼此连接又彼此控制的链状结构整体，它并不以单独元素独立存在，也不以互不影响为存在形式。

（二）教育应承担起开发人的潜能重任

根据多元智能理论的思想，构成人的智能体系的基本元素主要包括自我认识智能、人际关系智能、数理逻辑智能、语言智能、空间智能、身体运动智能等。受到天生因素和后天因素影响，每个人会在日常行为和学习过程中或早或晚形成自己的强势和弱势，而后，经过良好的教育开发，强势会转变成优势，某些智能因素也会得到一定程度的开发。多元智能理论对于学校教育的影响是深远的，它成功开启了教育教学的新方向，以多元智能理论为基础来研究人的潜能开发，意义也必将是重大的。学生的个体差异是教学者在教学过程中必须首要关注的问题，更是其开展教育教学的重点和关键，因此，在开发人的潜能过程中，教学者一定要摆脱传统思维定式的桎梏，培养潜能开发的优秀人才。具体来讲，开发人的潜能需要遵循以下基本原则。

（1）与我国教育目标相吻合。即教育要以培养综合素养全面、创新能力与实践能力并重、进取精神和逻辑思维同步提升的德智体美劳全面发展的创新型人才为目标，要能够为社会主义现代化建设做出突出贡献。而开发人的潜能要将一系列活动与教育进行结合，要以教育目标为基本准则。主要可以从两方面理解：首先，要符合教育目标中培养全面发展的人的原则，即充分发掘潜藏在人的潜意识中的各项潜能，实现独立个体的德智体美劳全面培养、全面发展；其次，要符合教育目标中关于培养富有个性的人才的目标，即要尊重独立个体在兴趣、爱好、特长、基础等各方面的差异性，在发掘人的潜能的过程中，以实现独立个体的优势最大化为目标，充分且科学地进行各种开发人的潜能的活动。

（2）遵循个体身心发展的规律。个体与整体的不同之处在于，其具有个人专属的个性特点。而实现对人的潜能的科学、有效开发，就要以遵循个体个性特点为出发点，通过利用或者创造便于个体在其专长领域发展的有利条件，实现个体的身心健康发展效果。

（3）遵循系统论的观点研究人的潜能。在系统论看来，研究对象是由各个不同要素组成的有机统一整体，系统论的观点就是从这个整体出发，对整体及构成这个整体的各个组成部分的内在联系、功能行为和发展动态等进行研究，从部分到整体，由整体到局部，进行系统化的感知。

人的潜能系统是由多种多样的潜能因素及其之间紧密相连、密不可分的关系构成的，各个组成因素通过一定的组合形式，构成了多样化的潜能系统。因此，对人的潜能进行研究和发掘，要以系统论的方法为指导思想，通过对各个组成要素及其之间的建议的研究，充分发挥潜能系统的重要作用。

第一章　知识经济及对创新能力的需求

　　知识经济时代，创新已成为决定性的因素，我国的教育必须顺应形势，依据创新的特征及要求，改革教育体制及方式存在的弊端，采取积极措施，培养出大批具有创新能力的人才而努力。本章重点围绕知识经济时代及其对人才培养的挑战，知识经济与创新，时代发展趋势及科技创新人才的需求及科技创新能力培养的影响因素等方面展开论述。

第一节　知识经济时代及其对人才培养的挑战

一、知识经济时代分析

　　知识经济的更好发展需要加大知识教育力度，这是由知识经济的基础是知识、其主体是人的脑力劳动的基本特征所决定的。知识经济的主要执行部门是教育与研发部门，其主要工作职能在于为社会经济发展储备高素质的人力资源。具体来讲，教育要培养具有高素质的创新型人才，使其以更为扎实的科学知识和实践能力参与到国际竞争中去。在加大教育力度的过程中，尤其要注意教育的规模、质量和结构与教育满足知识经济时代人才资源需求的相适应程度，必须加快教育体制改革，以改善传统教育体制的诸多弊端为前提，建立健全终身教育体系，为知识经济发展奠定数量有保障、结构更科学的人力基础。要坚定地探索科技发展，在知识经济体系框架内，积极调整经济结构、产业结构和所有制结构，优化教育资源结构，调整人才培养布局向着多层次、多模式、弹性化的人才培养体系方向发展,以提升各级各类教育教学质量和水平。知识经济时代的到来,说到底是社会对于创新型人才呈现出了大量的需求,教育的目的就在于通过理论知识的讲授,培养大量社会所需的精英人才。因此,教育改革的深化将成为未来教育发展的必经之路。

开放化和国际化是现阶段知识经济所呈现出的主要特征,也正是这种基本特征,决定了对人才的更高要求,即要求人才必须知法、懂法、能够用法,必须以高尚的思想道德水平积极探索自然科学、人文社会科学的客观规律,要培养自身的创新思维、服务意识,以更好地投身经济发展。大学教育作为为知识经济时代培养和输送大量优质创新型人才的"窗口",尤其要更加重视以知识经济时代的人才需求标准为前提,强化人才知识与能力的培养体系,简单来讲,就是要为知识经济时代的迅猛发展培养具有强大的国际竞争能力、能使高科技产业化的复合型人才,培养其通过自身努力提升中国高技术产业在世界高技术产业中的领先地位的高尚理想、严于律己的职业素养和为社会发展献身的责任感,使其拥有扎实的知识经济知识、严格遵守一切法律法规的法律意识,这都是创新型人才的主要特征。

创新是一切个人发展和社会进步的灵魂和关键,知识经济时代创新教育的目的在于实现社会的进步和民族的振兴,而要实现这个目标,就要坚定创新教育的核心内容,即通过创新教育思想、创新教育内容、创新教育方法和营造有利于创新的环境,培养人才的创造性思维和创新能力。

二、知识经济时代对人才培养的挑战

(一)知识经济时代对人才培养的要求

在全面进入信息网络时代下,新知识、新技术飞速发展和传播,知识的更新速度大大加快,大学课本上的知识已难以代表当今最新的知识。知识经济时代对高校人才培养提出了全新的要求。[1]

---

[1] 邵立新.知识经济对高校人才培养的要求与挑战[J].漯河职业技术学院学报(综合版),2006,5(2):72–73.

知识经济是指建立在知识和信息的生产、分配及使用之上的经济。它是以知识等无形资产投入为主的经济，依赖于知识的创新、传播和应用，其特征就是知识不断创新，高新技术迅速产业化。在知识经济时代，知识是成功致富的最重要资源，是推动经济增长和社会发展的重要动力，并成为国际社会各国综合国力比拼中的重要指标。在所有经济行为中，知识、智力等无形资产的投入起着决定性作用。

知识经济是以高新技术为支柱，以智力资源为依托的可持续性发展经济。一个国家知识生产水平高、信息传播快、科技成果运用广，在一定程度上意味着这个国家的综合实力就强，其经济发展和社会进步就能在国际社会上占据更有利的地位。因而，在激烈的经济竞争中，世界各国都越来越清楚知识的重要性，都认识到要在竞争中确立优势就要不断更新和提高知识。

"创新是一个民族进步的灵魂，更是国家兴旺发达的不竭动力。"知识经济时代所需的创新，一定是知识创新与技术创新的统一体，知识创新为技术创新提供客观的理论依据和动力支持，技术创新在知识创新中得到不断更新，二者相互配合、相辅相成，共同推动科技进步和经济增长，共同发力，坚定未来社会文化的基础与核心。

（二）知识经济时代对人才培养实现的转变

在科学技术革命引领知识经济初现端倪并实现进一步发展的当下，高校人才培养也正经历一个重要的转型，即以传统教育观念和教育方式的转变，实现与知识经济社会发展所需优质人才相适应的人才培养目标。

（1）变"以教师为主体"为"以学生为主体"。在教师教学与学生学习相配合的教学过程中，传统教学模式之所以面临瓶颈期，学生的思想活动和创造精神之所以受到一定程度的压抑，学生的独立思考能力和批判精神培养计划之所以受到阻碍，主要原因就在于传统教学体系以教师为主体，忽略了对学生主动探究能力的培养。而知识经济所需的创新型人才培养计划，更能够凸显学生的主体地位，强调培养学生的主观能动性、自主探究能力和创造力，这种人才培养计划的出发点和最终落脚点，都是培养未来文明的创造者，而非机械的学习者或模仿者。

（2）变"以智为重"为"情智协调"。传统教学模式的弊端还表现在过于注重对学生智力因素的开发与培养，忽视了对学生情感因素和非智力因素的开发，因此要调整人才培养方向，促进学生情智协调发展。

（3）变"重理轻文"为"文理渗透"。素质教育的两大重要组成部分，是科学教育和人文教育，那么提升大学生的文化素养和综合素质，应做好以下八个方面的工作：①提升人文课程教师团队的教学能力和文化素养；②调整课程结构，在基础课程之外新增文化素质教育课程，并加大其在专业教学计划中的比重；③为人文学科辅修专业或双学位制的实行创造便利条件；④定时开展有组织、有计划的人文社会科学系列讲座；⑤学校向学生推荐"应读书目"，提升学生的文化素养；⑥以艺术教研室为载体，对学生进行美学、艺术等课程培训；⑦开展以提升大学生综合素质为核心的各种校园文化活动；⑧开展多种形式的社会实践活动。

总而言之，转变传统教育观念和教育方式以适应知识经济时代的发展趋势和发展要求，是一项长期且艰巨的任务，需要教育工作者的不懈努力和终身探索，需要以观念转变为前提条件，落实目标制定、计划执行等各个环节的工作。

第二节　知识经济与创新

一、知识经济与技术创新

（一）知识经济特征

在农业时代和工业时代，人们的生活重心和工作重点在于利用现有的土地等丰富的自然资源和其他形式的资本等有形的物力资源，创造尽可能多的物质财富和生活资源，以满足人们日益增长的物质和文化生活需求。随着历史的变迁、经济的发展和社会的进步，尤其是知识经济的出现和崛起，知识和信息逐渐取代了有形的物力资源，成为了影响经济发展和社会进步的重要因素，更直接决定着社会经济的发展水平。在知识经济迅猛发展的当下，自然资源在现代产品中的功能性作用逐渐被弱化,计算机硬件设施和软件产品等信息化设施中,基本寻不到自然资源的影子了。以科技强国日本为例,在自然资源相对匮乏的形势下,日本以科技强国,成功跻身世界强国行列。

知识经济是全球一体化的经济。经济全球化是当代世界经济的最根本特征,而信息技术,尤其是网络技术,为世界经济及贸易发展提供了必不可少的技术条件,信息产业从一开始就是世界性的产业经济,全球一体化的趋势一方面为知识和信息的传播开辟了广阔的天地;另一方面又成为推动知识经济化发展的新动力。随着知识经济的崛起,国际贸易、金融和投资的全球化趋势已经相当明显,信息技术的发展使得国际贸易变得相对容易和快捷,经济全球化又加剧了国际间的竞争。

(二)技术创新发展

技术创新是在现有的科学技术和科学知识的基础上,探索新技术、研究新产品、发现新资源、创新新发明的创新活动,换言之,它是通过整合各种生产要素来改变或创造新的生产资料,以获得全新的生产变革的活动。实现技术创新的前提条件,是对生产要素和生产资料的整合,技术创新的最终结果,是以新技术或者现有技术的革新带动企业经济效益的增长。

(三)知识经济时代技术创新的意义

在知识经济时代,技术创新与经济发展相辅相成,经济发展为技术创新提供基础和条件,同时又对技术创新提出需求、提供舞台。具体来说,经济的发展可以为技术创新提供资金,同时又为技术创新不断提出新的要求,技术创新只有在一定的经济条件下才能发挥作用,任何技术创新的产生和发展都需要相应的人力、物力和财力,一个国家或企业投入技术创新的资源状况是该国或该企业技术发展的一个重要前提。技术创新是经济发展的推动力,科技是第一生产力,技术对其他生产要素不断渗透,技术创新与经济相互促进,形成良性循环、正反馈,社会才会不断进步,经济才能不断发展。技术创新受制于经济实力,技术创新又对经济的发展有较大的推动作用。

科学是技术之源,技术是产业之源。对于企业来讲,知识经济时代的技术创新是一个涵盖技术创新项目的决策、技术研究开发、生产管理、市场营销等

多方面内容的系统的工程。通过技术创新,可以实现企业内部环境的改善。具体来讲,这种改善作用主要表现在:

(1)改善研制条件,提升企业对外适应力,并通过对外部环境的影响,提升企业整体素养;

(2)增强企业核心竞争力;

(3)使员工的创造力和创新思维得到充分发挥,进而达到优化企业内部人员结构、优化资源配置、提升企业管理水平的效果;

(4)技术创新所带来的新技术和新产品在企业中的合理运用,可以提高企业剩余生产力的有效利用率,从而为企业节约生产成本。

(四)创建面向知识经济的国家技术创新体系

21世纪将是知识经济占世界经济主导地位的世纪。知识经济直接依赖于知识和信息的生产、扩散和应用。由于知识创新和技术创新是知识经济的基础和灵魂,所以一个拥有持续创新能力和大量高素质人力资源的国家,将具备发展知识经济的较大潜力,而一个缺乏科技储备和技术创新能力的国家,将失去发展知识经济的机遇。技术创新是实现知识密集型增长的动力,国家技术创新体系是国民经济可持续发展的基石,是强化技术创新的最主要的政策手段。为了迎接知识经济的到来,世界各国政府都在思考应变的政策和战略,我国的技术创新体系还有待健全,一方面是因为我国科技投入少,市场机制有待健全;另一方面是因为我国现行科技创新体制及运行机制不合理。因此,针对我国的具体国情,建立面向知识经济的国家技术创新体系,完善我国的科技创新制度很有必要。对此,继全国技术创新大会之后,各省市自治区也都相继召开技术创新大会,进行动员部署,制定政策和战略,甚至主要领导都发表论述。

技术创新本身就是高风险投资,在国家技术创新体系中应大力发展高科技风险投资事业以促进技术创新。高技术风险投资是指把资金投向隐含着失败风险的高技术及其产品的研究开发领域,旨在促使新技术成果尽快商品化,以获取高资本收益的一种投资行为。从世界各国的科技产业发展经验来看,发展风险投资事业是实现高技术成果转化和发展高技术产业的重要途径。风险投资在20世纪20年代以后以硅谷为中心风行美国,风险投资已成为促进美国新技术产业和经济发展的主要动力。我国高科技风险投资起步较晚,知识经济时代为发展风险投资提供了机遇,发展风险投资有利于我国科技成果的转化,带动高新技术产业的发展;使那些闲置的科技成果等无形资产找到用武之地;有利于加强科技与市场的结合。

正确、合理地实施以企业为主体的技术创新工程体系,主要包括以下三方面内容。

第一,创新宏观调控体系。宏观调控是政府职能的具体体现,形成以政府主导、企业积极配合的创新宏观调控体系,能够提升企业创新力。

第二,创新企业技术机制。这是从企业创新能力提升的层面提出的应对策略,以长远的眼光来看,技术创新机制还可以为企业发展更好地适应国家技术创新工程战略提供制度保障。

第三,创新社会服务技术。即优化社会支持体系,全力推进企业技术创新,可以为企业提供创新服务支持,并提高企业的市场预测敏感度及应对各种突发事项的应变能力。

在国家创新体系中应大力创建高科技工业园区,实现产、学、研一体化是技术创新的重要途径,高新科技工业园区是以大专院校和科研院所为依托的生产、教学和科研的紧密结合的工业园区,它在进行技术创新与开发的同时注重于科研成果的转化,促进科技成果在经济上的应用,可实现产、学、研三方面的优势互补。由于企业在人才、规模等方面的制约,企业很难凭借自己的力量单独进行研究,开发具有自主知识产权的产品和技术,而利用大专院校、科研院所的人才、研究设备、技术信息优势,结合企业在市场信息、资金方面的优势,进行联合开发产品和技术,就能实现企业技术的创新,提高企业在市场上的竞争力。对此,一些公司企业、科研院所、高等学校创造了新鲜经验一些市县也进行了实施技术创新,从而促进市域经济快速健康发展。

二、知识经济与管理创新

企业管理是一个处于不断变化和发展中的动态概念,从科学管理到现代经营管理,再到系统管理,发展到现阶段的全新的"管理革命期",经历了一个漫长的发展过程。随着科学技术的迅速发展和现代企业发展的迫切需要，传统的企业管理方式逐渐暴露出了一些问题，使之不能满足现代企业经营需要。因此，实现工业经济的管理向知识经济的管理转变，不仅仅是时代发展的必然趋势，更是企业寻求长远、健康发展的必然选择。而要实现这一目标，就要求企业必须清醒地认识到知识经济时代的基本特征、需求方向等，以自身产品结构的调整、内部资源的优化和管理方式的革新，带动企业的管理创新。

（一）观念创新：管理创新的先导与关键

1. 树立知识价值观

企业的立身之本、企业经营管理的基本信念以及企业树立的经营发展目标等，统称为企业的价值观，员工工作的行为准则同样是以企业的价值观为基础制订而来，它代表着企业存在的理由。农业经济时代，人们创造财富的工具主要是土地和劳动；工业经济时代，人们创造财富的工具主要是资本和能源；进入知识经济时代，知识和信息成为这个时代的人们赖以生存、创造财富和实现自我发展及社会进步的主要工具。同时，诚如数百年前土地和劳动被资本和能源所取代一样，当今社会，知识和信息也正在逐渐取代资本和能源，成为社会主流。在这样一种社会背景影响下，相较于农业和工业经济时代，人们或者企业的思想观、价值观必将发生巨大的变化。因此，企业想要创造价值，最直接、最主要、最关键的一点，就是要摆脱传统观念束缚，树立全新的价值观和文化观。

2. 树立竞争优势观

进入知识经济时代，各企业的创新意识和创新能力得到进一步的加强，随之而来的就是企业间持续的竞争模式。不过，相对于以往企业间的竞争模式倾向于恶性竞争，知识经济时代企业间的竞争体现出了合作性的竞争特点，即以企业创新为切入点，各企业之间在共同开拓和培育市场的基础之上开展良性竞争，以争取更大市场份额。

新技术的不断完善、新产品的不断更新，带来的就是复杂多变的企业竞争环境，企业需要在这种复杂环境中做好新技术开发，提升工作能力，才能形成自身独特的竞争优势，以利于实现企业长远的生存与发展。同时，也要重视外部力量对自身发展的重要推动作用，通过整合生产厂家、主要客户、主要供应商等组织的优势资源，实现其与经营者、消费者关系的融洽统一，进而使企业拥有科学、运用科学技术与发明新产品的创造力和创新思维。除此之外，金融机构和行业协会等社会组织对于各机构之间的相互补充、相互利用、联合竞争、利益循环和共同发展，同样发挥着不可或缺的重要作用，这一方面的工作同样要提高重视、落实到位。

这种以打破传统企业竞争观念，采用有效手段以在市场竞争中取得优胜，进而占领更广阔市场份额的新观念，实现了市场竞争的合作倾向，即共同分享市场。

3. 树立以人为本的企业文化观

传统企业文化中，企业与人的关系属于雇佣关系的一种，即人付出相应的劳动，以换取企业的劳动所得。在这种雇佣关系中，人是以"机器人""经济人""社会人"的地位存在的，缺乏创造力与创新思维是其基本特征，规章制度是其行为准则。进入知识经济时代，企业逐渐认识到人在提升企业经济效益方面的重要作用，通过改革企业经营管理模式，可以凸显以人为本的企业经营理念。新时代的新型企业文化，将人作为知识经济的主体和知识承载的客体，注重对人才创新思维和创造力的培养，强调充分发掘人的潜能来实现人的价值和作用。以美国的"柔性管理"企业文化为例，作为知识经济时代典型的凸显文化人作用的新型企业经营管理模式，它将管理者和员工放在平等的位置上，通过二者之间的互动交流，使管理者明确员工的心理诉求和理想追求，并为满足其需求创造开放化的平台，同时让员工对企业文化有更深刻的体会，从而充分发挥自身的主观能动性，更好地服务企业发展。

知识经济是在社会发展中形成的一种凸显人才重要价值的创新型经济模式，对于人才的培养和重视是企业在市场竞争中占据优势的重要选择。而要想实现这个最终目标，就需要企业率先改革企业经营管理模式和人才培养模式，以先进的人力资源创新管理，实现最大化的人才利用效率。

（二）管理创新：知识经济时代的主旋律

作为经济时代的主旋律，管理创新指的是基于特定的时空环境，以满足人们的多种新诉求为最终目标，借助计划、组织、协调等途径，对系统中的资本信息、能量等系统要素进行优化配置的活动过程，它是使企业拥有较强的应变能力以积极应对和妥善处理复杂多变的外部环境，它将为企业发展注入新的生命力，并显著提升企业的核心竞争力。知识经济时代的管理创新与传统的企业管理的不同之处在于，它将管理重点放在了对人与人、人与物、机构与机构的关系协调方面，强调以实现整体目标为方向，积极整合各种资源和充分发挥主观能动性。与此同时，随着这种侧重点同步演变的，还有其管理职能，即将知识生产和利用以及敏捷、快速和高效、协调统一成为管理的重要职能，同时增设了新的管理职位——"信息主管"（CIO）、"知识主管"（CKO）、"技术主管"（CTO）、"学习主管"（CLO），企业管理方式也实现了向创新管理与知识管理的转变。这里所讲的"知识管理"，并不等同于 CIO（Chief Information Officer），是指在整个管理过程中，人们收集、加工和输入、输出的信息的总称。信息管理的过程包括信息收集、信息传输、信息加工和信息储存。对于将企业所拥有的知识转化成企业的持续竞争优势有深远影响。

实现知识共享是知识管理的重要发展目标，以建立知识收益的递增网络为重要内容，因此，企业在实行知识管理的过程中，要积极采取奖励政策，通过让员工获取相应报酬的方式，鼓励员工开放共享其所掌握的知识，否则，员工利益得不到满足，将在一定程度上制约企业的长远发展。这里所提出的收益递增规律是知识经济时代经济运行的基本规律，是与传统经济运行所遵循的效益递减规律相对应存在的一个概念，指的是在知识管理过程中，知识投入与所获得的收益呈正相关关系。因此，企业要以适应经济时代的发展要求为准则，通过将管理与知识的投入收益纳入企业管理范畴内，实现革新企业观念、推动企业发展的目的。

建立一个能为公开交流提供完好基础设施的网络，是企业实现知识管理的基本途径，而在落实过程中，企业首先要做的就是对自身的调整，即调整企业重心，创造有利于学习知识、积累知识和共享知识的良性环境，使其通过持续的技术创新和组织创新过程，沿着知识型企业目标发展。

（1）技术创新。技术创新的目标在于提高国际竞争力，市场需求是开展技术创新的重要参考标准，创造性、高投入、高效益、高人力资本存量、风险性是其基本特征,具体来讲,技术创新指的就是通过科研、工程化、商业化生产、市场营销等流程的新产品的研发和新工艺的创造的过程。随着科学技术在企业管理与生产中的渗透,以技术创新带动企业高技术产业的革新,将成为企业实现创新管理与长远发展的重要依托。因此,在知识经济时代,企业必须放宽眼界,调整产业类型,将高科技产业的发展作为企业发展重点,优先利用现有的自然资源,将其转化为高技术产业元素,以新技术的开发、新产品的问世为企业百年发展注入新的生机与活力。

(2)组织创新。组织创新是以原有组织结构形式为基础,对企业人、财、物资源内部配置方式进行完善与发展的过程。之所以会存在组织创新,是由传统企业组织结构所暴露出的种种弊端决定的,知识经济时代的组织创新是对传统企业组织"金字塔"结构(以分工细致,管理严密,以等级为基础,以命令为特征)的变革,有利于改善"金字塔"结构的笨重、迟缓和缺乏灵活性的弊端。以扁平化的组织结构为例,这种结构形式是在信息技术科技革命蓬勃发展和全球竞争日益严峻的背景下出现的,以减少管理层次、压缩职能机构、裁减人员为主要形式,是与知识经济时代发展相适应的组织创新方式,它不仅为企业的发展节约了经营成本,提升了经营效率,更在一定程度上推动了企业的长远发展。

第三节 时代发展趋势及科技创新人才的需求

一、时代发展趋势

(一)科学人文交融趋势

当下人们对科技发展趋势及其可能带来的后果的预测变得越来越重视。因此,科技不能单纯成为衡量社会发展的指标,这就需要人文的介入和发展,科学和人文的交融必将成为时代发展的趋势。因此,作为一个现代人,应该具有高度的人性,对社会负责,同时也要具有高度的灵性,尽力预知并控制科技成果的后效。

科学与人文的作用大不相同，各有侧重。科学主要认识客观世界，按客观规律办事，它是工具理性，意在求真，可归结为"是什么"的问题；人文主要回答精神世界的问题，注重对人的终极关怀，它是价值理性，意在求善，可归结为"应该是什么"的问题。只有科学与人文相互交融，科学为人文奠基，人文为科学导向，真为善奠基，善为真导向，才能共同推动人类社会的发展。[①]

（二）人文文化立世之基

大自然如果没有开发或没有得到正确的开发，就会带来洪荒或环境污染等各种灾难，同样，人的大脑如果没有开发或没有得到正确的开发，就会导致愚昧或人性异化等严重后果。因此，人类大脑的开发需要科学和人文的交融，在教育过程中既要讲究科学文化教育，解决人的灵性培养问题；又要讲究人文文化教育，它既解决灵性培养问题，也解决人性培养问题。两者融合，才能培养出自由而全面发展的人。具体来讲，人文文化是"为人之本、文明之基"，至少对社会要有以下影响。

（1）人文文化决定着民族存亡。民族主要是人文文化的概念，文化是民族的灵魂。我们弘扬民族文化，不是狭隘的民族主义，也不是大国沙文主义，而是旨在将其弘扬光大，建设民族共有的精神家园，并使世界和平、合作与繁荣。

（2）人文文化影响国家强弱。人文是一个国家人民之间的凝聚力量，人文文化是否深厚，决定了一个国家凝聚力的高低，而凝聚力的高低，则影响着国家整体的强弱。

（3）人文文化影响社会发展。社会发展想要朝着好的方向前进，不仅需要经济、政治、科技的进步，还需要人文文化的发展进步。

（4）人文文化决定个人人格的高低。个人的思想素质分为三个阶段，首先是人格，其次是法纪观念，最后是政治方向。人格的高低取决于人文素养，有了人格，才有法纪观念，才有政治方向，只有高水平的人格，才能实现个人对法纪观念的遵守，才能坚持正确的政治方向。

---

① 张彩霞.知识经济时代大学生创新能力的培养[J].辽宁行政学院学报，2010，12（11）：124–125.

（5）人文文化影响个人涵养。具体体现在：人文影响了一个人言行举止是否得体，一个人的度量是否宽宏，一个人的见识是否深远，一个人的为人处事是否宽厚。

（6）人文文化关系到思维智慧。人文文化对人的思维有着重大影响。人文文化的作用主要包含两个方面：第一，陶冶情感，升华精神境界，纯洁人性；第二，活跃思维，挖掘创新潜力，启迪灵性。

（三）科学与人文交融的意义

教育的根本宗旨是提高受教育者的素质，从这个意义上讲，教育是一种素质教育；在实施方式上，教育主要是以"文"化人，从这个意义上讲，教育是一种文化教育。科学与人文交融，可全面提高人的素质，具体表现在以下几方面。

（1）两者的精神交融，有利于形成正确的人生追求。科学讲求求真务实，对客观世界负责，人文讲求善务爱，对人负责，只有二者结合起来，才能够全面负责。《国家中长期教育改革和发展规划纲要（2010—2020年）》在战略主题部分着重提出要"着力提高学生服务国家服务人民的社会责任感"。只有有了责任感，才会有动力；只有有了动力，才会有激情；只有有了激情，才能全身心地投入自己所从事的事业中，才能最终创造奇迹。简言之，精神追求推动责任感的产生，进而推动行为准则的产生。

（2）科学与人文的知识交融有助于形成完整的知识基础。科学有助于人们形成关于客观世界的知识，人文有助于人们形成关于精神世界的知识，科学和人文的结合能够帮助人们形成完整的知识基础，知识是人类思维发展、精神完备的前提条件。

（3）科学与人文的思维交融有助于人形成良好的思维品质。良好的思维品质主要体现在两方面，一方面是思维的正确性，一方面是思源的原创性。逻辑思维是思维正确的前提条件，形象思维是思维原创性形成的主要条件。

（4）科学与人文的方法交融有助于人们形成高效的工作方法。科学强调的是逻辑严谨、整体有序，人文强调的是合乎情理、宽容大度。高效的工作办法既需要科学的严谨，又需要人文的情理。二者的交融既体现了科学的严谨、客观、讲究规则，又体现了人文的合乎情理。如果只关注科学，不讲究人情道义，可能造成不近人情；如果只关注人文，只讲究情感，则容易产生对公平公正的忽视。

（5）科学和人文的原则交融有助于关系的和谐。科学对客观世界的态度是求真，人文对客观世界的态度是求善，科学和人文的原则的有效交融可以促进人和客观世界的友好相处，只有合理地使用科学和人文的处事原则，才能实现和世界不同人之间的友好共处。

（6）两者的原则交融，有利于形成对内的健康状态。科学求真，要求遵循客观规律，对个体健康而言，主要针对个人的生理健康；人文求善，讲求清净的精神世界，主要针对个人的心理健康。只有将两者结合起来，才能形成和谐的健康状态。可见，科学和人文对于个人身心和谐的健康状态缺一不可，而且心理健康往往占据着主导地位。

在教育实践中，实现科学和人文的交融，就是要注重培养高度的人性和高度的灵性，既要弘扬以爱国主义为核心的民族精神，又要突出以改革创新为核心的时代精神，这样才能培养出优秀的人才。一个民族，如果没有文化的自觉，就没有文化的自尊；没有文化的自尊，就没有民族的自尊；没有民族的自尊，就没有民族的自强；没有民族的自强，就没有国家的自强。因此，文化的问题，是最根本的问题。作为一个现代中国人，必须能爱国、会创新，既要有民族情怀，又要有国际视野。

二、创新人才的相关概念

（一）创新

创新的概念最早由熊彼特定义，他在创新理论当中阐释："创新就是创造一种全新的、从未有过的函数关系，也就是将生产系统中的生产要素和条件组合在一起。"① 从熊彼特对创新的定义不难看出，他的定义以经济为出发点，侧重于生产过程，他的这一概念的提出为后人对创新的研究奠定了基础。《创新与企业家精神》的作者彼得·德鲁克，也就是现代管理学之父，认为创新应

---

① ［美］约瑟夫·熊彼特著.财富增长论［M］.李默译.西安：陕西师范大学出版社，2007.

该是有组织的、有系统的，并且是理性的。他在书中还写到，企业家可以通过创新的形式，展现其独特的创业精神，创新行为赋予了资源新的使用用途，创造出了更多的财富，严格来说，创新本身其实就是资源的再创造。他对创新的概念主要强调的是，创新最后的结果以及创新的意义。他认为创新可以有效地改变资源和财富的创造方式。

创新性行为指的是通过现有资源为载体，引入新事物到旧体系当中的行为，或者是利用现有资源破坏旧体系形成新体系的行为。

1. 创新的内在特性

创新主要具备四个内在特性。

一是需要根据实际展开创新。之所以会开展创新活动，是因为存在社会现实需求，一切创新活动都是为了超越现在的发展水平，改变现在的发展现状，满足更为迫切的现实需求。创新发展的每一个过程都需要对现实进行准确把握，只有立足于现实需求，结合创新主体的主观想法，才能够改变现状。

二是需要对已有的观念和做法进行选择性的继承。要对发展现状做出详细分析，对于好的发展想法应该有效继承，对于不好的发展想法要做出批判，在未来的创新过程中改变以往存在的不好的做法和观念。

三是需要不断地尝试和探索。创新并不能一蹴而就，而是一个漫长而又复杂的过程，需要创新者不断尝试，不断探索，从实际出发开展创新活动。

四是需要标新立异。如果只能按照过去的既有规范开展创新，那么无法创造出新鲜的事物，创新需要标新立异，要突破既有模式，要不断地扩大研究范围，不断地拓宽思路，使用新的创新思想，力求做到标新立异，打破常规，取得新的突破，实现整体的新发展。

2. 创新的主要类型

依据不同的标准，创新可分为不同的类型。根据创新性大小，可分为根本型创新、适度型创新和渐进型创新；从知识管理的角度看，创新可分为构建型创新、模组型创新和根本型创新。另外，比较直观和具有现实意义的分类是，依据创新活动中创新对象的不同，把创新分为知识创新、技术创新和管理创新。

第一，知识创新包括基础研究创新和应用研究创新，是指通过科学研究获得新的基础科学、技术科学等方面的知识，并将新知识引入原有的知识体系。知识创新是为了探索新发现、摸索新规律、创造新方法，在这一过程中可增加整个创新体系的知识存储量并扩展创新领域，为技术创新及其他各种创新奠定基础、提供动力。技术创新是指应用知识、工艺等现实存在而改进或改变现有的技术体系，这种创新包括改变现有的生产设备和工艺流程、开发生产新的产品、提供新的服务，等等。

第二，技术创新是发展高科技并实现产业化的重要前提，是将科研成果、知识创新成果转换为生产力的终结，通过技术创新可实现知识的价值从而促进社会发展。

第三，管理创新是对管理思想、方法、工具和模式的创新，是组织面对技术和市场变化、适应现实和管理需要而进行的改进和调整。管理创新能创造一种新的更有效的资源整合方式，是促进组织发展并达到其目标的有效途径，通过管理创新可以激发组织的创造力及成员的内在潜力进而促进成员更有效地利用现有的知识和技术开展工作。在现实社会中，知识创新、技术创新、管理创新三者相互促进，密不可分。知识创新为技术和管理创新奠定基础；技术创新在促进管理创新的同时为知识创新提供机会；管理创新在两者基础上进行，同时管理创新可以有效激发组织创新热情从而促进知识和技术创新。

（二）人才

古往今来，人才一直受到人们的重视，不同的历史时代、不同的国家民族对于人才的定义也是不同的。在1949年以后，对人才的研究不断深入，使得人才研究得到了较快发展，人才逐渐发展成了一门独立的学科——人才学。专家们也对人才学进行了深入的研究，主要针对人才应该具备的基本素质、人才显示出的本质特征进行了系统、整体的研究。现阶段，对于人才概念的定义主要有以下四种有代表性的观点。

第一，人才指的是在社会实践过程当中展现出一定量的知识储备、一定程度的技能、对劳动有创造性认识、对自然有创造性改变、对人类能够做出创造性进步的人。

第二，人才指的是能够为社会进步、人类发展做出较大贡献，且能力在某一个行业和领域内比较突出的人。

第三，人才指的是具备大量知识，掌握专业技能，有超常意志，可以为社会做出巨大贡献的人。也就是说，人才是能够满足社会需求的超强知识水平或者是超强技能水平的能工巧匠，或者是具有超常意志水平的"英雄"。

第四，人才指的是内在素质水平较高的人，能够为社会发展、人类进步贡献突出性成果的人。

综合上述观点，尽管我国专家学者们对人才定义表述各异、侧重不同，但主要是从个性特征、社会贡献的角度对人才进行界定，认为人才要具备一定的知识和技能，并能通过创造性实践为人类社会发展做出较大的贡献。

在20世纪80年代早期，我国发布了《国务院批转国家计划委员会关于制定长远规划工作安排的通知》，其中第一次使用了人才这个概念，该文件出台以后很长一段时间，人们都根据该文件中对于人才概念的描述来定义人才，认为人才是学历在中专以上，技术在初级以上的人，这个定义在中国具有很高的权威性、实用性，对于当时来说，有很多优点——它的范围明确，对于人才的认定、统计以及人才的聚集和人才活力的激发都有着重要的作用。后来，我国的经济逐渐增长，社会快速发展，对人才的这一定义便逐渐显示出了不足：首先，它涵盖的范围不够广，针对的是专业技术领域，没有涵盖我国的政治人才、农业人才、经济管理人才、社会研究人才等；其次，该定义通过外在的职称来评判一个人是否是人才，忽略了人才的其他方面，比如说素质、能力等，衡量人才的方面过于片面。

在2003年，我国为了促进人才的更好发展，为了实现我国的人才强国战略，召开了全国性的人才工作会议，并且在会议结束后颁发了《关于进一步加强人才工作的决定》，在该文件中对人才做出了新的解释，认为人才是有一定的知识水平、技能水平，并且能够应用知识和技能展开创造性劳动，最后推进了社会主义物质、政治、精神以及文明建设，为中国特色社会主义建设做出巨大贡献的人。该人才概念突破了以往对于人才界定的条件限制，积极地促进了人才奋发向上，对于我国人才强国战略的实现有促进作用。

在2010年，我国根据国家需要调整了人才强国战略，并且颁发了《国家中长期人才发展规划纲要（2010—2020年）》，在该文件中明确了人才的最新概念，认为人才是掌握专业知识和专业技能，并且可以应用专业知识和专业技能展开创造，最终为社会做出积极贡献、具有较高水平的能力和素质的劳动者。该定义注重人才的基本素质、基本能力、表现形式等方面，描述了人才应该具备的相应特征，体现了科学的人才发展观念，该定义以人为本，将人才作为发展的第一资源，极大地促进了人才的积极向上发展。

人才应是一个中性概念，在定义中不能附加阶级性、政治性等主观因素，如关于人才的作用、人才的类型、人才的表现形式、人才为谁服务等都不应体现在人才的概念中，它们归属于人才学的其他研究范围。基于这种认识，人才是指具有创造性成果的人。首先，人才是人，这是与其他动物的区别；其次，人才具有创造性并取得相应成果，这是与"普通"人的区别；最后，人才的创造性成果并非首创，这是与创新型人才的区别。

三、科技创新人才的需求

（一）科技人才与科技创新

1. 科技人才与创新

（1）科技人才。科技人才是一个动态的概念，人们对于这一概念的理解，会随着对知识、才能、道德理解的变化而变化。科技人才属于知识型人才，是那些能够通过内驱力进行创造的个体。人们通常将在科技领域中具有某种突出才能或掌握先进知识或生产技能且具有较高的思想道德素质，具有技术创新能力，并在某一领域或方面做出较大贡献的人才，称为科技人才。科技人才是科技人力资源中具有较高水准的资源，在科技人力资源的构成中具有重要的意义。通过比较科技人才与科技人力资源的概念可以发现，科技人才含有专业、道德等方面的内涵，而科技人力资源则不强调。科技人才的概念主要包括四个方面的要素：具备专门的知识和技能；从事科学技术工作；具有一定的创新能力；为技术发展和社会进步做出贡献。

作为科技人才，其经常表现出探索性、创新性、精确性、个体性、协作性等特点。科技人才的工作是对未知领域的探索，从而取得创新成果，这就决定了科技人才必然要具有探索性和创新性的特点。要获得创新的工作成果，必须以对事物准确的认识为基础，这就要求科技人才必须具备精确性的特点。科技人才的工具不仅需要个体劳动，还需要团队合作。科技人才依靠个人的才能和智慧进行科技创新工作，体现的是其个体性。对于规模较大的科学研究来说，单独依靠某一个科技人才是难以展开研究的，因此，科技人才就需要组成团队开展研究，每一位科技人才在团队中都需要各司其职，互相合作，互相帮助，更好地发挥集体的智慧，这体现的就是科技人才的协作性。

（2）科技人才的创新力。创新力又称创新能力，按主体分，可分为：国家创新力、区域创新力、企业创新力和个体创新力，且存在多个衡量创新力的创新指数的排名。创新主要指的是科技领域的创新。后来，其意义不断扩大，一切由人类的主观作用所取得的创新，包括思想、文化、经济、社会、科学等方面的创新，都被包含在内。

2.科技创新人才的能力构成

（1）科技创新力。科学创新力是科技人才所具备的最为重要的能力，也是现代科技工作者必备的能力。所谓创新就是要做到人无我有，人有我优，人优我奇。创新是一个国家各项事业发展的动力和源泉。所谓的创新力就是创新者在前人的知识和技术基础上，发挥自己的创新思维，通过开展探索活动，产生创意并取得创新成果的过程。科技人才的创新力就是科技创新力，其主要包括创新的意识、思维和实践能力。对于国家来说，要获得持续发展，就必须有大量高素质创新能力的科技人才为基础。科技人才通过其高水平的科技创新力，取得科技创新成果，使科技进步，从而推动着社会的发展。可以说，科技人才与科技创新力，是一个国家核心竞争力的关键。

（2）终身学习能力。在当今的知识经济时代，知识的创新具有重要的地位和意义。个人不仅要以创新的形式占有知识外，更多的时候，还需要广泛借鉴他人的经验和知识。要想占有知识，必须依靠学习这一形式。虽然在现代社会，信息手段越来越先进和丰富，人们也能够广泛地接触到各类知识，但是，要想真正实现对知识的占有，必须经过自身的加工和吸收。随着社会的不断发展，人们对于学习知识的要求，也在逐渐发生变化。主动学习新知识，在实践中运用知识，成为人们对于知识能力最基本的要求。这深刻地体现了学习的重要性，在知识经济时代，对于科技人才来说，必须具备终身学习的能力。终身学习，就是个体在完成学校教育阶段进入工作后，仍然接受一定形式的、有组织的教育。随着知识经济时代的不断发展，在工作中学习并获得知识的比例还将不断升高。在当今的时代下，知识将成为比资本更为重要的资源。对于科技创新人才来说，在知识经济时代，更需要具备终身学习的能力。

（3）团队合作及组织协调能力。目前大部分科学研究都是以团队的形式进行的，这主要关系到两个方面：一是对于科技人才个体来说，即便其个人具有再高水平的知识与能力，一个人的力量也是有限的，只有依靠集体的力量与智慧，才能够有效地开展科技创新工作。二是在团队协作下，相互之间形成和谐、互助的合作关系，能够最大限度地激发团队的智慧与能力，更好地开展科技创新工作。因此，对于科技人才来说，还应具有一定的团队合作能力。组织协调能力，则主要指的是分配工作任务和资源，对群体科技创新活动的过程进行控制和协调，解决群体在过程中的冲突，激励群体更好完成科技创新的能力。尤其是对于科技管理人次元和服务人员来说，组织协调能力是其所必须具备的能力。

（4）语言和文字能力。语言和文字能力主要指的是用语言和文字进行表达的能力。语言表达能力能够反映一个人的逻辑思维能力与应变能力。对于科技人员来说，单纯具备科技能力是不够的，只有通过语言，科技人才才能够将自己的思维、想法和创意表达出来，并与他人进行沟通，而只有不断地沟通，才能够找出科技创新成果中的不足，并对其进行完善。文字能力则关系到科技人才对其科技创新成果的展示。良好的文字能力，不仅能够充分体现科技研究的水平，也能够将科技人才的价值充分体现出来。对于科技人才来说，语言和文字能力是其应具备的一项重要的综合素质。

（5）洞察力。所谓的洞察力就是深入观察事物或深入理解问题的能力。科技创新是对未知领域的探索。因此，对于科技人才来说，具备一定的洞察力就显得尤为重要。洞察力属于一项综合能力，涉及认知、情感、行为等方面。对于科技人才来说，良好的洞察力，能够帮助其解释出更多的自然和社会中存在的客观规律。

（6）想象力。想象力就是在自己头脑中创造观念或画面的能力，因此，可以将想象力归为形象思维能力。一个人所具备的知识是有限的，而其想象力则是无限的。科技人才依靠想象力能够充分激发起内在的潜能，对于科技创新的实现具有重要的推动作用。每一个科技创新成果的获取，都离不开想象力的作用。

（二）促进科技创新人才成长的途径

科技创新人才对我国未来的发展非常重要，我国很多这方面的研究专家针对科技创新人才具有的特点、成长过程、成长因素都进行了具体分析，想要探索科技创新人才的培养方法和培养途径。研究得出的结论是科技创新人才的形成不仅受到先天因素的影响，还会受到后天因素的影响，既存在内部条件的影响，也存在外在条件的推动。研究结果表明，如果想要实现系统性的科技创新人才培养，那么社会必须做出方方面面的努力和改变，为人才的培养创造良好的环境，提供良好的供给。比如说，人才成长的家庭、人才成长的教育机构、人才的工作单位以及政府或国家对人才的培养政策，都会影响到科技创新人才的成长，所以，社会必须从各个方面承担对科技创新人才培养的责任，保障科技创新人才的有效成长。我们可以从以下几个方面促进人才的成长。

（1）家庭。良好的家庭教育、家庭传统和家庭氛围的熏陶，对于人才个体的性格特征、志趣毅力等非智力因素有很重要的影响。

（2）教育机构。教育机构需要进行科学、合理的课程设置，使受教育者能够获得和建构较为全面的知识结构；在重视理论知识教育的同时，加强实践教育，使受教育者通过实践教育能够实现理论与实践的有效结合；在关注受教育者知识与成绩获取的同时，还应该充分重视对受教育者综合素质的培养。

（3）研究机构与企事业单位。作为研究机构或企事业单位，应为科技人才营造一个公平的竞争环境，并制定有效的激励机制，充分激发科技人才的潜能和积极性，激励科技人才不断成长。

（4）政府。根据正确的科学发展观，制定合理的宏观科技政策，以及通过设立人才基金等方法构建公平竞争、有利于人才脱颖而出的公共平台等举措，从而引导和促进科技人才的成长。

（5）社会。在社会上，应营造尊重科学、尊重人才的社会氛围。在这样的氛围之下，将会激励更多的人才进入科学研究的领域，才有机会涌现出更多的优秀科技人才。而大量科技人才的涌现，也会促进社会氛围向尊重科学、尊重人才的方向发展，从而形成良性循环。

（三）科技创新人才的能力培养

1. 洞察能力的培养

科技创新人才要培养自己的洞察能力，首先要培养自己的观察习惯。对观察习惯的培养主要通过三个方面进行：①要为自己的观察制订明确的目的和计划，从而进行有选择性的观察。只有在明确的目的下，才能够确定观察的中心和范围，并确保观察集中在正确的事物和焦点上，一旦失去了目的，观察就会变得毫无头绪。有效的观察离不开计划的制订，一旦缺少观察计划，就会使观察变得混乱，失去科学性；②要培养重复观察的习惯。重复观察的目的在于消除观察中出现的误差，提高观察结果的科学性，以保证通过观察获得的结论是正确的；③要养成边观察边记录的习惯，观察结果是观察过程和观察行为的产物，因此，必须以严谨、科学的态度对待。这就要求在观察过程中不能只是单纯的记录观察结果，更应该对观察结果进行书面的记录。观察结果有着丰富的内容和细节，单纯依靠记忆记录观察结果并不可靠，因此，要对于科技人才来说，要保证观察结果的科学性，使其能够为科学研究所用，就必须养成边观察边记录的习惯。

在养成良好的观察习惯的基础上，科技创新人才还应掌握科学的观察方法，这也是科技创新人才开展科学观察的重要基础。科技创新人才要展开科学的观察，不仅要具备科学的观察思维，在实施观察时，也应采用科学的方法。在实施观察的过程中，科技创新人才既要善于观察事物的全局，也要善于观察事物的细节；既要善于观察那些瞬间发生并瞬间消失的现象，也要善于观察在缓慢、持续的过程中逐渐发展的现象。科技创新人才要提高自己的洞察力，就必须将掌握科学的观察方法作为追求的目标。

2. 学习能力的培养

创新者必须着重培养自己独立思考的能力。独立思考不仅是学习的重要途径，也是学习中重要的影响因素。科技创新人才在学习的过程中，必须培养自己独立提出问题、独立思考问题、独立解决问题的能力。在遇到困难时，不要马上寻求他人的帮助，更不要回避问题，而是要先进行独立的思考，以求独立解决问题，只有这样，科技创新人才才能够获得进步和成长。

创新人才在学习过程中还必须具备顽强的毅力。从实质上来说，学习本身就是一个探索的过程。因此，在学习的过程中，难免会遭遇困难和挫折，这也对科技创新人才的毅力提出了要求。只有具备了顽强的毅力，科技创新才能不断克服学习过程中的困难和挫折，将学习的过程坚持下来。顽强的毅力并不是短期就能够获得的，而是要在漫长的学习和实践的过程中不断培养起来的。

在学习过程中，掌握科学的学习方法能够使创新者受到事半功倍的效果。科技创新人才应该努力探索学习的科学方法，可以使人们少走弯路、节省时间、提高效率，可以使人们在同等付出的情况下，取得较大的收获，因此，科技创新人才必须掌握科学的学习方法并在学习实践中巩固提高。

3. 记忆能力的培养

培养锻炼自己的记忆能力，应该从五个方面做起：第一，全神贯注，精力集中。保持高度的注意力是学习和记忆的必要条件。因为学习和记忆时全神贯注、精力集中可使人的大脑兴奋点增多，从而对事物的记忆深刻、持久牢固。第二，目标明确、步骤具体。目标明确、步骤具体是记忆取得良好效果的重要条件。明确的目标和具体的步骤有利于脑细胞保持高度的活跃状态，在这样的状态下，大脑对外部信息的接受也变得更为容易，并且能够形成更为清晰的记忆。第三，收集信息、加强印象。人脑记忆的过程，实际上是把来源于视觉、味觉、听觉、嗅觉和触觉等多种渠道的信息综合处理的过程，这种多渠道信息刺激可使人们印象深刻，进而提高记忆的牢固程度。第四，积极思维、力求理解。人脑的记忆活动与思维活动密不可分，在记忆过程中，多思、多想，记忆效果就会提高。如果只是机械地背诵，记忆也难以取得理想的效果。第五，重复训练、巩固提高。一定的重复对于增强记忆的效果具有重要的作用。因此，重复训练也成为强化的基本手段。在记忆的基础上，还应对其进行一定的巩固和提高，其目的是为了防止遗忘；并对记忆进行修补，其通常所采用的也是重复的方式，如每隔一段时间，就对所学的知识进行复习与巩固。

4. 想象能力的培养

现代科学技术的发展十分迅猛，知识更是以惊人的速度在日益增长。随着科技竞争的加剧，智力竞争也愈显重要，因此培养与发展科技创新人才的想象能力，进而提高他们的创新力就成为十分重要的事情。

从本质上来说，想象就是客观事物或现象在人脑中的反映，这也说明，知识和经验是想象的基础。如果科技创新人才在知识和经验上有所不足，就会导致想象的空洞和无力，所谓的想象也只能是胡乱想象，那么想象力在科技创新中，也就无法有效发挥作用。当科技人才具备了丰富的知识和经验基础的时候，其就能够展开丰富的想象，能动地促进科技创新的发展。所以，科技创新人才为了发展想象力，就要不断积累知识和经验。虽然知识和经验对于想象力有着重要的作用，但是这并不意味着当知识和经验达到一定的程度，就会自然获得想象力的提升。除了知识和经验之外，想象力还要求科技创新人才具备独立思考的思维和能力以及探索精神。如果缺少这些能力，即便科技创新人才具备了相当的知识和经验，也会满足于现状，反而会限制自身想象力的发展。

在日常的生活中，对事物的好奇心、求知欲或者是对事物展现出来的兴趣，都可以引发创新性想象。科技创新人才在成长的过程中，可以针对自己对事物的兴趣和好奇进行科学合理的怀疑，展开自己的想象，探究事物的形成原因，不断地激发自己的好奇心，让自己大脑展开丰富的想象。

想象力属于人类的心理，所以想象会受到人类情绪的影响，通过研究我们发现人类的情绪可以激发想象，人类的态度能够调节想象，总的来说，如果情绪越丰富、越积极，想象也会相应地更加丰富和积极。除此之外，情绪还能够影响到想象的发展方向，一般情况下，开心、高兴、乐观、正向的情绪会刺激人们的想象向积极、充满希望、让人激动的方向发展；悲伤、忧郁、悲观的负面的情绪会刺激人们的想象向着抑郁、压抑、沮丧的方向发展。对于创新来说，积极、乐观、正向的情绪能够积极地带动想象力向着丰富的方向发展，可以带来正向的促进作用,所以科技创新人才在创新的过程中应该以热情、积极、充满希望的情绪和态度开展创新活动,最大限度地开发自己的想象力。

创新性想象与创新性思维,常常如同夜空中的闪电一样,稍纵即逝。这就需要人们具有敏捷的反应能力和快速的思维速度,才能捕捉它们。在发明创新过程中,正是由于某一因素的刺激,科技创新人才便产生了创新的想象,形成新的观念或想法。但是,这种新的观念或想法又是极不稳定的,很容易在其他因素的干扰下消失。因此,科技人才在创新过程中,必须要更能将瞬间产生的新想法或观念记录下来,以使其保持稳定,不因其他因素的干扰而消失。记录下来之后,科技创新人才便能够对其进行深度的加工,并对其进行实践的检验,最终获得科技创新的成果。

第四节 科技创新能力培养的影响因素

在我国,大学生科技创新能力已经引起各大高校越来越多的重视,他们开始通过各种方法和制度健全各自的创新培养体系。但事实上,大学生科技创新能力培养在很多方面还会受到各种因素的影响,下面将从个人因素和环境因素两大方面进行细致的探讨。

一、科技创新能力培养的个人影响因素

（一）智力因素

智力因素一直以来都是科学家们研究创造力的重点。智力与创造力之间虽然有着紧密的联系但又不是对等的关系,拥有高的智商不代表创造力也强,同样创造力强未必智商较为突出。

（1）智力和创造力之间存在差别。首先,二者的作用机制与作用领域是不同的。《创造力》的作者(德)海纳特认为,智力强调的是个人的观察能力、记忆能力、想象能力,是对客观知识的理解能力、运用能力;而创造力强调的是

以智力为基础，加以想象以及灵感等，实现知识从已知向未知的扩展。其次，二者的测量方法存在差别。一般情况下，智力是研究创造力的影响因素，也就是说创造力的水平高低受到智力水平高低的影响。对二者进行测量时，智力水平到测量通常会考察词汇量、数学思维能力、空间想象能力以及阅读理解水平等逻辑思维方面的内容，会使用比较系统的智力结构测试、中学和大学能力测试以及韦氏成人智力量表等测试方法，评定的是测试者的整体思维能力；创造力水平的测试则通常会测试对问题的新思考、对物品用途的再想象、对物体已有结构进行重新组合等相对复杂的结构性内容，一般情况下会使用托兰斯创造思维测验的方法测试受测者的发散思维能力，除此之外，也会考虑论文的发表数量和发表质量，因为论文一定程度上能够代表作者具备一定程度的创造能力，所以论文的发表数量和质量也会被当作科学家创造才能的一种衡量方法。

（2）智力对创造力的影响。智力虽然与创造力不同，但它却与创造力有着千丝万缕的关系。一些科学家认为人的创新活动也是一种智力活动，智力影响着做事的逻辑，科学的方法是创新思维的核心，创新思维的发展决定创新结果的质量。关于大学生的创新培养可以先从智力活动和思维活动做起，训练他们科学严谨的逻辑思维，掌握各种科学方法，从而进一步提高创新能力。

（3）创造力与智力关系的实证研究。对智力与创造力关系进行研究是创造力研究的重点，在各种研究结论中，有三种观点占统治地位：一是一体化假设，他们相信创造力与智力完全相关；二是门槛假设，认为只有在一定的智力水平范围内两者才相关；三是独立假设，即两者是相互独立的。

（二）知识因素

知识因素也是影响创造力的另一大因素。创造活动需要以知识为理论基础，没有知识指导的创新活动是经不起实践考验的。知识还是创新思维的基本材料，是创造力形成的基础。

（1）知识量和创造力之间的关系。知识量和创造力之间的关联主要有两种主流观点：一种是吉尔福特等格式塔学派的心理学家认为的知识量的增加不一定会带来创造力的增加，当知识增长到某一个具体的量时，会激发最大的创造力。一般情况下，在知识量开始增加的初级阶段，创造力会有大幅度的提升，但与此同时，知识量的增加也会存在瓶颈期，瓶颈期的存在会使人们的思维限制于过多知识的约束当中，大量的知识存在甚至限制了创造者思维的方式，对于创造力来说，存在一定的干扰。然而，也有另一种观点认为，随着知识量的增加，创造力也会随着增加，创造者会表现出更强的创造性。其实以上两种观点都认同了一个概念：知识的积累对创造一定是存在促进作用的。但是第一种侧重考虑了知识过于标准化会对创造力产生一定的干扰。通过以上两种观点的分析可以发现，知识量的增加会提升创造者的逻辑思维，逻辑思维对于创造力来说，能够有效地为创造所需要的发散性思维指明思维发散方向。

（2）知识结构对创造力的影响。既然知识量是创造力的基础，那么知识质量就是创造力的保证。高质量的知识是条件化、结构化、自动化和策略化的。在合理的知识结构体系中，知识的专业性较强，知识的难易程度较深，知识涉及的学科领域较广，这些都是与创新息息相关的因素。可以这样说，一个人的知识结构越丰富，他在创新活动中就更容易散发出创新思维。

（3）知识因素对大学生创新培养的意义。知识的积累是创新的基础，创新主体更应该在内容、思想和方法上丰富自己的知识结构，优秀的创新人才应该同时注重自己学科知识和人文知识的培养。

学科知识的培养有两个方面的内容：一方面是提高专业知识的深度。未来是属于专业人才的，因为它们可以根据不同的需求提供合适而优质的服务，这句话表明了专业在现代乃至未来生活的重要性。高校之所以将专业进行细致的划分，就是希望能够将专业领域探索得越来越透彻，专业知识更加严谨科学。世界上的每一个发明创造都离不开前人有关专业知识的贡献，因此要提高专业知识的深度，就要深入和广泛学习学科知识，为创新奠定坚实的基础。另一方面是掌握科学的学科方法论。方法论是关于人们认识世界、改造世界的方法的理论，它是人们观察和处理问题的关键。在学习中掌握科学的学科方法论，对于学生思维方式的提升、创新能力的提高都有着很大的帮助，是学生进行创新活动中必备的条件。

关于人文知识，它所包含的领域有很多，比如历史知识、文学知识、政治知识、法律知识、哲学知识等。其中哲学知识对于大学生思维的培养具有非常重要的作用，它可以归纳高层次的思想方法，改善和发展思维模式。

（三）动力因素

动力因素是人们决定一项活动的开始，只有产生了动机，后续的一切活动才会有合理的理由存在，并且事情会随着动力的推动而发展变化。动力有别于动机，动力即一切力量的来源，动机是决定行为的内在动力。创新活动既需要动机来决定开始，又需要动力来维持发展。

我国的教育模式比较传统，一般是课堂授课，属于灌输式的教育培养方法，而且教师还会为学生设定期中考试、期末考试，为学生布置课后作业。教师为学生安排好了学习的全过程，导致学生的学习一直处于被动状态，没有培养学生的主动学习的积极性。而且，我国的应试教育环境导致家长和学校忽视了学生的课外实践活动，对于学生综合素质和能力的培养有所不足，这些都直接导致了学生创新能力水平不高，其中，学生对学习主动性、积极性的缺失，更是导致学生创新意识不足、创新积极性不高的最直接因素。

学生变成了一批应付考试的高手，在解决工程实际问题时却往往手足无措。发展创新需要动力，从某个层面来说，创新即动力。在知识经济时代，知识的增长率加快，知识的陈旧周期不断缩短，知识转化的速度猛增。在这种情形下，更重要的是知识的选择、整合、转换和操作。学生最需要掌握的是那些包含面广、迁移性强、概括程度高的"核心"知识，而这些知识并非靠语言可以传授的，需要学生主动构建并再创造才能获得。大学生的创新意识和创新能力在其中发挥着主动的作用，因此，加强大学生的创新意识，提高大学生的创新能力是促进大学生紧跟时代步伐的动力和保障。

（4）个性因素。广义的个性可以称为性格或人格，它是个体思想、信念、感知、价值观以及行为与态度的总称，它确定了我们该如何审视自己以及周围环境，对于一个人的行为活动有着直接的影响。

二、科技创新能力培养的学校环境影响因素

（一）学校的教育理念

随着社会被知识经济推动，高等教育的发展状况也成了衡量国家经济发展

的要素之一。高校是创新人才的教育基地之一，对于创新人才的重视程度关系着培养创新人才质量的高低。教育理念是学校教育的灵魂，从教育理念着手，大力提倡创新思维的形成和创新能力的培养，对于大学生创新素质的提高有着重要的影响。

第一，高等教育设立的教学目标。学校开展的教学活动主要是为了培养学生的学习、情感以及认知能力，还要培养学生的知识技能。教育目标整体上是为了培养学生的综合素质，也就是德智体美劳的全面发展。

从教育整体环境来看，国家主导的教育思想和使用的教育体制对于学校的教育思想和教育方向具有很大的指导作用，我们可以通过扩大教育规模、改变教学理念对大学生进行创新能力的培养，我国的教育目前仍然是应试教育阶段，在努力积极地向素质教育转变，但是仍然存在着一定的差距和矛盾。高等教育在学生的录取方面注重的仍然是学生的成绩，对于存在潜能但是分数不合格的学生仍然是不予录取的，这实际上还是在遵照应试教育的思想。

当今时代发展迅速，高校需要新的人才培养模式来适应时代的要求，这就需要高校改变旧的思想，用新思想、新观念培养创新人才。高等学校作为知识的传授主体和创新主体，要敢于创新并努力转变为实际成果。在教学方面，可以通过改变教学模式影响大学生创新精神和创新能力的培养，比如用以培养创新素质为主的教学模式代替以知识灌输为主的教学模式，或者让素质教育取代应试教育等。只有不断深入高校的素质教育和创新教育，大学生的创新思维才会有形成和发展的空间，大学生才会更热衷于参与创新活动，创新人才的地位才会提高和巩固。

第二，浓郁的自由学术氛围。在大学学术研究中，需要以学术自由为根本，没有学术自由的大学是没有真正价值的，就像人没有灵魂一样，大学要想保持它的生机与活力就必须最大限度地实现学术自由。学术自由是实现创新活动的根本条件，也就是说，学生创新空间的大小取决于学校为学生提供自由空间的大小，二者相互关联。高校要想培养创新型人才，把对大学生创新思维和创新能力的培养作为教育改革的重要内容，就必须给学生营造出一个自由的学术氛围，释放学生的创造潜力，推动学校学术活动朝着科学化、创新化的方向发展。

除此之外，学校应该在管理层面上为学生创新能力的提升提供支持，应该为学生提供自由灵活的学习环境。学校应该从管理层面上支持学生对专业的选择和调换，一般情况下，高等院校实行的是将学生固定在某一院系的某一专业，学生如果想调整学习别的专业，是相对较困难的事情。

（二）学校的教学管理活动

大学的教学管理主要是调控教学活动，让教学活动有组织、有计划地稳定进行，为师生构建和谐稳定的教学环境。换言之，大学的教学管理水平体现的是办学水平和学校办学思想。

1. 管理思想

高校实行的管理思想重点，是能否民主、有效地执行，能否促进学校教学目标的实现。一般情况下，教师拥有的权力越大，则学校就越能够呈现出多样性的发展，学生能够接触到的教学资源也相对会更加丰富。但是，从目前国内的情况来看，高校管理明显缺乏民主思想，往往是通过禁止性的制度来限制学生和教师的活动，教师和学生也缺乏向学校领导发表相关建议的机会，高校的管理过于注重方法和步骤的严谨，而忽略了教学目标。

2. 教学内容

应试教育模式是一种填鸭式的教育，具有控制思想、扼杀想象力以及知识局限的特征，它的教学方法比较单一，教师将知识一味地灌输给学生，不仅忽略了学生的接受能力，还弱化了学生独立思考的能力。它的目标非常明确，就是为了升学或工作而教育。这种方式反映在高校教学的内容上，就是过多地以书本知识为中心，因而存在着诸如灵活性不够、知识覆盖范围狭窄、不能满足学生整体发展的要求等缺点。

我国过去的教育体系着重于对"专才"的培养，不仅采用统一的教育大纲和统一的教学教材，连衡量人才的标准都趋于一致，专业学科划分过于详细。学生在初级和中级教育阶段接受各种现成文化知识的输入，将考试重心偏向于对记忆力的考察，不仅严重打击了学生的主观能动性，制约了创新思维的发展，知识的发散应用能力大大降低。学生的知识面狭窄，知识结构不合理，缺乏探索精神，是这种教学模式培养的结果。为了改善这种状况，我们有必要在课程设置方面进行优化和改善。

课程设置并不仅仅局限于课程开发，它的重点是课程结构的衔接与课程内容的选择。在开设课程时，要注重课程开设的合理性、开设课程的顺序性以及课程之间的衔接性。除此之外，在课程内容的选择上，不仅要符合学生学习知识的渐进性，还要覆盖本学科学习的主要知识点、学习方法以及社会对学科的前沿需求。如果课程设置有利于教师和学生创造性的发挥，引导学生主动且创造性的学习，那么课程设置对创新培养就具有正面价值和积极的作用。

学校对学生的培养应该注重整体性的培养，不能只进行智育方面的培养，还应该关注学生的情感素质方面，避免学生形成偏激的心理，或者是个性的丧失。因此，应该在进行知识教育的同时，还进行德育教育、美育教育，将学生培养成身心健康、人格完善的新一代学生。所以，应该在课程设置上增加学生德育教育相关的课程，保证学生身心的健康发展。

3. 实行学分制

高等院校对于学生课程一般使用的是学分制，学分制满足了学生的大部分课程需求，但是也存在一定的不足——它的灵活度不够。这主要体现在学院的学分设置以及学分管理不够灵活，过于死板，如果学生想要学习学院之外的其他课程，那么必须要在上学期表现良好，这样才可以获得多余的学分。这样的设计无法满足学生其他方面的学习需求。实际上，绝大部分学生由于课程的时间安排或选择范围的局限性，很少能够选修到自己感兴趣的课程，即使有了选修的机会，也会因为各种客观原因无法进行深入的学习。专业教师的讲课是高校能为学生提供的最宝贵的资源，但现行的这些教学管理制度却限制了学生对这种资源的充分利用。对于学生来说，不仅浪费了学习资源，还丧失了学习的主观能动性，创新思维和创新意识都得不到提升。

4. 创新实践

实践是创新的重要环节，是对知识学习的实际检验，实践可以帮助学生和教师掌握学生的实际创新能力，但是目前的高等院校对于创新的培养往往过于重视知识的传授过程，对于知识的实践过程有所疏忽。他们大部分都以资金短缺为借口，削减实习费用，占用实践场地，忽略实践环节。

从表面来看，这并不影响学生拿到实习学分依旧可以顺利毕业，但从深层次角度来看，这非常不利于大学生创新能力的培养。在教学中，学生实践能力和观察能力可以通过实践教学来提升，减少实践教学会造成教学环节中的严重缺失，这对于教师教学目标的完成和学生思维能力的培养都起着阻碍作用。其实社会实践、各类实习、毕业论文、毕业设计等都是另一种学习成果的检验方式，实际上也可以称为一种创造性活动，在这些活动中，学生的各项能力都能得到提升，比如观察能力、分析能力、操作能力以及创新能力等。

（三）专业和年级

（1）专业因素。在大学中所学的专业很大程度上决定了学生未来的工作领域和工作内容。不同专业（例如理、工、文、经济管理类）的学生在学习知识的过程中，由于思维方式不同、实践形式不同、评价标准也不同，都会影响学生的创新意识和思维，学生的创新能力自然存在差异。

（2）年级因素。不同年级间的学生随着知识量的扩充、知识领域的深入以及实践活动的增加，对知识结构的优化和调整，思维的训练和形成也有着很大的关系。一般来说，学生的创新能力会随着年级的升高而增强，高年级学生较于低年级学生在创新活动中更能凸显自己的优势，拥有自己的创新成果。

（四）学生团体

（1）班级。班级是学生进入大学生活最先接触到的集体，同一个班级的学生年龄大致相仿，专业相同，会经常以集体的形式参加学院以及学校的各种活动，会在日常的学习和生活中有较多接触。而且，班级会形成班风，良好的班风建设可以促进学生素质的提升，班风也可以引导大家朝着积极向上的方向发展，对于班级建设有着重要的导向作用。

在创新方面，班风也起着重要的作用。如果，一个班级的大部分学生都善于思考，勇于创新，在学习的过程中相互合作、相互督促，创造一个自主学习氛围强、创新活动丰富的班风，那么这个班级整体的创新活力就会带动其中一部分创新活跃性不高的学生，从而激发他们对于创新的兴趣，增强创新意识和思维，提高创新能力。相反，一个思维压抑、不思进取的班级中，不但新思想得不到同学的支持，甚至还会引来嘲笑，大学生的创新精神很容易受到压抑。

（2）寝室。寝室是学生在大学生活中形成的最小的团体，也是大学生生活交集最多的团体，寝室的氛围会影响到寝室成员的学习和生活。如果寝室团体关系和谐，互相体谅，互相帮助，那么寝室成员的感情会相对稳定，情感也会相对健康，有助于思维的开阔和心态的平稳，寝室成员在创新的过程当中如果遇到情感方面的失落，那么室友会对其进行开导和安慰以及鼓励，可以为创新者提供动力；如果寝室氛围不好，创新者在遭到困难和打击时，室友如果对其有嘲讽行为，那么长期下去可能会磨灭创新者的创新积极性，不利于创新者的创新发展。

（3）学生社团。学生在大学期间丰富的课余生活是从参加各类学生社团开始的。学生社团是大学生课外兴趣的聚集基地，由兴趣志向相同的学生自发组织而成，社团内的成员不分年级、不分专业甚至是不分学校。在社团内，学生们交流思想、切磋技艺，不仅能增进同学之间的友谊还可以在知识结构上优势互补，通过交流讨论从其他成员身上得到启发，思维更加开阔。社团经常开展的一些学术讲座和社会实践，能扩充学生的信息渠道，了解学科前沿知识。除此之外，参加学校的社团有助于提高学生的人际交往能力，有助于学生掌握人际关系的处理技巧。社团会经常组织各项活动，会和学校各个部门的人之间产生频繁的联系，通过处理社团的日常工作，可以有效地锻炼学生的交际能力。

现在有很多高校是以提高大学生创新能力为目标成立了众多的学生社团，通过举办各种创新竞赛活动培养大学生的创新兴趣，增强他们的创新意识，让很多学生将社团看作是学习期间的精神家园，为学校创新型人才的培养创造了宝贵的机会。

（五）校园文化

良好的校园文化可以营造出一种积极氛围，可以磨炼学生的意志品质，提高学生的道德素质，拓宽学生的思维视野，激发学生的创新精神。高校的校园文化是学校最高目标、价值观、校风、传统习惯以及制度规范的精神总和，拥有着学术气氛浓郁的校园文化，对于学生来说是非常难得的，在这样的环境中学习，学生可以很容易地进入学习状态中去，对于加强自己的理论知识和能力的培养有着积极的作用。

（六）教师因素

1. 教师的角色定位

《师说》中韩愈认为："师者，所以传道授业解惑也。"认为老师是为学生传授知识、解答疑惑的职业，这也是我国古代对于老师的角色定位。直到今日，我们传统学校的教师依然在课堂中为学生传递知识、解答疑惑。历经千年，教师的角色定位并没有发生太大的改变。但是社会发生了巨大的变化，教师的角色定位明显无法满足社会的新需求了。

要想与时俱进，教师不应只将重点放在教材的更新上，而是重新审视自己，改变自己的角色定位。我们知道，在知识经济快速发展的今天，书本上知识的更新速度无法与真实世界的发展速度相比较，并且，网络科技的发达也充斥着大量的干扰信息。因此，教师要勇于做出改变，把自己从单纯的知识传授者变成实践创新活动的激励者，走出课本，积极地发挥自己在创新人才培养的正面作用。

网络技术的应用与普及为学生提供了学习的其他途径，教师必须重新定位自己，跟上时代的发展，提高自身的知识储备和素质水平。与此同时，教师还要根据学生的需求改变教学方式，只有这样才能真正受到学生的认可和尊敬。

2. 师生关系

师生关系是学校主要的人际关系，是影响教学成果的重要因素。皮格马利翁效应告诉我们，人的情感和观念会不同程度地受到别人的影响，更加乐于接受自己喜欢、信任、尊重的人的影响，也就是说教师对学生的鼓励和尊重对学生的心理起到一个积极的作用，能更好地激发他们努力学习。在创新能力的培养方面，如果教师能够给学生提供一个自由活跃的课堂氛围，让学生勇于表现自己，敢于创新，保持良好的师生互动，那么学生会更容易跟随教师的步伐，积极地参加创新活动。

如果教师对学生缺乏足够的信任，对学生的新思想产生怀疑，就很难为他们提供充分的机会来施展其才华。因此，教师要正视自己的身份，提高自己的责任感，不要轻易否定或拒绝学生的个性表达。一旦教师采取冷漠或批评的方式对待，势必会打击学生的创新兴趣，磨灭学生创新热情，不利于创新培养的进行。长期以来，我们的大学教育形成了一些不利于大学生创新发展的师生关系模式：教师处于权威和命令者的地位，学生处于服从者的地位，很少有学生敢于和教师发表不同的意见。显然，这种师生关系模式与大学生创新发展是相悖的。最好的师生关系模式是平等的师生关系，创新思维也需要在这种模式下形成和发展。相对国内高校来说，国外高校的师生关系更加自由平等些。针对专业课程的问题或教师的执教水平，学生有权提出自己的看法和建议，他们的评价作为学校对教师教学水平的参考。学生与教师常常自由讨论，畅所欲言，这样的师生关系自然有利于大学生创新的发展。教师对创新要有足够的认知，尊重学生、对学生的能力表现出信心努力为学生提供创新的经验和物质上的支持，可以对创新氛围的营造产生正面影响。

第二章　创新型人才成长的一般规律

创新是一个民族的灵魂，是国家兴旺发达的动力。本章重点围绕创新型人才的特征、原生家庭教养方式对创造力的影响、基于适应性绩效的创新型人才个体特征、创造力与组织创新氛围、基于期望理论的企业创新型人才激励方式等方面进行研究。

第一节　创新型人才的类型与特征

一、创新型人才的类型

在科学主义文化背景下，创新可以表现在任何一个领域，因而凡是在科学技术及社会各个领域对社会发展做出杰出贡献并在一定范围内影响历史进程的人都可称为创新型人才。

创新型人才不是一个具体、狭义的概念，它是需要根据多方进行比对的一个相对概念，需要从人口、劳动力、人才等多方面同创新型人才之间的关系来看，才可以正确地对创新型人才进行界定。一般情况下，一个国家的总的自然人数量称为人口，人口的数量是劳动力、人力等多方发展的基础。而在人口的基础上，在劳动年龄范围内的人口称为劳动人口。而在劳动人口中又必然存在不具备劳动能力的人，排除这些人剩余的人口数目，称为人力，人力的结算是质量和数量的统一。人才指的是在一个国家内，具备某一方面才能，或者是具有较高素质的劳动者。而创新型人才则是在这群人中层次较高的那部分，这些人才比起他人，更具备创新意识，更具有创新精神和创新能力，这也是推动社会发展和劳动发展的重要因素。

从不同的方式进行划分，可以有多种创新型人才，大致分为以下几种类型。

（1）从分布层次来看，创新型人才可以分为初、中、高三个层次。长久以来，人们都认为创新型人才是遥不可及的，是专属于高端、前端领域的高科技人才。然而，这样的想法显然是不正确的，创新存在于社会中的各个层次和各个方面。创新的形式多种多样，可以是创新发明，也可以是新元素的融入和发现，可以是对结构的改革创新，只要是由主体对客体进行了创造性的活动，使得客体发生了创新性的改变的行为，都可以称为创新，而与此对应的主体人员，便可以称之为创新型人才。

（2）从分布领域看，分为科学研究、工程技术、企业经营管理、公共管理创新型人才。创新本质上是多元的，涵盖自然科学与社会科学、科学研究与技术开发、经济建设和社会管理等不同领域，创新型人才分布在社会生活的各个领域，在我们所知道的或是在不知道的各个领域、各个岗位当中。创新型人才，不仅在自己的岗位上进行着或大或小的创新性活动，更是对社会做出了不同程度的贡献。而就现如今的创新形势来看，创新型人才主要分布在科学研究、工程技术、公共管理、企业经营这些方面。

（3）从发挥作用看，分理论研究、实践应用创新型人才。是否成为创新型人才，不仅要进行创新性实践，更要取得创新性成果并得到社会的承认。有的从事基础研究，提出某种新思想、新观点、新论断等进而推动了理论方面的发展进步，属于理论研究创新型人才；有的从事应用方面研究，取得专利、实用新型、外观设计等发明创造进而推动了生产力领域的变革，属于实践应用创新型人才。

二、创新型人才的特征

第一，具有创新的思维方法。创新型人才具备辩证地看待事物的唯物世界观和方法论。他们可以用更加科学的思维方法来对自己的行为活动进行规划，也更善于将逻辑思维运用在各个方面。创新型人才更具备竞争意识和创造欲望，具备更强的求新求异的能力和欲望。

第二，具备求实的科学精神。创新并不是对现实生活的臆造，而是在现有事实的基础上，对科学规律的总结和探索，是一种求实的科学精神。然而，科学精神的基础就是对事实的认可。这一基础要求创新型人才不能盲目，而是要尊重客观规律，坚持一切从实际出发、实事求是的基本原则。

第三，具有充足的知识储备。当今世界科学发展迅速，学科之间相互融合，而具备综合的知识结构已经成为创新的重要基础之一。而就创新而言，它是依据现有的知识，对未知道路进行探索的过程，因此，创新型人才就必须具备广博的知识结构，才能在每一个需要创新的时刻，充分调动自己的思维方式，从而提高创新的成功概率。

第四，具备持之以恒的能力。创新的过程必然不是一帆风顺的，创新的道路一定是充满了艰难与险阻的。创新是从无到有的一个过程。创新型人才必须要勤加学习，勤加思考，多加置疑，才能够达到消除疑惑的境界，才能够达到创新的目的。

第五，要具备团队合作的意识。科学发展到现在，绝不是一个人的成果，特别是在当今多种学科交叉融合的前提下。专业分工也更加细化，这就使得类似旧时代个人英雄主义的情况成为历史，独自达到创新目的也越来越困难。这时候，就需要更具备团队意识的创新型人才，需要创新型人才更加尊重他人，更加尊重科学，只有团队合作才能够达到攻坚创新的目的。

第二节　原生家庭教养方式对创造力的影响

家庭教育的方式是父母对子女教育持续采用的一系列方法，是在父母抚养并教育子女的日常生活中表现出来的行为倾向，概括了父母各种教育行为的特点，具有同一性和稳定性。人的性格会受到遗传的影响，受环境影响，而环境因素中，家庭环境又显得尤为重要。

家庭是社会的基本组成单位，是人成长过程中的第一个单元，人的性格养成与其家庭息息相关。家庭是父母和孩子互相传达情感的一个重要场所，是父母对孩子教养的培养的重要场所。这种组合比较稳定，父母同孩子的关系是无法改变的，反映了父母和子女交往的本质。19世纪末，奥地利心理学家弗洛伊德对此也展开过研究，对儿童教育的方式影响也有所关注，并且对父母的角色进行了简单的区分，认为在家庭中，父亲主要制定规则和维持纪律的，母亲则更多地提供爱和温暖。这一观念也与中国传统的"严父慈母"的观念十分相似。

一、家庭教养方式的分类

随着研究的深入发展，鲍姆林特提出了关于教养的三种方式：

第一，专制型。顾名思义，这样的教养方式家长会对自己的孩子提出过多的要求，并且会要求孩子们强行实施，同时对于孩子的内心需求关注较少，更多的关注点在于让孩子们去执行一件事情，而不是从内心的去接受某件事物。这样的父母会要求孩子绝对遵守，而很少对孩子们提出鼓励，甚至甚少给孩子进行尝试的机会。

第二，放任型。这样的教养方式与专制型截然相反。放任型的家庭不会给孩子有所限制，没有明确要求，也没有明确的奖罚制度。孩子处在这样的家庭环境当中，缺乏了界限，也缺乏了长幼有序的心理观念。家长对于青少年的心理活动甚少关心，而在这样环境中成长起来的青少年，容易发展极端化，也常容易受到周围事物和周围人的影响。放任型家长容易忽视孩子的心理教育，不能够在孩子发生状况的时候进行正确引导，不能够教导孩子为人处世的正确观念，而孩子由于缺少了限制，就会缺乏基本的自制力。

第三，权威型。权威型的教养方式是三种教养方式中最有利于青少年的身心发展的。这种教养方式对于父母的要求较多，要求父母适时给予孩子关心和引导，父母和青少年之间的关系是平等的、亲密的、互相尊重的，并且有所沟通的。青少年处于这样的家庭环境中，能够较好地表达自己的想法，父母也更能够接受孩子的想法，并且对其给予正确的帮助和引导，发掘青少年的创新潜力。

二、原生家庭教养方式对青年创造力的影响

（1）培养青年创造力有显著积极因素。通过研究发现，父母教养方式的

每个要素对培养年轻人的创造力都有十分明显的积极作用。其中，父母热情和积极的情感对青年的创造性有积极的影响，父母自身的受教育程度对于培养表年的想象力也很重要。父母受教育程度越高，自己的知识储备就越广，知识水平就越高，在教育孩子的时候，能够给予更多的知识支持，也有利于孩子创新能力的发展。

（2）父亲的抚养方法对青年的创造性影响的重要作用。现在中国家庭中，父亲对于青年的创造性的影响要远远大于母亲对于青年的创造性的影响。在当今社会中，父亲总是扮演一个严厉的角色，其严格干涉是显而易见的。在当今社会，父母的教育水平不断提高，男性在获取教育资源方面的途径相较于女性来说更多，并且在当今社会，男女不平等现象在就业方面尤为突出。男性会比女性更容易获得社会地位，相比较来说，男性获得劳动报酬也更加容易，这也有助于男性在家庭中掌握更高的话语权，占据了更高的家庭地位。

第三节 基于适应性绩效的创新型人才个体特征

一、适应性绩效的创新能力建构

对于任何组织而言，效益都是重点和目标。组织效益是由大家的工作绩效一起实现的。有一个典型的二因素绩效模型，可以将员工绩效准确地分为任务绩效与周边绩效。任务绩效是与组织指定的工作效率直接相关的行为，与特定任务的核心技术活动息息相关。而周边绩效则相反，这是一种自发行为，与需要完成的工作任务间接相关，与需要完成的特定任务无关。但是，随着时代的发展，这种绩效模型忽略了个人适应新任务和新要求的情况描述，使得其越来越不能为新型组织服务，于是适应性绩效应运而生。

员工在不断变化的环境中的适应能力水平，对其自身和组织的绩效影响更大。如果员工希望更好地适应新出现的动态组织，则他们需要提高其适应能力，快速确定情况并据其制定自己的学习计划和行动方向，它确保了在各种紧急情况和不同压力情况下，员工能够有出色个人表现。因此，出现了适应性绩效的概念。在紧急情况或紧急情况之前寻求解决方案时，员工个人能够保持镇定，主动地进行方案的制定并顺利完成。当面对新情况时，员工表现出来的适应能力以及由此产生的绩效，被称之为适应性绩效。

目前，由于对适应性绩效研究越来越重视，出现了如下各种适应性绩效的操作性定义：

（1）适应性绩效主要表现为响应变化的行为，需要具备可以从一个任务中学到的知识转移到另一任务的能力。

（2）适应性绩效包括认知和非认知因素。认知因素包括新知识的使用和面向问题的应对策略，有关变化的信息评估、预测和解决方案等。相关问题通常与知识应用和解决问题的能力有关。非认知因素包括对应对变化能力的信心，对变化的情感适应，拥有允许改变发生的心态而不是抵抗变化的意愿，以及对变化所带来的机遇的积极情感反应，这与情绪适应有关。

（3）适应性绩效是对各种任务的适应性行为。

（4）适应性绩效是一种个人执行自我管理和学习新经验所创造的效能。

（5）适应性绩效是灵活的，即具备适应不同角色的能力。适应性绩效被定义为员工处理一项任务到另一项任务的变更，且可以在业务需求的变化中学习的能力。

（6）个人对各种挑战的适应性行为反应是一个连续的整体，可以分为三种类型。从第一种是主动性适应行为，即个人发起积极影响环境变化的行为；第二种是反应性适应行为，即为了更好地适应新环境而改变自身的行为；第三种是容忍性适应行为，即在环境变化时，及时采取主动的适应性行为，但是不合适的情况下，这些行为仍可继续起作用。

适应性绩效在发展过程中，不会否定现在存在的绩效模型，一是任务绩效；二是周边绩效模型。随着适应性绩效的不断发展，与之相关的概念会越来越多，这将会让现有的绩效模型越来越丰富。换句话说，适应性绩效具有其自身的独特概念，因此有必要在绩效管理系统中增加员工适应性检查的内容，而考虑到环境的动态特征，原始的任务绩效和周边绩效指标需要减少数字目标，增加动态的考核内容。

二、创新型人才适应性绩效的构建

在适应性绩效的发展过程中，创新能力是至关重要的一项因素，这是学者们通过持续地对适应性绩效研究后得出的结论。因此，创新性人才相比其他人，更能适用时代与社会的发展，具体有以下表现。

（一）创新型人才的适应性绩效构成

创新型人才适应性绩效表现为持续学习和创新，其由主动寻找信息工具的能力、将不同信息转化为自身知识的能力、实践与反思三部分构成。

1. 积极寻找信息工具的能力

学习的欲望是由创新型人才驱动的，他们积极寻求信息和信息工具，以计划其行动，提高组织效率。并且，在日常活动中，他们可以通过企业文化提高其持续适应能力，这是一种非常优秀的能力。

获得创新型人才，可以促进自己和自己的组织观念上的改变，从而提高组织的绩效。通过学习，将有机会浓缩和加深现有的知识和技能，并探索新的技能，寻找新的机会。

创新型人才通过学习寻求新知识，并依靠新知识进行创新。不仅如此，他们还使用新知识学习新方法或提高现有技能，以帮助组织去解决现有问题，同时还能增强自身的各方面能力。帮助自己适应市场环境，更快打开新市场，对现有产品进行改进以提高市场竞争力和适应环境的能力。

此外，创新型人才可以通过学习提高现有的知识和技能，改善其自身的缺点，从未知中吸取教训，并保持自己的优势。在不同的情况下，他们可以完成某些任务，并在不同的环境中进行创新以完成不同的任务。同时，他们不仅加强了相关领域的知识、经验和技能的积累，而且让组织的市场竞争力变得更强了。

学习新的工作技能和工作方法，不仅可以使自己成功完成工作内容，还可以更快地适应现有工作流程的变化。凭借扎实的专业知识，可以在处理新的工作任务时，为新的职业生涯奠定基础。由于时代的发展与变迁，仅凭现有的知识和技能或许无法适应整个职业发展过程，因此需要继续学习新的技能、概念、知识和方法，来更好地扩大其职业生涯。

为了适应不断变化的环境和组织，创新型人才需要不断学习，最大限度地对所学知识进行吸收并进行转换，掌握一定的技能，并将其存储在自己的记忆中。这意味着可以扩大知识储备，可以更好地应对市场竞争和变化并激发自己的内在潜力，达到全面发展。在信息时代，社会正在向多元化发展，在环境复杂的情况下，创新型人才的学习能力对于满足各种需求、适应时代的变化至关重要。在积累和运用知识的同时，进行不断学习，可以提高其自身的综合能力，满足组织和社会的需求。

创新是创新型人才的基本特征，也是与其他人才不同的最鲜明的特征。创新可以被视为将现有的知识和思想等转化为新的知识和思想的方式，并且可以应用于未来的挑战。创新型人才在有效地利用身边的各种资源进行创新后，还能够在这一过程中及时获取和整合内外部资源。

创新型人才可以实现持续创新，而不只是一种爆发力。在对知识和好奇心的强烈渴望的驱使下，他们可以经常探索自己感兴趣的领域，并获取和思考相关知识，而不是快速地学习知识，不加思考地进行吸收。

2. 将不同信息转化为自身知识能力

创新型人才可以不断创新，同时在学习过程中将完全不同的信息进行内化，转化为他们自己的知识。动态复杂的工作场景需要创新的人才想出合适的方法，创造性地解决复杂、不确定的各种问题。

学习和创新是创新人才必不可少的两方面内容，两者相互影响，相辅相成。学习能力是创新能力的核心。缺乏学习技能会阻碍技术技能的发展，学习能力有助于有效地获取和使用新知识。创新性人才需要具备处理信息的能力，需要能够将各信息类充分吸收，内化为自身的知识。这一能力越强，对绩效的提高效果将越大。

（二）创新型人才的文化适应

1. 创新人才的文化理解能力

通常，创新型人才的文化理解力会较高。通过了解组织历史和观察员工在日常中的行为，不仅能够快速对组织的价值文化、组织规范进行了解，还能了解员工的工作态度和工作期望，并迅速调整自身的行为习惯，更好地适应企业文化。

创新型人才因工作情况的不同而具有的理解能力和适应能力也会有所不同，正是因为创新型人才的这一优势，他们相比其他人更加能适应文化差异，在不同的企业中，他们都能够很好地生存下去。不仅如此，这也给他们带来了更多的发展机会，可以促使他们制定出能够提高组织绩效和适应绩效的更科学的职业计划。

2. 创新人才的行为调节能力

根据信息时代的发展需求，组织领导的文化可能会不时变化，部门之间的文化也可能会有所不同。创新型人才不仅会影响组织的价值观，为了适应新的文化含义，他们也可以随时调整自己的行为和态度，并帮助其他员工共同适应这些变化。这是一种文化适应能力。

创新型人才通常更能够理解他人的行为，并且更能够尊重他人的价值观，具有较强的包容心。他们善于倾听，在与人相处中，可以保持一种灵活开放的态度，当他们洞悉他人的困难和需求时，能够采取相应的行动去帮助他人。他们的行为也会影响他人，从而更好地完成工作。

3. 创新人才的人际支持

人际适应是指在与人交往时，与他人建立的一种良好的人际关系，在交往中积极帮助他人、给予人及时支持，并在社交互动中有信任他人的能力。创新型人才可以在看待认识自己和他人时，保持一种公平公正的态度，可以与其他员工相处融洽，凭借人际关系提高他们的人际适应能力和独立工作能力，与同事快乐地合作，相互交流也将非常融洽。

创新型人才不仅可以看到他人的优势，而且可以在与他人互动时能容忍对方的不足之处，并可以积极引导他们，以便他们在合作时共同促进绩效发展。基于此，研发人员和大学教师具有相似的特征，并且在全年进行技术研究时，无论是一个人进行学习，还是和团队合作，都能相处得十分愉快，尤其是在团队合作中，通常会面临各种场景。在一起工作时，必须能够快速适应自己的环境和心情，并能够与其他成员一起进行研究，同时能够完成不同环境文化中的任务。例如，销售人员的人际关系文化适应更多的是满足客户的需求，了解客户的各种习惯，并能够在交往中尊重客户的习惯，根据客户的性格调整与他们沟通的方式，从而完成销售目的，或许，在保持绩效指标的同时还可以与客户成为朋友。

第四节 创造力与组织创新氛围

一、创造力分析

个体层面上的创造力是个体在一个创造性活动中的心理参与。当一个人从行为上和认知上都试图产生创造性结果时，创造性的行动就发生了。创造性活动与其他活动的区别在于高风险。高风险使得员工在创造力活动方面有高度的敏感性，它会随着人和情境的不同发生变化。当面对一个有待解决的问题时，一个研发人员可能会选择最小的参与度，依循习惯提出解决方法，也可能会选择全身心投入和参与，运用他的知识和能力产生创造性的结果。上述分析引出一个有关组织中员工创造力的关键问题，即组织内员工对于创造力的认知和态度是如何形成的。西方学术界关于上述问题的认知形成了两个理论流派：结构功能主义和意义建构理论。

员工创造力则界定为员工产生的新颖且实用的想法、创意。员工创造力的发挥也已成为知识经济时代企业竞争优势的基础来源。本书主要关注工作场所中的、个体层面的员工创造力。

二、组织创新氛围

组织创新氛围可以从主观和客观两个角度进行定义。从客观角度定义，组织创新气氛是组织的特性，是能刻画组织的生活态度、感受和行为的结合，是有别于组织文化而独立于组织成员的认知和理解而存在的。主观角度的定义采用认知图示法和共享认知法。目前学者大多倾向主观角度的定义，对于处于同样客观环境中的不同个体所感受到的心理环境不一定相同，而个体对客观环境的感知，才是其行为产生的更重要的原因。因此，可以使用组织创新氛围的概念去整合这些不同的研究发现，并据此发展鼓励组织创新的具体措施和策略。

本书在总结中外专家学者观点的基础上，对组织创新氛围进行界定。首先从定义方法上，采用认知图示法对组织创新氛围进行界定，即组织创新氛围的实质是组织员工对组织环境对创新支持程度的感知。因此，将组织创新氛围界定为个体对组织理念、工作方式、资源提供、团队运作、领导效能、学习成长以及其他组织环境创新支持要素的主观认知。

第五节　基于期望理论的企业创新型人才激励方式

一、企业创新型人才的激励理论

（一）激励的差异化

随着我国经济的进一步发展，企业竞争也不断加剧。与之相对的，企业对人才的需求也越来越强烈。根据企业竞争的传导原理，企业间竞争的加剧最终会表现为企业人才内卷化的出现，也就是说，企业内人才的升迁标准也会不断提高。因此，人只有提高自身的竞争力，才能在企业中更好地找到自己的位置，不至于被激烈的竞争所淘汰。在这种情况下，激励手段的有效与否往往会成为主导竞争性的核心要素。在新时代的条件下，激励因素往往不仅表现为金钱，还表现为成长性、成就感、权力欲等形式。

激励手段的使用要基于个体差异。一般而言，学历越高，越重视自我实现，相较于简单的金钱激励，精神激励往往更加有效。反之，对学历较低的人而言，金钱激励常常起到非常好的效果。当然，以上论述并不绝对，激励因素要因人而异，需具体情况具体分析。

（二）注重精神激励

诚然，物质性是人的第一性。物质需求是人的本质需求。因此，物质激励是必不可少的激励手段。进而，尽管随着物质生活的逐渐丰富，传统意义上的物质激励已经不能完全满足人的发展需求，但这并不意味着我们就要摒弃物质激励。需要注意的是，物质激励是一把双刃剑，如果太过于注重物质激励的成果，往往会在企业内形成偏激的激进文化，最终将导致企业员工为了获得物质成就而不顾长远利益。要解决物质激励平衡的难题，通常需要引入精神激励加以调和。

据调查显示，传统的物质激励方式，如工资、奖金等，已经逐渐让步给成就感、获得感等精神激励方式。

特别是对科研型人才，他们已经能够获得足够多的物质内容，因此，精神层面的追求才是激励他们进一步发展的最大动力。换句话来说，越是高层次人才，越需要通过精神奖励来满足其自我实现的现实需求。就此而言，我国企业做得还很不够，还不能满足高层次人才的精神实现需求。

（三）内部动机激励与外部动机激励的结合

对于创新活动而言，来自人力资源管理的最大挑战是如何创造条件同时满足组织目标的实现和个体成员的自身满意感。有两种针对不同动机的激励方式：一是外部（extrinsic motivation），二是内部动机（intrinsic motivation）。当个体成员努力工作是为了得到某些工作之外的结果，如奖励、报酬，那么他是被外部动机所激励的；当个体成员在工作中寻求到了享受、乐趣、满足好奇心、自我展现或自我挑战，那么他是被内部动机所激励的。

相对于外部动机，内部动机被认为有利于个体创造力的发挥。内部动机主要激发来源包括：具有挑战性的工作；工作中的自主性；充足的时间和资金资源；团结互助的团队精神；管理者的鼓励；组织在价值承认上的支持。进一步，内部动机被认为可以促进知识的创造和转移，尤其对于知识型员工来说，内部动机可以鼓励其去完成多任务性质的工作（即一些未在契约合同中完整描述的工作），从而充分调动组织中的无形资源，创造和转移隐性知识。

内部动机在本质上是一种自我感知，包括对自我兴趣、能力和目标实现的认知，而这些认知和个体所存在的具体行动环境是密切相关的，认知会随着行动的进行而不断改变。由此，内部动机被认为是个体在绩效创造过程中进行适应性自我调节的核心内容之一，而激发内部动机则可以从改善个体行动环境来入手。

具体而言，组织可以从四个方面来进行管理：①促进个体在工作中积极参与各种活动，通过参与可以促进共同目标的达成，在这过程中，个体会提升自我认知，内部动机会被明确或加强；②推行工作中的自我管理原则，让员工自己考虑基于自身追求的社会准则在哪里，以促进不同利益间的竞争性协调；③建设良好的人际关系，这是培育团队精神的先决条件，并要给予团队合作行为以充分的社会性承认；④对于绩效奖励采用不确定的方法，鼓励自我目标设定，避免挫伤员工的工作热情。

不过，仍然可以从上述讨论中得出一些有益结论。在个体的价值实现过程中，理性因素并非唯一因素，感性认识也会占据个人价值判断的重要部分。且个体目标与整体目标之间往往是存在差异性的，当这种差异性过大时，甚至会影响到企业的正常发展。所以，从个人内部入手解决问题常常是与从外部着手解决问题同样重要的途径。

最后，对于一个整体而言，内部激励需要与外部激励配合使用，由此才能够达到内外兼修的效果。对外部激励手段，例如加薪、奖金等，如果处理不当，可能会在激发个体工作热情的同时，破坏整体工作热情。

（四）整体激励与层次激励的结合

激励的核心是在整体目标一致基础上的激励。但是，处于不同层次的员工的个体目标是不同的。若制定的目标与其现实情况不相符合，则个体对目标的兴趣会下降，会对目标表示毫不在意，甚至会不愿达到目标，这样，个体的效价就为 0，甚至为负。而在这种情况下，个体的期望值也必然会是极低的。根据期望理论公式：激励力量（M）= 效价（V）× 期望值（E），此时，激励力量则会很低，甚至为 0，这样就达不到预期的激励效果了。因此，管理者在注重员工整体激励的同时，还应该重视不同层次员工不同时期的激励。

（五）重视职业发展激励

高层次人才往往期望得到与之人生价值相匹配的发展成果。因此，对这类人的激励，要从满足其个人价值层面出发，尽可能地为其提供能够实现其自我价值的舞台。对技术型人才，个人技术价值的实现往往是比技术变现更能够激发他们自我成就感的事情，因此，企业对这类人才要从一个相对主观的层面，例如精神嘉奖，来实现其个人价值。

二、企业创新型人才期望理论的应用

弗鲁姆在20世纪60年代曾提出期望理论，这一理论的基本认识是：激励是人促使实现其目标的内容。也就是说，只有某个人有切实要实现的目标，那么这一激励才有意义。因此，人们才会对激励的内容进行各种权衡，只有激励内容有助于个人目标的实现，那么这个激励才有意义。

期望理论的价值在于肯定了努力、期望、所得之间的因果关系。当然，这一理论也有其适用范围，即每一个员工都是理性人，他们清楚地知道自己的目的，且公司管理层同样知道他们员工的目的，进而能够根据这个目的设置其目标。其公式为：

$$激励力量（M）= 效价（V）\times 期望值（E） \quad (2-1)$$

M是指个体所受激励的程度，即被激发的工作动机的强烈程度，M越大，个体的努力程度就越大，达到目标的概率也就越大；V是指个体对目标的偏好程度，若个体对目标不在意，则V为0；若个体不愿达到目标，则V是负；E是指个体在主观上估计自己的行为能否达到目标的概率。

期望理论表示，效价与期望值的不同结合，会产生不同的激励力量，一般存在以下情况：

$$\begin{array}{l} 高\ E \times 高\ V = 高\ M \\ 中\ E \times 中\ V = 中\ M \\ 低\ E \times 低\ V = 低\ M \\ 高\ E \times 低\ V = 低\ M \\ 低\ E \times 高\ V = 低\ M \end{array} \quad (2-2)$$

弗鲁姆理论的核心要点在于强调期望的双向性，即企业管理阶层是希望员工能够积极工作，且员工又是希望得到管理层的奖励的。在此前提下，管理层应当思考，如何制定合理的报酬，如何使报酬与工作之间产生正向联系，如何将员工的努力程度与报酬捆绑。

根据期望理论，人具有工具理性，会根据目的合理计算自身的行为。工作的动机由回报，包括物质报酬，自身对回报的需求，以及完成工作的可能性组成。对此，期望理论可以在以下社会交往关系中展开。

（一）努力与绩效之间的联系

在企业中，职员会依赖于经验预估能否完成未来的工作任务，设定自身的期望值。如果员工判断出自身能够完成，则会产生工作的动力，反过来则只会有较低的动力去完成工作任务。因此，管理员工的合理预期，根据不同员工的工作能力和效率设定不同的任务量和任务难度，可以最大限度调动员工的工作积极性。

在这种情况下，一方面可以由主管部门协同人力资源部门为员工规划短期、中长期和长期的目标与规划，另一方面可以设定合理的员工鼓励机制，实现双重激励。

在现代社会知识经济高度发展的情况下，企业的职工中，知识型人才也占据越来越主要的位置。与非知识型人才相比，知识型人才的基础知识量储备更多，且知识结构与框架更完整。但是大数据时代，知识的飞速更新换代也形成挑战。

因此，公司一方面要实时调查了解知识型员工的期望值和期望内容，另一方面要建构学习型企业文化，建立丰富的资源库、专业，且定期进行员工培训与专题学习内容，还可以组织外聘专家学习或者同行业交流学习，为知识型员工创造成长空间，形成内在发展与内在激励的机制。这样能够使得员工愿意留在企业，为企业奉献与奋斗。

（二）绩效与奖励之间的联系

企业职工最核心的工作目标中，一个重要的内容就是获取物质利益，另一个内容是获取精神利益。只有两个方面的满足和平衡才能形成员工的激励机制，同时也能使得员工长期留在公司，为公司奋斗。尤其是对于知识型人才而言，短期的物质利益的重要性低于长期的精神利益，因此为员工搭建成长的平台和机制十分重要。

除此之外，对于非知识型人才，例如综合型人才、管理型人才、技术型人才等，则需要根据不同的人才类型及其发展需求组织有针对性的培训，帮助其实现自身价值。

除此之外，企业需要为职工建立公平公开、透明公正的良性竞争环境。一方面，要培养和鼓励员工之间的团队合作意识，培养其团队合作能力；另一方面，要建立透明且公正的员工衡量、评价、升值和奖励体系，促进员工之间的良性竞争，并以此选拔人才，最终形成更好的绩效与激励之间的双向互动与促进作用。

（三）奖励与个人需求之间的联系

在企业管理中，还需要处理好奖励与个人需求之间的关系。不同员工的需求一方面具有共性，例如都希望有好的职位升值空间、希望有较高的物质报酬等；另一方面由于不同员工之间具有个体差异性，拥有不同的兴趣爱好、生活经历和知识结构、年龄性别等，所以会有不同的需求。有调查研究表明，不同类型的需求会促使人们寻求不同的就业机会，例如注重工作稳定性的人会选择公务员和事业单位、国企等，追求自由度和较高的薪资待遇的人才会去一些风险性高的企业等。因此，相对来说，在企业中管理者也应该合理了解员工的需求，制定对应的奖励机制。

此外，要处理好内在激励和外在激励之间的关系。可以建立物质利益激励和外在的约束管理机制，例如按时打卡、限制休息时间、规定每天需要完成的任务量等，只能确保员工的工作时间，但是不能确保员工的工作质量和效率，只有找到员工的内在需求，激发出他们的工作动力，才能获得内在驱动力，达到事半功倍的效果。

因此，企业的一个主要的工作重心是帮助员工获得就业和适应的能力。首先，企业在进行企业的部门组织架构的设计、员工的岗位规划时，就需要充分考察市场需求和人才需求与就业偏好、取向；另一方面，企业对于招聘入职的员工，需要进行全面的职业生涯规划与设计，建立个人学习和发展档案和职业发展阶梯，根据人才自身需求和偏好规划好培养路径，例如，是适用管理型人才还是专业型人才等的培养模式，并合理规划晋升的空间、方式和实现途径等。

除此之外，企业还需要注重团队的合作和情感投入，注重企业文化的培养，建立企业文化，让员工在企业中感受到家庭的温暖，形成一个情感共同体，提高其工作热情和动力。

第三章　创新型人才培养

人类的创新实践活动推动社会进步。在人类的创新实践中，创新思维具有先导性的作用。没有创新思维，就没有创新实践，也就没有创新成果。在当今社会背景下，人才竞争成为主要的竞争。作为培养创新型人才的高校，需要注重培养大学生的创新思维。本章主要阐述创新思维的发生原理、创新型人才培养的价值理论、中国创新型人才的发展、国际化思维及其创新人才培养等问题。

第一节　创新思维的发生原理

一、创新思维的认知

（一）思维的认知

思维指的是高级的认知过程和认知活动，概念当中的认知是一种心理学上的概念，指的是人们对知识的获取、应用过程以及对信息的加工过程，目的是认识世界以及改造世界。认知与人类的情绪以及动机相关，情绪指的是面对外界刺激时所产生的开心、讨厌、热爱、厌恶等体验，动机指的是人内部产生的能够促进人开展活动的动力。

思维指的是认知活动当中相对高级的那一部分活动与过程，对于认知来说，与高级认知相对的是低级认知，低级认知包括三个方面：一是人的感觉，指的是当人接受外部世界的刺激时人的感觉器官产生的对刺激事物的认识。二是人的知觉，指的是以感官为基础，通过感官对事物的接触，人的大脑所产生的对事物的认识。三是人的记忆，指的是储存在人的头脑当中的过往人们对事物的认识和经验，当大脑需要它们时把它们调动出来的过程。

这些都属于低级的认知，不属于思维，思维是建立在低级认知的基础之上的，思维的特点是可以用理性的方式分析事物和事物之间存在的联系，或者是事物的发展规律，或者是运用理性思维解决各种问题，也可以是对社会现实现象的总结，对社会有经验的改进等。思维主要有三个特性：

第一，对称性。思维方式的对称性指的是两种思维方式完全相反，思维方式之间存在着巨大的跳跃，比如说抽象与具体、灵感与逻辑、发散与聚合、正向与逆向等，都是具有对称性的思维模式，思维的对称性有助于人们利用思维的跳跃找寻问题的最佳解决办法。

第二，变革性。思维并不是固定不变的，在思维的体系当中，思维是不断转换的，只有不断地转换思维才能实现创新。思维的对称性表现的是思维的静态特征，是思维的其中一种属性，变革性表现的是思维的动态属性，面对不同的问题，我们可以使用不同的思维方式，不断地变换思维方式，发挥出每一种思维方式的长处，以有效地解决我们遇到的问题。可以说，思维的本质就是变革性。

第三，逻辑性。逻辑性代表思维是理性的、抽象的，思维的过程是存在方法和规律的，形象性指的是思维会通过形象化的材料为载体进行逻辑思考，也就是说，形象是思维开展的工具。

第四，语言性。人类的交流需要语言，高级思维的开展也需要使用语言工具，概念也是以语言为基础堆砌起来的。由此可见，语言对于人类思维发展来说是至关重要的。将思维比作人体，那么语言之于思维就像骨骼、血液、肌肉，是思维的重要组成和支撑部分。语言分为外部语言与内部语言，外部语言指的是以声音、书纸、屏幕、石碑等为载体展现出的语言，内部语言指的是产生于大脑思维当中或者是内心活动当中的语言。

第五，概括性。概括性指的是通过对事物进行分析，找出事物之间的共性特征，其本质是归纳。思维的概括性主要有两个方面的意义：首先，概括性的意义指的是归纳事物共同特点，归纳事物的本质，找寻事物的发展原理、遵循的定律、体现出来的规律，比如美术，在古代，人们会利用美术在居住的洞穴岩壁上记录生活，在现代，人们也会利用作画技巧记录现实或者展开联想和想象，按照自己的直觉绘画，自古至今美术都体现了一个共同的特点，那就是通过美术的形式记录现实生活，表达自己的内心思想，这一点无论是在古代还是现代、在西方还是在东方、无论是哪种美术派别，都是相同的。其次，思维的概括性的意义指的是寻找事物之间存在的必然关联，并且总结和归纳事物之间的关系。比如通过对糖尿病患者展开长期的临床观察，可以发现糖尿病会导致一系列的并发症，像视网膜病变、口腔溃疡、肾功能衰退等，这些都是通过长期的观察得到的结果。概括性体现的是思维的灵活度、思维的速度、思维的迁移程度、思维的广度、思维的深度、思维的创作程度，一般情况下，如果一个人体现出的概括水平较高，那么这个人思维的灵活程度也会较高，反应速度也会较高，创造能力也会较强，智力水平也会较高。

（二）思维活动的分类

1. 思维定式

思维是一种复杂的心理现象，是人脑的一部分能力。可是，人的思维一旦沿着一定方向、按照一定次序思考，久而久之，就会形成一种惯性。比如，当你这次这样解决了一个问题，下次遇到类似的问题，不由自主还是沿着上次思考的方向或次序去解决，一般把这种惯性称为"经验"。当这种"经验"被反复使用且获得了预期成效的时候，这种"经验"就会上升成非常固定的思维模式。这种思维模式一旦形成，在处理现实问题时，就会不假思索地沿着特定的思维路径，将其纳入特定的思维框架进行思考和判断，这就是思维定式。

思维定式是人们按经验与思维习惯去用比较固定的思路与程序去考虑问题、分析问题。同时，思维定式并不是一无是处，它有积极的一面，而我们常说的思维定式消极的一面，指的是它对于思维创新的束缚。

积极的思维定式：思维定式是一种惯常处理问题的思维方式，同时也是我们长期学习和实践积累下来的经验，应用思维定式常常可以省去许多思考、摸索、试探的时间，从而提高工作和生活效率。在日常生活中，思维定式可以帮助我们解决遇到的大部分问题。这是思维定式积极的一面。

消极的思维定式：对创造性的解决问题、创新性思维来说，思维定式具有较大的负面影响。一个问题之所以要运用创造性的办法解决，一般是因为问题出现的环境、发生的条件发生了变化。此时如果墨守成规、死搬硬套过去旧有的经验，形成的思维定式往往不能够很好地解决问题，这是思维定式消极的一面。

思维定式指的是在长久的学习和社会实践过程当中形成的具有个人特性的对世界的认知观、价值观，也就是说，一旦形成了思维定式，这种思维定式就会扎根于人们的大脑之中。思维定式的形成既有优点，也有缺点。其优点在于，人们可以利用过往的经验和对客观规律产生的认识去分析问题、解决问题；但是思维定式也有其不足，人们往往会受到思维定式的限制，很难创新，很难挖掘解决问题的其他方法，而且因为自尊心理的存在，人们又很难承认自己受到了思维定势的不利影响。

因此，在实际解决问题的过程当中，我们不仅要善于总结身边的事物，掌握发展规律，形成自己个性化的做事风格，与此同时，也要积极反思是否受到了思维定式的固化影响，自己的事业是否受到了限制，所以一定要经常主动地开阔自己的视野。科学研究表明，人的创造力在未成年时期会达到顶峰，所以作为年轻一代的学生，更应该注重自身创新思维的培养，要勇于打破思维定式的限制，具有强烈的好奇心，勇于探索，勇于创造。

（1）思维定式的分类

一是经验型思维定式。经验型思维定式指的是人们会根据已经获得的社会经验或者已经形成的思维习惯去思考问题。举个例子来说，所有动物的血液一定是红色的吗？人们往往会根据自己的经验认为所有动物的血液都是红色的，这是受到人们的日常经验的影响，但事实并非如此，有一种海洋生物，它的血液不是红色的，因为它身体内的细胞里没有血红蛋白，它拥有的是血蓝蛋白，所以它的血液呈现出来的颜色是蓝色的。由此可见，经验定式对于人们思维的影响。

二是权威型思维定式。权威型思维定式指的是处理问题、解决问题时会以权威的言论作为解决问题的唯一标准，是对权威的过度迷信、盲目跟从，这种思维定式体现出了人们思维存在的懒惰性。权威不一定就是正确的。举例来说，爱迪生认为交流电不存在、不可用，除此之外，也有科学家预言不会有飞上天空的飞机，这些都体现了权威的错误。权威型思维定式形成于人类后天的经历当中，人们长期受到权威的影响，进而形成了思维对权威的盲目跟从。

三是书本型思维定式，具体而言，书本型思维定式指的是以书本中的内容为分析和解决问题的绝对依照，认为书本就是绝对的真理，在解决问题和思考问题时不考虑实际情况的影响。我们必须承认书本对于人类知识的学习、思维的开拓都是有重要影响的，但是与此同时，我们也必须注意到书本上的知识存在时效性，知识是随着技术的更新在不断变化的，如果书本上的知识超过了时效性，那么书本的知识就不能再指导社会实践了，如果这时还以书本的知识为绝对标准，那么我们的实践就会出现指导性的错误，也会制约我们思维的拓展，不仅不会解决我们当下的问题，还会对我们的未来发展产生制约和阻碍。书本形式规定存在三个主要特征：

首先是绝对化。绝对化指的是书本里的知识都是绝对正确的，任何人不能怀疑知识的正确性，知识本身也不存在发展的可能性，但是事实上，无论是理科知识还是文科知识，代表的都只是一定时间内的相对真理。其次是教条化。教条化指的是具体实践过程当中，所有的步骤和行动都按照书本所规定的定义、规律以及公式开展，不考虑实际只考虑理论，不承认实践对真理的检验作用。但是事实是书本中所提出的规律、公式、定义，一般情况下只是对内容的普遍规律概括。规律本身具有很强的辩证性、很高的抽象度、使用范围也比较广。所以在日常的实践过程中，我们必须根据实际情况结合一般规律分析问题、解决问题，如果只遵照理论忽略实际那么思维活动注定是失败的。最后是片面化。片面化指的是只专注于自己一门学科，对于其他专业的知识不闻不问，对于其他专业角度的发展建议也持否定的态度。当今社会技术发展得越来越快，文学艺术水平也在逐渐提升，人们对于一门学科的掌握越来越困难，人们往往沉浸在自己专业知识的范围之内，对于其他专业的知识越来越陌生。但是技术的发展又需要不同专业不同学科之间的强强联合，学科之间的碰撞可以为技术发展带来新的创意，所以我们应该拒绝片面化的发展，注重全面发展。

（2）思维定式的突破

一是挑战思维定式。思维定式的形成与教育、生活环境、人生经历都有着重要关联，长时间下来，人们习惯于遵照思维定式思考。如果我们想要突破思维定式，必须具备打破固有思维的勇气，要坚信打破思维定式能给我们带来更多的新想法，有助于我们开展创新活动。

二是敢于质疑思维定式。在成长的过程中，我们习惯了尊重权威或者是书本理论知识开展实践活动，因为在一定的范围内，权威和书本的知识是很有用的，尊重权威或者书本总是能轻易获得成功，如果违背了权威或者书本中的知识非常有可能失败。长此以往，人们的思维就习惯于盲目地跟从权威和书本的理论知识，这就导致人们在创新的过程中很难突破固有思维的约束，对我们的创新活动造成了阻碍。当我们理论知识达到一定程度后，我们需要有敢于质疑权威的精神，不能盲目地跟随权威说法，应该持批评和怀疑的态度。

三是要大胆探索。思维定式有一个重要的特征，那就是它往往指向单一模式的思维，这与事物的发展、事物的多样性是相反的，所以在日常的实践过程当中，我们必须要大胆探索、大胆猜测，突破思维定式的影响。

2. 聚散思维

（1）发散思维。顾名思义，发散思维指的是思维呈现出来的发散状态，具备视野广阔、多维发散的特点，是比较常见的一种思维模式。如果问题有很多种答案，那么就会激发大脑产生发散思维。发散思维没有规矩性，也不会受到传统思维方法的制约，这体现出更多的可能性、创造性。思维能力是智力构成的主要影响因素，发散思维代表的是主体的推测和想象，可以提高主体的创新力。

第一，常见的发散思维方式。常见的发散思维方式主要包括以下几个方面。

材料发散：材料发散是以某种物品作为"材料"，以"材料"为发散点，设想它的多种用途。例如，报纸作为一种材料，可以用在哪些地方？反过来作为物品的帽子，都可以用哪些材料制作？

功能发散：功能发散指从某种事物的功能出发，构想出获得该功能的各种可能性。例如，需要获得一种取暖功能，可以用哪些途径？反过来，一个物品废纸盒可以有哪些功能（用途）？

结构发散：结构发散是以某种事物的结构为发散点，设想出利用该结构的各种可能性。例如，一个典型结构，可以用在哪些地方？一个待设计的物品，可采用的结构形式有哪些？一个简单的结构，可进行哪些添加构成新结构？

第二，发散思维具备的特征。依靠思维的想象和迁移得出相同问题的不同答案，是发散性思维的主要特征，并且发散性思维主张要找到多种正确的答案。发散性思维具有三个主要特性：

①流畅性：流畅性指的是发散性思维单位时间内能够产生的答案数量。我们可以用流畅性来衡量发散性思维产生的速度，是发散性思维的量化指标，发散性思维的流畅性包含了字、词、图形、观念、联想以及表达的流畅性。

②变通性：发散性思维的变通性是指思维发散到具体方向之后所体现出的灵活程度。一般而言，我们可以用变通性来衡量思维发散的质量水平，作为发散性思维的重点，发散性思维的变通性体现的是主体对问题多层次的观察、多视角的分析。

③独特性：独特性也被叫作独创性和求异性，指的是发散思维产生或想象出的结果的新颖程度。独特性是发散性思维的根本，也是思维向外发散的目的。独特性是思维发散的本质特征，而发散性思维追求的是发表出独一无二的见解，代表了自身发展思维能力的高超，也是发散思维想要实现和达到的最高目标。

大学生的发散思维培养要把握好以下几点：首先，发散思维与想象思维密不可分，在发散思维时要大胆想象，摆脱逻辑思维的限制；其次，尽量追求思维的独特性，以进入较高水平的发散思维状态；最后，引导学生跳出逻辑思维，帮助大学生树立在思维上"没有什么不可以"的信念，相信办法总比问题多，相信人的大脑潜能是巨大的。

（2）聚合思维。顾名思义，聚合思维指的是将所有分散的信息进行思维上的整合，使信息条理化，符合逻辑，再结合自身已有的知识和经验，得出一个确切的结论。聚合思维和发散思维是完全相反的，它讲究的是将各个方向、所有范围内的信息进行条理化的聚合，寻求的是信息之间的共同性，将不同方面、来源、层次、角度、部分的信息进行整合，使信息凝聚。在这个过程中，要对所有的信息进行整体的分析、整理、归纳，并且按照逻辑性将信息进行综合理顺，最终形成一个整体，然后结合实际需求，找出符合当下条件，又能最大程度解决问题的最佳方案。聚合思维主要包含两个方法：

①目标确定法：目标确定法首先我们需要确定目标，目标明确以后对信息进行认真细致的观察，以目标为中心聚合思维，目标确定法当中目标越明确越具体那么方法就会越有效，目标的确定需要结合实际条件，应该确定一个可以完成的目标，对目标的分析要客观、正确，要有清醒的认知。

②分析综合法：分析综合法指的是当我们遇到问题的时候，需要透过问题的表面深入分析问题的实质，抛开那些不影响问题的复杂的信息，找寻隐藏在信息之下的本质问题。一般情况下，警察办案调查真相使用的都是分析综合法，它要求使用者具备较强的逻辑思维能力。

3. 逆向思维

逆向思维是从事物的反面去逆向思考问题的一种心理过程，它也是创造性思维的重要运动形式。科学技术的实践证明，人们在创造活动中运用逆向思维，从事物的反面去思考问题，往往能打开解题的思路，佐证解题的过程，从而找出解决问题的正确答案。例如，过去人们在读、写、看数字时，习惯上是从左到右，从高位起，而在运算时却是从右到左，从低位起，运算的速度很慢。"快速计算法"的发明者大胆地运用了逆向思维，创造了从左往右的算法，因而使读、写、算、看四者一致起来，简化了运算过程，大大提高了运算速度。

人们往往受到惯性思维的约束，习惯从正面的角度思考问题、分析问题、解决问题，但是惯常的思维有可能会走入思维的死角或者达不到那么好的效果，相比之下，逆向思维的优点在于可以打破常规思维的限制，没有了传统想法的约束，用逆向的思维分析问题、解决问题有助于我们思路的开阔，更容易找到问题的解决办法，也更容易提出有见解性的新想法。在解决问题时，我们需要习惯用逆向思维来进行思考和创造，应该勇于打破常规的正向思维的约束，突破传统，不受他人的想法引导，有自己的主见，这样有助于创新的形成。

（1）逆向思维的特性

首先，普遍性。任何事物都有正反两面，都存在着对立和统一之间的矛盾，思维也是一样的，正向思维和逆向思维之间的对立很普遍。一般情况下，我们在接触事物时，相互对立的两面都在背景之中，只不过人们大部分时候只把注意力集中在主要方面，而忽视了对立面，并且对对立面缺乏明显的认识。逆向思维，主张把对立面从背景中拉出来，推到前台，使之一目了然。

其次，批判性。我们习惯性认为是正确的、正常的做法都是我们的惯性思维，也就是正向思维，相对而言逆向思维是反常规的、反传统的、比较新奇的思维方式，挑战了人们印象当中的绝对正确、挑战了传统思维当中的天经地义。逆向思维的优点就是可以避免常规化思维所造成的僵化，对于思维固化来说，具有批判性。举例来说，西方的地质学家根据板块理论认为，中国是没有石油资源的，或者说中国只有很少的石油资源，但我国的地质学家李四光认为，该推断理论是错误的，他运用逆向思维，批判了外国学家的板块理论，同时研究出新的理论运用新理论去勘测地下石油资源，并且最终发现了大量的石油资源，打破了国际上对于我们国家石油资源匮乏的定论。

最后，新颖性。按照传统的正向思维分析问题、解决问题，可以减少处理问题的时间，比较容易上手，但是长久下去会造成人的思维固化，容易导致走入思维定式。久而久之，得出的结果可能也大致都是相同的，很难有创造性的新成果。逆向思维以非常规的角度为切入点，分析问题、解决问题，虽然可能遇到的挑战会更多，但是能够取得的结果也是不可预料的。这对于人们的创新创造是非常有益的，能够帮助人们拓展思路、打开视野。

（2）逆向思维的方式

首先，反转型逆向思维。这种思维方式指的是从事物的反方向为出发点进行思维思考，创造发明。一般情况下，事物都是有正反两个方面的，如果我们使用逆向思维去分析事物、理解事物，并且对事物的某一个方面进行相反的思维思考，可能会有所创新。比如印刷术，凹面印刷的方法不如凸面印刷的方法方便；再比如，一般情况下照相使用正片适合，但是如果是医学生的X光那么使用底片比较适合。

其次，转换型逆向思维。这种思维模式的特点是，比如我们沿着某一个方向展开技术攻坚，如果长久下来无法攻破，那么我们可以转换一种思维方式，将重点方向调换，可能会有新的发现，将攻克重点进行转变也就是转换思维结构。

最后，缺点型逆向思维。这种思维的特点是将事物的缺点转变成事物的优点，需要注意的是缺点型逆向思维并不是要我们改正缺点，而是要我们利用缺点的特殊性将缺点转化为优点，利用缺点将事物发扬光大。缺点逆用法的掌握有助于人们打开视野丰富思维路径为创新、创造提供了更多的可能。

逆向思维的培养需要教师的积极引导，要在平日的教学中灌输运用逆向思维的思想，突破传统的桎梏，以新奇的角度思考问题，进行创作，也可以对学生展开适当的指导，引导学生运用逆向思维的方法推理，逐渐掌握逆向思维的运用技巧。逆向思维的培养过程，首先，需要教师引导学生形成运用逆向思维的相关意识，意识的培养能够有效提高学生对逆向思维的使用频率，从其他角度思考问题、探索问题。思维意识的培养有助于学生关注到大家以往忽视的地方，有助于学生创造出新颖的成果。其次，教师应该培养学生的逆向思维习惯，俗话常说，反其道而行，应用到教学过程中，教师就要培养学生反其道而"思"，让学生习惯于关注事物的对立面，并且从事物的对立面为出发点展开思考，从对立面出发思考问题有助于学生发现出人意料的成果。最后，教师应该培养学生敢于质疑的精神，逆向思维本就是打破固化思维，本就是寻求突破的，质疑是走向突破的第一步骤，培养学生的质疑精神有助于逆向思维的真正形成和应用。

（3）逆向思维的类型

首先，条件逆向。具体而言指的是将与事物相关的不利条件分析出来，然后对条件进行逆向思维的思考，从而从有利的条件出发进行创新。

其次，作用逆向。也被称为功能逆向，具体而言指的是分析事物存在的不利作用，并且对不利作用进行逆向思维的思考，将不利作用转变为有利的作用。

最后，方式逆向。具体而言指的是分析事物正常的运作方式，然后运用逆向思维，从事物的反向运作角度出发进行创新。

4.联想思维

联想思维是一种由此及彼的思维活动，即由一个现实刺激引起的对其他事物的映象或想象，它贯穿于人的各种实践活动之中。从一个事物想到另一个事物，从过去的事物想到未来的事物，这些都属于联想。联想实际上属于人的心理活动，可以说联想思维属于人的本能。有些事物或现象会在特定的时空下伴随出现，或是在某些方面表现出一定的对应关系。随着联想的反复出现，人的大脑就会对其接受，并以特定的记忆模式和表象结构将其存储起来，当再次遇到该事物或现象时，大脑便会自动产生对确定的相关联系进行搜寻，产生联想，联想到不在眼前的事物或是尚未发生的现象。

表象和形象是联想思维的主要对象，也是联想思维的媒介。表象是对事物进行感知后形成的印象，即便改事物离开了人们的视线范围，也能够通过表象在大脑中对其形象进行再现。表象具有个别、概括、想象三种不同的类型，其中个别表象和概括表象与联想相关，想象表象与想象相关。根据亚里士多德的联想观点，可以将联想分为相近、相似、相反三种主要类型，而其他类型的联想或是属于这三种联想的具体展开或是这三种联想的组合。

联想思维在科技人才的创新活动中，具有十分重要的作用。虽然联想思维作为人类的本能，是人类的天赋，但是要通过联想进行创造，还必须依靠后天对联想思维能力的发展。经过后天的能力强化，科技创新人才能够将意义差距极大的事物联系在一起。这依靠的便是科技创新人才丰富的经验和知识积累，通过记忆的形式，在大脑中存储大量的神经元模型，这就使得科技创新人才能够充分发挥其强大的联想思维能力。

（1）联想的类型

首先，相关联想。相关联想指的是通过事物之间的相关性展开联想，从中获得一定的启发，通过启发展开创新，相关联想需要从宏观出发找寻事物之间的相关联点。当今社会快速发展，各种各样的信息不断地冲进我们的视线，如果我们能发现两种看似没有关联的事物之间的相关性，并且有效利用事物之间的相关性进行创新，那么我们可能会获得意想不到的成果。

其次，相似联想。具体而言，相似联想指的就是找寻不同事物之间在现象方面、原理方面、功能方面、结构方面或者材料等方面的相似性，并且通过相似展开创新，相似联想需要我们有一双善于观察的眼睛，而且要动脑思考主动找寻不同事物的相似点，具有相似特点的事物可能只是某一个方面有相似点，其他的方面可能完全不同，但是这一个相似点就可能会为我们的创新带来意想不到的效果。

再者，对比联想。对比联想指的是以事物的对立两面为基础，通过事物的一面想到事物的另一面，并且利用事物的正反两面之间的关联展开创新，比如说大和小、黑和白、快和慢、高和低等。

最后，因果联想。具体而言，因果联想指的是根据事物的起因想到事物的结果，因果之间存在必然联系，有起因必然会导致结果，有结果必然会有引发的原因，掌握因果之间的关联有助于人们开展创新活动。

（2）联想的方法

按照联想思维是否受限的特征，其培养的基本方法可以分为自由联想法和强制联想法两类。自由联想可是指通过某一事物联想与其相关的事物。强制联想是指尽可能想出两个不相关的事物之间的联系。教师应鼓励学生自由联想，自由联想能发散思维，产生大量奇思妙想，同时也应培养学生强制联想，强制联想可以在一定的范围内进行联想，更利于解决问题。

（3）联想的特性

首先，形象性。联想展开的基础是根据事物的表象发散思维，也就是说，联想思维其实是一种变相的形象思维，体现出了非常鲜明的形象性。

其次，连续性。连续性指的是联想是连续的，不会出现断层，可以在不同事物之间持续展开联想。事物之间的连接关系也存在很多种，不同事物之间的连接关系可以完全不同：可以由直接的联系转向间接的联系；也可以按照一定的顺序展开；联想也可以不按照一定的顺序展开；联想也可以按照常规的逻辑展开；联想也可以突破逻辑展开；产生联想的事物之间可以是一对一的连接关系，也可以是一对多的连接关系，一个事物与多个事物之间的可以存在不同的对接关系，可以通过联系将原本没有任何关系的事物联系在一起。

最后，概括性。联想思维可以直接呈现出最后的联想结果，具有高度的概括性，它能够从整体上把握思维过程。

5. 组合思维

组合思维就是将分散的因素组合起来的思维，属于一种综合性的思维。在组合思维下，科技创新人才能够将前人的知识和经验组合起来，创造出新的方法，以发现和解决问题。组合思维能力能够为科技创新人才提供组合创造的方法，也及时将多种理论、技术、设备、材料等进行全新的组合，从而创造出新的事物。由于组合创造是在一定的整体目的下利用现成的、有前人较为扎实的技术成果，因此对于那些采用者来说并不需要建立高深的理论支撑，或者开发先进的技术成果，操作起来较为容易。在现代技术创造成果中，绝大部分得益于组合创造原理。

（1）组合的方法

组合法是按照一定的原理，将两种或两种以上不同的原理、技术、事物、产品或想象等进行巧妙组合，从而获得创造性成果的方法。组合可以是任意的，各种事物都能进行组合。常用的组合创新技法有：技术组合，材料、零部件、结构组合，现象组合，技术与现象的组合，形态分析组合等。组合法是培养学生科技创造思维的重要方法，通过组合法可以提高学生利用已有技术实现技术突破的能力。

第一，技术组合。具体而言指的是通过整合不同的技术技巧、技术原理、技术工艺和操作设备，创造新的技术。技术组合包含以下三种类型：一是聚焦组合，即明确一个技术问题，并且以问题为中心探寻能够解决问题的各种技术，然后形成综合性方案，在方案中找寻最有可能的解决办法。二是辐射组合，指的是将新的技术或者是能够引起兴趣的技术与传统技术进行结合，形成技术创新，也就是在新技术和传统技术的基础上将两个技术进行综合开发。一般而言，新技术都会使用辐射组合。三是交叉组合，指的是聚焦组合与辐射组合的整合。也就是将新技术和传统技术整合应用在一个中心问题上，然后将所得到的新技术和已有技术进行再次整合，创造出更为复杂的技术。

第二，材料、结构以及零部件的组合。设备的构成离不开材料、结构以及零部件，通过材料、结构以及零部件之间的有效组合，能够提升设备的性能或者完成其他任务，这样就达到了创新的目的。一般而言，该组合有三种类型：一是性能互补组合法，这种方法也非叫作改善性能组合法。对于材料来说，必然会有优点，也会有缺点，如果能够将材料的缺点和其他材料的优点进行结合，那么就能够实现高性能。性能互补组合法经常会被应用到技术领域当中，举例来说，我们所知道的铅字印刷法，如果在印刷过程当中只使用铅，那么印出来的字容易变形。这是因为铅容易受热膨胀，受冷收缩，根据这一特点，如果在材料中加入锑，它和铅的性能正好互补，这样我们就保证印出来的字不变形。二是重新组合法。该方法指的是通过对产品零部件做出增加或者减少后，实现结果的优化，有助于为生产提高效益，节约原材料。三是结构互换组合法。这种方法也可以叫作积木式组合法，这种方法针对的是结构，通过组合不同的结构，创造出新的产品。

第三，现象组合，指的是将不同的现象进行组合，创造出新现象。举例来说，磁化节油器，它由河北省的农机公司高级工程师李树文创造，他将磁场对氧气的作用现象和氧分子在柴油机中的表现现象进行了组合，通过组合创造出了磁化节油器，为机器工作节省了 12% 的油量。在此基础上，如果我们将磁场对空气的作用现象和超导体现象进行组合，那么我们将会发明创造出另外一种制氧设备。

第四，技术与现象的组合，具体而言，指的是把已有技术和已有现象组合，创造出新技术。举例来说，曲柄滑块机构本来的公式有些不足，通过技术与现象的组合优化以后，创造出了更好的新技术，而且还获得了新的发明专利。

第五，形态分析组合。形态分析组合法简称形态分析法，它是以系统分析和综合为基础，用集合理论对研究课题组合各因素进行设想的一种方法。形态分析法的步骤如下：

①确定课题：确定要研究的课题，明确课题的研究目的、研究内容、研究方法，制订研究计划。

②基本要素分析：分析创新对象的基本组成要素，如基本参数、组成部分、结构功能等。基本要素要满足三个要求：一是各要素在逻辑上应彼此独立；二是确定的各要素在本质上是重要的；三是确定适宜的要素研究数量。

③形态分析：运用技术手段分析出每一种形态可能产生的变量，并且列出

横向上符合这种功能的其他技术手段，包括但不限制于是本专业内的技术手段。一般而言，会采用矩阵表或者二维表格，如果情况比较复杂，则可以使用多维模式。

④形态组合：以想要创造的对象要求为基础，把需要的所有要素的所有形态列在组合表格中，展开想象形成不同的组合。

⑤选择最佳方案：从所有的方案中选出少数技术比较先进、实用性较高，经济性较高的，然后对方案进行整体综合的考量，从中选出最佳方案。

总而言之，对于创新技法来说组合非常重要，而且特别实用，但是与此同时，也要求创新者要具备极强的思维能力，拥有丰厚的知识储备，能够很好地将因素组合起来，发挥出巨大的创造性。除此之外，创新者还应该能够使用成熟的技术，对组合能够展开综合整体的分析。而且，还要注意的是以上的各种方法经常需要结合使用，通过将各个方法的优点进行整合，达到最好的效果。

6. 想象思维

想象思维，就是将头脑中已经存在的、已累计的知识、信息等，经过思想加工，比如进行重新排序以及不同知识之间的组合而产生的新的思想、新的方案的一种思维，即通过想象创造新形象的一种思维方式。人脑是人类特有的，思考也是人类所特有，人不仅仅能够通过想象来获取生动的、夸张的事物。由此可见，想象是日常生活中不可或缺的一项能力。

（1）想象的类型

首先，无意识地想象。无意识的想象就是没有目的、没有前提的不自觉地想象。这种想象是初级的，是最原始的，是人类在不定条件下不自觉产生的。比如，当人看到天上飘浮的白云时，就很自然地会联想到与白云有关的棉花或者是与白云形状对应的某种动物等。

其次，有意识地想象。有意识地想象与无意识地想象相反，有意识地想象是有目的、有目标性地去想象某件事物。这是无意识想象的进阶形式，这种想象的特点主要体现为预见性、方向性。

（2）想象思维的方法

1）组合想象。组合想象是提取头脑中存在的客观事物形象的某些特征，将它们进行组合排列，再根据要求做出一定的调整和创新，抽取其中所需的结构、性质、功能等方面的特征，打造成另一个具有独立形象的事物。组合想象再日常生活中并不罕见，甚至可以说充满了我们的生活。比如，儿童利用积木搭建自己眼中所看到的事物，这是一种组合想象，手工工艺师通过废物利用创造出新的手工艺品，这也是一种组合想象的表现。

2）填充想象。填充想象是从事物的全局大体去看待事物，对事物的运作方式和运作过程都进行了全方位的思考，更注重事物的完整性。对事物的某个环节部分进行深入思考，使得事物更具内容、更有层次，这是一种极其重要的创新思维方式。人们在日常生活中的实践活动会受到时间和空间等环境因素的限制，这就导致了实践所得到的结果的部分是空缺的，而这些空缺，就需要创造者利用填充想象的思维方式进行填补，以此获得结果的全貌。

3）纯化想象。纯化想象更注重事物的某个部分，而不是从整体考虑事物。是在思考时刨去与所面对的问题不相干的因素，只着重思考与问题相关的方面，以此扩大事物内容的本质结果，使得结果更理想化、更简单化。

4）引导想象。引导想象的思维方式是指在脑海种通过意识干预，在脑海中完成对某件事的细致体验，并且想象在成功之后的喜悦情景，这样可以促进自身的潜能开发，加大任务完成的可能性。引导想象的重点在于心理状态的发挥作用，引导想象充分地利用了人的意识的能动性，充分地利用了心理暗示的作用，且在当今各个领域方面都取得了不小的效果。同时，也有不少成功人士在发表演讲时都明确表示，在自己的奋斗过程中，都利用了引导想象的暗示作用。人在面对困难时，一定要树立起克服困难的决心，而这与引导想象密不可分。

7. 直觉思维

直觉思维是指人的下意识反应，是指不在大脑的分析推理等一系列过程下，直接给出答案的过程。这种反应是不经过任何推理的结果，是另一种形式的条件反射。而直觉思维并不是胡编乱造的，相反，直觉思维在通常情况下都是正确的，甚至有时会具备一定的创造性。这是因为直觉思维的前提是在大量的经验堆砌下，大脑对思维过程进行了简化，除去了一系列的繁杂的反应过程，自动总结出了事物的规律。

结论是具有偶然性的，即在有些情况下，某些结论是由人的直觉直接得出的。在某些特定条件下，这些结论就像灵光一样闪现在脑海里，这就可以说明，为何当被询问这些结论如何得出时，人们往往无法给出答案。在非常短暂的时间内，对某一事件完成理解和领悟的一系列过程，就好像灵感一样，这种感觉是无法言说的。

结论同时还具有非逻辑性，它与跳跃性思维有相似之处，并不是跟随着一个事件线发展，有时可以从开始跳到结尾，有时又从一种事件跳到另一种事件。

结论同时还具有不成熟性，有时结论是通过直觉得出的，而这些直觉具有的最大特点就是它形成的是一种可能性事件，或者说只是一种猜测，只能形成一种随机的判断，所以当我们通过直觉得出某种结论的时候，不要太早下定义，而是需要通过科学的方法对结论加以验证，以便保证结论的准确性。

8. 灵感思维

灵感思维是人脑以最优势功能加工处理信息的最佳心理状态。灵感具有突发性和瞬时性。一些人尽管自己头脑中同样出现这样或那样的念头和灵感，但由于没有明确思维的目标和追求，任由这些念头和灵感径直滑过，结果就像清风拂过大地，灵感的闪现也是毫无意义的，所以要善于捕捉灵感。

灵感思维具有瞬间性、专一性、模糊性的特征。灵感出现的时间不是固定的，出现的地点也不是固定的，甚至灵感的触发方式也不是固定的。灵感的产生和创作者本身和外界环境的刺激都有着很大关联。

（1）瞬间性。触媒的出现往往是意外的、不期而至的，有意呼唤灵感，灵感却偏偏不来，无意寻觅，灵感却悄然而至。灵感出现的时间不是长久的，它是瞬时的，是难以捕捉的，创造者如不抓紧机会，灵感可能就悄悄溜走了，这就是灵感的瞬时性。

（2）专一性。想要获得灵感，必须要在头脑中对这个问题展开深刻的思考，围绕这个问题进行不断假设，对于没有思考过的问题，头脑中也是不会出现与之相关的灵感。

（3）模糊性。灵感仅仅是一个念头、一个想法，是一个没有具体化的方案。这就注定了灵感是模糊的，而并非清晰明了的，此时需要创作者快速写下灵感，并且对其想法继续进行深入设想，分析判断，以此获得更清晰明确的方案。

（三）创新思维的特性与方法

21世纪，科技创新已经成为我们时代的主旋律。一般来说，一个完整的创新过程分为以下三个阶段：问题提出阶段，在最初的阶段中就是我们在生活中发现了某些需要解决的问题；构想阶段，发现问题之后的第二阶段，我们需要在头脑中构想解决这些问题的方法；实施阶段，当构想了问题的解决方案之后，我们需要对方案实施，从而能够使问题得到解决。

通过上述讨论可知，创新阶段的三个阶段分别包含了问题的提出、构想与实施。其中最主要的就是第二阶段的构想，也就是所说的创新思维阶段。拥有创新思维有利于推动社会市场经济和知识的发展，有利于维持人类生存的发展，有利于科技的进步和教育的发展，而创新思维的关键是创新，创新影响着生活的方方面面。思维方式的转变会在日常行为上体现，当遇到问题时我们可以通过不同的思维方式来解决问题，小到日常生活，大到社会生产，都离不开创新。也就是说，人类历史上的很多举措都是创新思维的产物，特别是在重大事件和科学研讨中，创新思维的存在都起到了关键的作用。

构建创新思维是一个复杂的过程，要通过所了解的知识与经验明确问题的关键，从不同的角度看待问题，发挥自身的创造能力，制定出几套可行的假定方案，通过新视角、新思维、新方式的验证，对原有的方案进行加工和改造，用全新有效的思维方式确定出最终的解决方案。

1. 创新思维的特性

创新思维是多种思维方式相结合，通过思维的发散，整合与联想，从而衍生出来的一种新型思维方式。逻辑性思维是指通过对事物的观察、比较、分析和概括及常规程序与经验进行思考。而非逻辑思维指的是通常的逻辑思维无法说明和解释的思维活动，需要通过思维发散、联想、猜测和直觉进行思考，没有固定的思维方式，具有较高的灵活性。逻辑性思维是在原有的思维框架中进行思考，并不能够做到真正意义上的创新思维，所以说，非逻辑性思维是创新思维的关键。

创新思维是在保留人类传统思维的基础上创造出来的新型思维方法，与实际生活相互联系和影响。创新思维具有以下几种性质：独创性、新颖性、联想性、综合性。

（1）独创性。创新思维是新颖的独一无二的，它不受传统思维枷锁的禁锢，它打破传统，解放思想，敢于对某些事物进行怀疑，敢于创新，具有较高的灵活性。在看待问题时，会以全新的思维方式分析问题并展开联想，或者可以开拓一个全新的思维领域，打破传统。创新思维的过程包括：提出问题，做出假设，展开联想，合理验证。其思维成果是前人所未探索的，换句话说，就是不在某个领域与原有成就相类似。

（2）新颖性。创新思维所要解决的问题是在前人的基础上进行改变时既要扬长还要避其短，解决前人在此问题上的"小瑕疵"。由于不遵循传统的思维方式，所以没有固定的方案可以借鉴，在此就要发挥我们探索未知的能力，开拓出一条在思想上、技艺上、实践上都行得通的新道路，那是一条通往新发展、新气象的创新之路。

（3）联想性。联想性是指在解决问题的创新思维过程中，可能会遇到一些困难，在这个时候就需要发散思维，从不同的角度去考虑问题，甚至将表面上看起来没有任何关系的两件事情联系起来，举一反三，从而在更高的领域得到创新。联想的过程是要由小及大，由简单到复杂，不放过事物间的任何联系，寻找他们之间的关系，开发出新的成果。

（4）综合性。综合性是把总结的资料、结论，事物的各个环节、属性整合，作为一个整体，形成一个有依据的体系。创新思维更是要做到从不同方面和不同层次对创新对象进行研究与分析，准确使用所收集到的所有信息，将所有信息从不同层次通过本质联系在一起，而不是强硬地融合，最终分析综合成新的思维方式。

2. 创新思维的方法

第一，组合创新法。该办法的应用需要以现有发明为基础，在此基础上进行内容的增加或者删减，通过增加或者删减内容可以形成令人意想不到的新发明结果。比如说，在训练鞋上加入电子计数器，这样做可以计算训练次数；在台灯上加上灯罩可以聚光；在照相机上加入背带，方便携带。组合创新是创新的一种重要手段，组合创新法主要有三种组合形式：

一是同物组合法。具体而言，同物组合法指的是把相同的事物组合起来，需要注意的是，该方法的使用要考虑事物组合之后的效果，要注意事物结构的对称性。举例来说，三轴电风扇就是使用了同物组合法，具体将三个叶片组合在一起，使用强力的马达配上电脑控制，使风扇可以持续地为三个方向提供风力，这样的设计有利于空气的快速流通；除此之外，情侣杯、情侣手表、鸳鸯锅、双人以及三人自行车等，都是利用了同物组合法进行的创新。

二是异类杂交法。具体而言，异类杂交法指的是将不同的产品进行优化组合，但并不是随机地将两种产品结合在一起，而是要通过两种产品的结合带来性能的提升、服务的优化。相比于其他的组合形式，异类杂交法涉及的思维程度更深、范围更广、创新程度也更高。从本质上来说，它是将事物先切割，提取事物的优点和其他事物的优点，再进行结合，创造出更加优化的组合。

三是分解重组法。具体而言，分解重组法指的是在不改变事物功能的基础之上，对事物内部的结构和组成方式进行分解、重组，以达到事物功能创新的目的。使用分解重组法需要强调的是，要对事物内部的结构构成、结构原理、组成方式有充分了解，然后根据性能需求和要素本身的功能，进行分解重组，按照我们的使用需求，选择适合的组合形式，最终形成满足需求特点的新产品。

第二，观察创新法。观察创新法指的是通过细致观察，了解事物的本质，认识事物的内在特征，基于事物的特点展开创新。历史上有很多发明创造都是通过细致的观察得出的，观察创新方法主要有六种具体的观察法：

一是奇特洞察法。具体而言，奇特洞察法指的是运用奇特的角度展开观察，运用科学的思维展开想象，仔细认真地寻找周围事物的不寻常现象，并且将感性认识上的不寻常转换为理性认识上的具体差别，并且仔细研究、认真剖析产生差别的原因，以差异性为发明创造的研究方向，以此展开创新发明。

二是重复考察法。具体而言，重复考察法指的是观察重复现象，寻找重复现象产生的原因，重复现象需要在相同的时间内、相同的事物种类以相同或者是相似的形式重复的出现，通过认真的观察分析重复现象产生的原因，寻找现象重复产生的规律，以这个规律为创造出发点可能会产生新的创造结果。

三是精细观察法。精细观察法就是经常、细致、深入地观察身边或周围的事物或事件,善于发现事物的"亮点"或"黑点",再经过思维加工,科学的推断,进行新的发现、新的创造。

四是动态发现法。动态发现法是把握研究对象的特征或属性,了解静态情况,并创造条件进行动态观察,化静为动的一种方法。

五是变换视角法。变换视角法就是在观察事物时运用改变视角的方式产生新的感受,再加上创造性的思考进行创新发明的方法。

六是目标转移法。目标转移法是在观察过程中发现意外的、与事先特定观察目的不一致的异常现象时,善于以新的奇特现象或效应为契机,确定新的观察实验目的和新的研究方向,这种观察技巧就叫作目标转移法。

第三,需求创新法。需求是在一定的时期,在既定的价格水平下,消费者愿意并且能够购买的商品数量。需求引导创新是成功的开始,需求创新更会赢得新的商机。根据需求形成创新有很多方法和途径,可分为以下类型:

一是列举缺点法。具体而言,列举缺点法指的是将事物的缺点分别列举出来,并且针对事物的具体缺点给出具体的解决方案,使事物不断趋于完美。在具体的实施过程中,我们首先要挖掘事物的缺点,找到市场上现存的产品,并且分析产品设计、产品构造、产品功能、产品价值方面的各种缺点;其次,针对存在的缺点分析缺点形成的原因进行分析,并且根据原因提出可行性的改革方案,最终完成创新,获得新的发明成果。

二是希望列举法。具体而言,希望列举法当中的希望指的是人们对事物的某种具体需求,希望事物能够达到的发展状态,追求事物的创新创造,就是要根据人们的希望展开研究和探索。希望列举法首先需要调研了解人们对某一事物的具体愿景,再由研究者根据调查结果确定创新的研究方向。希望列举法在创新的过程中往往面对的是各种各样的新问题、新矛盾,创新要做的是解决新问题、新矛盾,在矛盾中找寻平衡,最终想出新的创意,并且根据新的创意展开创造,最终形成新的发明成果。

希望列举法的使用需要注意的是要批评现状,不满足于现状,要不断追求新颖。如果研究者安于现状,没用新的追求,那么就不会产生新的创意,也不会有创新的动力，就没有办法使用希望列举法进行发明创造；没有主观想要创造的想法，便不会想到用希望列举法开展创新活动。希望列举法可以根据创造对象分为两种类型：如果创造对象是明确的，那么可以使用目标固定型，它寻找的是人们对产品的希望；如果创造对象是不明确的，那么可以使用目标离散型，它寻找的是人们对产品的需求。

三是需求引申法。具体而言，需求引申法指的是根据某种需求而产生其他需求的创造方法。使用需求引申法需要注意的是，必须找到事物之间的需求关系，并且根据需求关系进行关联思考，比如可以利用消费品与工业品之间的关联创造新产品，可以根据热门产品为指导进行相关需求的创新，也可以生产系列化的产品展开创新。举例来说，作为我国最为普及的交通工具——自行车，它的发明引发了一系列的需求创新，比如用自行车专用雨衣来阻挡恶劣的雨雪天气，用自行车前置篮筐来安放人们的闲置物品如书籍、包包，还有自行车的打气筒，为自行车行驶提供充足的车胎气，而且打气筒还按照需求分为了手动打气筒和电动充气机。

四是兴趣创造法。一般情况下，创新都是先了解消费者的需求，然后根据需求展开创新，但是兴趣创造法与之相反，它主张提出一种新的消费兴趣，并且利用兴趣引导人们产生新消费，它并不关注消费者目前阶段对这个创造是否感兴趣，它强调的是通过手段引导消费者对这个创造兴趣产生购买和消费欲望。举例来说，目前比较流行的婴儿手印以及脚印的纪念框，这个创意来自一位日本青年，主要是可以为婴儿提供手印和脚印的纪念服务。这个服务首先需要收集婴儿的手印和脚印，然后利用黏土和树脂原料制造一个立体的、凝固的手印模型和脚印模型，最后在模型外部度上和婴儿肤色相近的颜色，然后选择合适的木框留念，家长还可以为模型配备文字、日期以及对婴儿未来的期许等。这个创意是非常典型的通过兴趣创造法展开创新创造的范例。

五是市场细分法。具体而言，市场细分法指的是将消费者的需求按照消费水平、消费年龄、消费者的文化倾向进行细分，然后展开针对性的创新。例如，有人针对汽车司机的驾车需求发明了汽车行驶专用的取暖器、可以自己加热的保温饭盒、悬挂于司机头顶电风扇等。

第四，移植转换法。具体而言，移植转换法指的是将某一个产品的发明思路或者是使用的技术从本产品所在的领域转移到另外一个领域。比如将农林业当中的植物移栽方法应用到医学上就产生了器官移植，这种方法在医学上的应用解决了很多医疗难题，为很多人带来了新的生机。某一项技术或者是理论在一个领域的有效应用都有可能应用到其他的领域当中，这取决于发明创造者的观察，技术和理论的应用极有可能带来新的发明创造，为人们带来更多的福利。

技术在不断发展，技术的针对性逐渐增强，随之而来的是技术的跨领域转移范围逐渐扩大，技术转移的速度也有所提升。人们发现某一个领域内的技术或者是理论应用的环境、使用的思路、解决的问题在其他的学科领域也可以得到有效的应用。移植转换法为人们研究带来的便利、为创新带来的新意都极大地丰富了我国各个专业和学科的研究成果。移植方法之所以被广泛应用，是因为客观世界本就是相通的，各种物质之间也存在密切关联，这种关联性为移植方法的使用提供了基础，不同学科之间的学科壁垒看似将各个学科划分得非常明确，但是事物之间存在的客观联系却是无法划分清楚的，不仅无法划分，还存在着密切的联系。移植转换法主要有四种具体应用：一是原理移植法。具体而言，原理移植法指的是进行跨领域的原理转移应用，也就是直接把某些事物的原理直接移动应用到其他的领域，实现其他领域的创新。举例来说，在物理学领域，一切比绝对温度高的物体都会反射出一种红外辐射，这种现象在物理学中比较普遍，但是利用物质的这一特性将这一原理应用到其他的领域当中，可以创造出了很多意想不到的成果，比如说应用在医疗领域，利用红外辐射可以治疗疾病。二是方法移植法。方法移植法指的是将制造方法或者是使用方法进行跨领域的移植。举例来说，在面包的制作过程当中使用的发泡方法被德国的橡胶厂应用到了橡胶制造过程中，最终发明出了比较松软、有很多孔的新型橡胶；发泡方法还被日本的企业应用到了水泥制造过程当中，最终发明出了坚硬，但是却很轻的新型水泥，这种水泥中间有孔，能够有效地隔绝热量，阻断声音。三是结构移植法。具体而言，结构移植法指的是将某个事物的技术结构或者是内在结构进行跨领域的移植，使其他的事物具有相同的结构或者是相似的结构。举例来说，拉链技术被应用到医学领域实现了皮肤的缝合；香水喷雾的结构构造被应用到内燃机中，有效改进了内燃机；积木之间的连接结构被应用到车间的机床生产，创造出了组合机车。四是技术移植法。具体而言，技术移植法指的是技术的跨领域应用，以技术为载体，结合新领域的事物发明出新技术或者新产品。举例来说，螺旋桨技术被应用到电吹风领域，与具有吹出功能的事物结合发明出了电风扇；爆炸技术被应用到医学领域与人体内的结石进行了结合，有效地粉碎了人体结石。

（5）替代创新法。

1）材质替代法。在科学研究时，从改变事物的材质方面入手来激发创造发明灵感的方法为材质替代法。运用材质替换法来进行发明创造主要有两种方式：第一种，运动材质替换法创作一些更加轻便、廉价以及功能型的产品；第二种，运动材质替换法帮助发明者来解决技术方面的问题。在运用材质替代法时，必须要对材料的性能与价格进行了解。

2）以假乱真法。以假乱真的替代创新法依据的是根据事物原有的形状、结构进行模仿，通过模拟事物的原有形态进行发明创造的方法。以假乱真的替代创新法的应用早有先例，比如对于"纳米类人工骨"的研究。《科技日报》曾经报道过，人类对于纳米类人工骨的研究是通过将纳米人工骨的纳米比例调节到与人骨比例相同，以此来获得较高强度的复合性材料。用这种方法制作成的人工骨可以较高程度同人的肌肉和血管融合生长在一起，还可以促进软骨组织的生成。据报道，纳米人工骨由于有着与人骨高度相似的功能性质，在未来有着十分光明的应用前景，而在现在已经进入了产业的实施阶段。目前，李玉宝教授对于纳米复合材料的研究已经进展到了人工眼球的阶段，相信在不久的将来，就能够在市场中看到人工眼球的身影。

3）提升代替法。提升代替法是对于事物的基本功能进行升级，对其进行进一步的升华和开发升级，从而达到发明创造的目的。比如说西门子节能电脑洗衣机。这款洗衣机就是在洗衣机原有的洗衣功能基础上，加以电脑软件，进一步达到人工智能的目的。通过电脑程序来达到控制洗衣机的转速、水温、时间等一系列条件的目的，通过程序设置来获得最理想的洗衣效果。在洗衣的基础上，可以减少对于衣服的损害，还可以在很大程度上提升洗衣效率，将家用电器与现代电脑智能技术进行了完美结合。

（6）挖潜创新法。

1）废物巧用法。巧妙地使用废弃物是一种发明创造的新方法。在废弃物利用的革新中有两个方面需要考虑：首先，研究是否可以在不经过复杂的物理和化学过程的情况下重新使用废弃物；其次，研究在特定的物理和化学过程之后，废弃物是否能成为宝贵的可再生能源。只要动脑，从不同视角对问题进行考虑，即使是极其不起眼的事物，也能巧妙地利用废弃物，实现变废为宝的创新。比如说，在氧化铁红色高压结晶籽的制造工序中，含有大量二氧化氮等气体的尾气的处理，对于氧化铁颜料制造业界来说是一直都是一个困难的问题，它不但污染了环境，阻碍了行业的可持续健康发展，还一定程度上浪费了生态资源。作为国内氧化铁行业的领军企业，升华集团不断进行研究创新，终于在近些年攻克了这一行业难题。他们将氧化铁生产过程中产生的黄色烟体变为白色蒸汽，从根本上解决了污染环境的问题，还极大程度上降低了生产成本，增加了可获得利益。

2）古为今用法。古为今用法是将古代的科学技术同现代科学进行巧妙结合的一种创新方法。古人留下的文化遗产也是十分值得人们深究的，比如说"春困秋乏"。春天是万物复苏的季节，春暖花开的时候，有的人会出现困乏的现象，这并不是一种病态，而是因为春冬两季的气候温度变化巨大，人的身体需要一定的时间去适应和调整，而在这一过程中，就会出现困顿的现象。而出现这种现象时，可以利用嗅觉的刺激来缓解春困。通常古人们选择佩戴香袋，而香袋则起源于中医。

3）自助设计法。自助设计法就是运用自增强原理做出的发明创造方法。运用自助设计法技通常要从自增强、自平衡、自保护生成等方面去思考问题，以求获得发明创造的技术方案。例如，高压锅压圈、拉爆罗母、轴承钢球的生产。

（7）变异创新法。

1）立体设计法。立体设计法是通过大胆突破平面思维的局限，用立体的思路进行发明创造的方法。

2）屈伸设计法。屈伸设计法运用屈伸技术，通过物体的结构调整使产品更适应空间和其他使用条件。如升降篮球架、伸缩伞、折叠单车、伸缩教鞭、伸缩鱼竿、折叠床等。

二、创新思维的培养

（一）创新思维心理的培养

（1）自尊心的培养。自尊心是人们相互之间互相尊重的一种特殊心理，是人们生活的动力和向上的"能量"，是高贵而纯粹的心理性质的一种心理倾向。有自尊心的人会有意识地限制和监督自己的语言和行动，会经常提高自己，督促自己不断前进，以此满足特定的道德要求和行动标准。

（2）自信的培养。自信是培养一个人良好人格的最重要的基础，也是激发个人潜力的强有力要素。只有当人们充满自信的时候，他们才能释然接受挑战；而只有当人们充满自信的时候，他们才不会在困难面前选择退缩，他们才会沉着地面对失败，从失败中站起来。有自信的人有自己的想法、热情和创造性。

（3）培养好奇心。好奇心是促使人们进行主动思考的原动力，以便提出具有创意性的点子。培养好奇心通过惊讶和怀疑等思考活动，促使人们有选择地、积极地、频繁地接触产生新鲜感的事物，然后探索这些客观事物之间的内在联系。在任何活动中，好奇心能让人们进行积极的思考，加深理解，直到理解事物的本质。

（4）注意力的培养。专注力是智力因素的一种，有创造性的人必须对某件事情达到十分专注的程度，必须有十分强的专注力。注意力可能会对个人没有注意到的其他事情"睁一只眼闭一只眼"。"注意力"可以让个人倾向于"现在"的特定群体，让其进行持久而专注的持续思考。只有当注意力将思考推向更深层次的时候，它才能产生成功的创新。

（5）意志力的培养。意志力也是决定能否成功的重要条件之一。当今世界，随着经济和科学技术的飞速发展，每个人都面临着更多的机会和挑战，同时也增加了更多选择和被选择的机会，以及不可避免的失败和挫折。我们想要经受住影响，克服失败，经受住挫折，成为成功的先驱，就都必须依靠意志力。成功的人被鲜花和掌声包围着，但他所经历和将要经历的是成功与失败、喜悦与混乱交织的漫漫长路。

（6）自制力的培养。创新型人才必须具备严格的自制力，它是适应环境、维持良好竞争状态的重要前提条件。在复杂的社会生活中，经常会发生心理上的不平衡，及时发现自身的心理问题，进行调整，克服自己的弱点和缺点，排除各种本不应该存在的欲望，这样有助于创造者保持稳定的情绪和充满活力的能量，这是自我控制的具体化表现。

（7）团队意识的培养。当今科技进步，生产力飞速发展，社会分工日益精细，人类活动越来越趋于一体化，人与人之间的沟通合作已变得越来越不可或缺，这就要求现代科人应具有团队意识。任何一个人成就的取得以及事物发展竞争的过程，都日益依赖于团体的合作。团队合作能力需要团队中的每一个人都具有整体观，认识到自己的长处和局限，并看到他人的长处和局限，清晰定位每个人在团队中扮演的角色，从而充分发挥每个人的积极能动性，共同完成团队的竞争任务。

（8）竞争意识的培养。竞争意识是促进发展和创新的重要因素之一。竞争意识是竞争能力和基础的前提要求，只有当具备了竞争意识，才会产生积极的竞争行为，才会有强烈的创新意识，才会在落后于他人的时候产生心理压力，奋起直追。对有竞争意识的人，可以适当激励，获得较好的创新效果。

（二）非逻辑思维训练

非逻辑思维能力对创新思维能力的影响是重大的。非逻辑思维能力的开发可以进一步促进创新思维能力的培养，可以开拓创造者的思想。我们的目的在于培养创造者的创新思维能力，而创新思维能力的获得主要有两个方面，第一是通过遗传获得的，第二就是来源于外在，就是我们通常所说的非逻辑思维能力的培养。

非逻辑思考的能力，是人类非常复杂的能力。这种能力，主要依赖于人们的学习和习惯行为的培养。当然，非逻辑思考的能力与人的天赋是分不开的，但其强度主要取决于人出生后的训练。为了培养很强的非逻辑思考能力，必须遵循特定的原则和方法。也就是说，思考活动必须建立在知识资料少而不充分的基础上。

训练非逻辑思维能力需要从多方面入手，最重要的也是最基础的，就是要养成非逻辑思考的习惯。比较常见的方法有自由联想法、逆向思维法、发散思维法等。

（三）逻辑思维训练

有逻辑的思考和非逻辑的思考是密切相关的，它们彼此相反，却又相辅相成，人们注重非逻辑思考能力的同时，也不能忘却逻辑思维的训练。逻辑思维的重要程度同非逻辑思维的重要程度相当，与非逻辑思维能力不同的是，逻辑思维能力的重点不再强调直觉和灵感的作用，而是更注重对于事物的逻辑和规律的利用。而两者的相同点就在于，两者的训练目的都是为了培养思考的习惯。逻辑思维训练的习惯是要根据事物的逻辑形状、规则等一系列来进行。这是一种带着前提和结论进行思考的习惯。也就是说，有充分的理由可以获得思考结论的思维习惯。学生的思考习惯虽然不同，但可以通过学习一些主要的逻辑知识，进行大量的练习，形成逻辑思维的习惯，培养强大的逻辑思维能力。

综上，就需要注意三个方面：第一，就要求掌握逻辑的基本理论，对其主要定义、法则、规则等进行掌握，反复理解并记忆重要的各项内容；第二，认真实践；第三，将学到的理论知识同现实进行融合，不仅能够提高我们的能力，还可以体验学习的快乐，提高兴趣，在日常生活的思考和表达的实际的问题，有必要学习适用这方面。

三、创新思维的过程与作用

（一）创新思维的过程

（1）准备阶段。作为创新思维的第一个阶段，主要是通过收集与整理资料，积累知识和经验，目的是为了解决准备阶段的问题。人们需要认识到问题的关键，分析其含义并用通俗易懂的话和一些专业的术语表达出来，开始观念上的博弈，联想多方面分析利弊。联想的空间是自由且广泛的，它与准备阶段所要解决的问题有关，但又不会被问题过于约束，不会被问题的必要性所支配，这一点没有完全受到限制。现在已经放弃了一些暗示的观念，而另一些观点正在接受更详细的检验。问题是必须尽快解决的，当问题的解决方式已经有一些眉目时，就说明该阶段很快要消失并融合到下一阶段，并且没有显著的变化。

（2）孕育阶段。作为创新思维过程的第二阶段，这个阶段所要做的就是整理上一阶段所得到的资料、知识与经验，明确问题的关键，并通过之前的假设制定出可行的计划与方案。这个阶段的时间是无法确定的，可能是短短的几分钟，也有可能是几天，甚至是几年，因为有一些问题是要经过反复考究的，有时思考过程中思维会出现"瓶颈"，但随着时间的流逝暂时被遗忘了，或许灵光一现迅速地解决了问题，这都是未知的。

（3）明朗阶段。孕育阶段后，思考者会有一种"茅塞顿开"的感觉，这就是所说的明朗阶段，该阶段主要是对所要解决的问题产生灵感。它的出现是不同于以往的经验，它给人的感觉是突然的、完整的和强烈的，对解决问题方法的产生是十分有利的。

（4）验证阶段。该阶段主要任务就是将上述阶段所提出的解决问题的假设、详细方法列举出来，并在后续过程中加以验证。验证过程，有可能是将方案进行部分整改，也有可能是将之前的假设全部推翻。所以说，拥有与应用创新思维并不是一件很容易的事情。

（二）创新思维的作用

创新能力的核心是创新思维，创新思维的产物可以应用于生活的方方面面，生活中大大小小的事情都需要思考，如果有一个新颖的思维会给生活带来很大的便捷，会帮助我们调节事件的平衡，会开辟新的局面，提供独特的具有社会价值的方案。因此，创新思维在不断为未来创造可能。

（1）维持人类生存和发展。创新思维具有独创性和风险性，正是这两个特性使创新思维被赋予了勇于探索的创新精神，为开辟新局面奠定了一定的基础。创新思维最具代表性的成就当然是人类社会文明的进步和历史的发展，也是创新活动的发展历程。人类的生存与发展离不开创新思维的运用，如果没有创新思维，人类就没有知识和经验可以借鉴，那么实际发展也只能停留在原有的水平上，也就不会存在现在这样的创新物质文化和创新精神文化。创新思维推动着人类社会文明的发展，可以创造新的社会价值。所以说，人类生存、社会发展都离不开创新思维。

（2）提高人类的认知能力和主体力量。创新思维能够不断增加人类的知识储备量，增强人类对周围环境的了解水平，从而促进人类去认识和了解世界。提升主体地位和主体力量最有效的方法，是正确运用创新思维。当今世界，创新思维是一种独一无二的艺术，思维过程中所认识的是无法复制的内在的东西。生存竞争的蜕变已经蔓延至全球，而这种蜕变联系到教育观上就是要将接受教育的人作为人类认知和文化推动的主体力量，而不是成为思维发展的"绊脚石"。因此，创新思维要与教育理念相结合，从根本上提高人类的认知能力和主体力量。

（3）推动创新教育发展。现代教育要求在传统教育理念的基础上，应用创新思维推出适合当代年轻人的新教育理念。传统教育侧重于知识的传授和基础能力的培养，不重视创新思维能力的培养，在此背景下培养出来的人缺乏创新能力，在面对社会与经济发展时很难有一个良好的适应过程。而创新思维培养的新教育理念从根本上来说，是为了使学生在毕业后会对社会的发展做出一些创新和发明，为人类社会的文明和发展做出贡献。

（4）推动人类科技进步。要是说传统科技时代，科学与技术的匹配度低，科技发展进步缓慢，那么当从16世纪开始，科学和技术的融合度加强以后，科技发展进步便开始加快，创新思维对科学与技术发展的影响力越来越大。以至于现在，在科学与技术日益融合为一体，不同领域创新思维相结合，推动人类科技的进步，定会创造出新的社会价值。

第二节　创新型人才培养的价值理论

一、人才培养价值理论分析

一般而言，价值是指某种物品满足人类需求的内在属性。从哲学的角度看，价值是一个关系范畴，包含两个方面的要素即主体需要与客体属性，只有"主体"与"客体"之间形成满足与被满足的关系时价值才能存在。换而言之，价值是主体需要与客体属性的有机统一，只有当客体事物的属性和功能与主体的需要发生满足与被满足的关系时，该事物才具有价值。人才价值是指人才通过社会实践以自身的属性来满足他人、社会及自身的需求。人才作为特殊的人类群体，其价值体现在以下几个方面。

（1）社会价值与自我价值相统一。人才具有"二重性"：既是社会的主体，又是社会的客体。从人才价值角度看，人才作为社会的客体，需要积极发挥其作用在物质方面或精神方面做出贡献，以满足他人和社会的需要，这就是人才的社会价值；人才作为社会的主体，又需要他人和社会满足其自身的需要，如生存、发展、安全、尊重、自我实现等方面的需要，这就是人才的自我价值。在现实中，人才的社会价值主要表现为其通过自己的活动在多大范围和多大程度上满足了社会的需要，即为组织、社会或国家创造了多少价值，与此相适应组织、社会或国家给予他多少回报，包括物质方面的待遇及职称、地位、荣誉等，以作为对其社会价值的认可。人才的自我价值就在于他的存在和活动对自身发展需要的满足，主要体现在他的才能、兴趣、爱好、个性以及生命体验、生活体验的满足感等多个方面。

（2）工具性价值与目的性价值相统一。人才既是社会的主体又是社会的客体，因此从目的与手段的角度看，人才既具有工具性价值又具有目的性价值。人才的工具性价值是指，人才是社会发展的动力，不管是生产力的发展还是生产关系的变革，都是以人（尤其是人才）的发展为基础和前提。这是因为，从生产资料的利用、生产工具的改进乃至社会制度的变迁都必须依赖人的素质的提高。人才的目的性价值是指，人才是社会发展的归宿。这是因为，生产力的发展为人才的发展提供物质保证，生产关系的变革为人才的发展提供制度保证，生产力和生产关系的每一次调整都会促进人才的发展。

（3）静态价值与动态价值相统一。人才价值实现是一个在实践活动中持续发展的动态创造过程，体现了人才的动态价值；同时，人才价值实现也具有阶段性，体现了人才的静态价值。因此，人才既拥有相对稳定的静态价值又包括不断发展变化的动态价值，其静态价值与动态价值相统一。比如，一位科学家从甲单位流动到乙单位，他在甲单位取得的业绩、做出的贡献就是静态价值，这既是他流动的资本也是乙单位接收他的依据,到乙单位任职后,他通过知识创新、技术研发等形式取得新的业绩、做出新的贡献,这就是他的动态价值。

(4)潜价值与显价值相统一。人才价值实现需要立足特定的社会环境,通过从事实践活动把其知识、能力等内在要素转化为某种具体成果并被社会承认。具体而言,就是通过医疗、保健、教育、培训、实践锻炼等措施,健全体魄、保持健康、丰富知识、提升技能,并在某种机制主导下将人才配置到合适的工作岗位,使其知识能力得以发挥,转化为被社会认可的成果,价值最终实现;其价值被社会认可的人才,会得到合理的回报,进而提升其生活生产水平,更好实现自身价值。从这一过程看,人才价值能否实现以及实现的程度如何,受主客观因素的制约,这就决定了人才内在持有的价值与实际发挥出的价值通常是有差距的,有时差距还很大。这种差距就是由人才价值的潜显性特征即人才的潜价值与显价值决定的。

二、创新型人才发展的时代价值

(一)加快社会主义现代化

实现国家现代化是中国的百年梦想,是中华民族走向伟大复兴的必然选择。国富民强,发展为要。实现社会主义现代化归根结底靠发展,但是发展离不开资源,离不开人才,尤其是创新型人才。当今世界正处在知识经济时代,知识经济的兴起使经济社会发展所依靠的战略性资源不再是农业经济时代的土地资源,也不再是工业经济时代的钢铁、石油等物质资源,而是人才资源,尤其是创新型人才资源。

目前中国正处于全面建成小康社会的决胜阶段。全面建设小康社会是中国共产党基于对当今国际局势的科学判断,对当代中国发展变化的科学认识而做出的重大战略决策,这是实现现代化建设第三步战略目标必经的承上启下的重要发展阶段,也是完善社会主义市场经济体制和扩大对外开放的关键阶段。《国家中长期人才发展规划纲要(2010—2020年)》深刻指出,在人类社会发展进程中,人才是社会文明进步、人民富裕幸福、国家繁荣昌盛的重要推动力量。就全面建设小康社会而言,是一项全新的事业,是一个集宏观与微观、工业与农业、城市与乡村、政治经济文化社会与生态环境以及人的全面发展在内的综合性、系统性工程。

在实现这一目标的历史进程中，无论是推动经济、政治、文化、社会全面协调可持续发展，还是破解自然资源紧缺、环境不断恶化、生态日趋脆弱的困境，都需要大力提高国民素质，在继续发挥中国人力资源优势的同时，积极集聚用好大批各级各类创新型人才。具体而言，完成全面建设小康社会的任务，需要一大批具有较强科学决策能力、驾驭全局能力、开拓创新能力，善于治党治国的创新型党政领导人才；一大批精通经营管理，具有较强创新精神和创业能力的创新型企业经营管理人才；一大批站在国际科研前沿，具有科技创新能力，能够推动科技进步的创新型科技人才；一大批社会其他方面的创新型人才。因此，要打破狭隘的人才观念，进一步拓宽视野最大限度地开发创新型人才资源，做到广纳贤才、知人善任，把国内的和国外的、体制内的和体制外的、取得成绩的和有发展潜力的、存量的和增量的都纳入发现、培养、使用和集聚的视野，坚持政治上同等对待、政策上一视同仁、服务上统筹兼顾，使各级各类创新型人才有用武之地，作用得到充分发挥。

（二）增强国家核心竞争力

对国家而言，面对激烈的国际竞争，加快创新型人才发展是抢占经济和科技发展制高点，赢得竞争主动权的战略选择。因此，必须站在全球性竞争的高度，以开阔的视野研究制定面向世界、面向未来的国家创新型人才发展战略，确立与中国科学发展、和谐发展、和平发展相适应的创新型人才发展目标和战略举措，以更加积极主动的态度应对激烈的国际人才竞争，构筑中国参与国际竞争的创新型人才优势。

（三）推进创新型国家建设

从世界各国发展路径看，主要有三种模式：第一，资源型发展模式，主要依靠自身丰富的自然资源来增加国家财富，如沙特阿拉伯等中东产油国家；第二，依附型发展模式，主要依附于发达国家的资本、市场和技术发展，如巴西、阿根廷、智利等拉美国家；第三，创新型发展模式，把科技创新作为国家战略，通过科技实力和竞争力的不断提高赢得优势。

面对建设创新型国家所处的这种困境和劣势，要清醒地认识到"创新的关键在人才"，实现创新型发展必须大力开发创新型人才资源并切实增强他们的创新能力，进而不断提高科技进步对经济社会发展的贡献率。

第三节　中国创新型人才的发展分析

一、中国创新型人才发展规划

通常而言，创新型人才发展规划是指根据经济社会发展需求，遵循创新型人才发展规律，制定的关于创新型人才发展的宏观目标、重点任务、基本途径、主要措施、重大工程、制度政策等方面的长远计划。同其他资源一样，创新型人才资源的社会需求决定了它的开发和供给。因此，要根据我国现代化建设实际，从科学和经济原则出发对创新型人才的培养、吸引、使用等问题进行战略规划，以实现创新型人才科学发展。

（一）创新型人才发展规划的定位

就规划而言，是一项系统工程，需要在全面、深刻分析国内外形势的基础上就一定时期内某项工作做出科学安排，尤其要对工作的目标任务给予准确把握、合理定位。从人与社会的相互关系看，创新型人才是社会的主体也是社会的客体，因此与其他规划不同，在目标任务的定位上创新型人才规划既要关注经济社会发展对人才的需求还要关注人才自身发展的需要。一方面，满足经济社会发展对创新型人才的需求。创新型人才是支撑人类社会发展进步的重要力量，需要立足本国国情，根据经济社会发展总体规划和布局研究制定各个时期、各个阶段的创新型人才发展规划，使创新型人才培养、引进、使用等与之相匹配，以便更好地为经济社会发展提供有效的人才智力保障。另一方面，促进创新型人才发展。创新型人才发展规划要围绕加强培养、积极引进、合理使用等问题，确定具体的目标和方向，提出可行的政策和措施，以促进创新型人才健康发展，造就规模宏大、结构合理、素质优良的创新型人才队伍。

2010年4月，我国颁布实施《国家中长期人才发展规划纲要（2010—2020年）》（以下简称《人才规划纲要》），这在中国历史上还是第一次，对科学制定创新型人才发展规则有重要指导意义。《人才规划纲要》的出台标志着我国在人才发展规划方面取得突破性进展，主要表现为：从侧重对人才的单一性管理发展为对人才资源的战略性开发；从单纯的人才利用发展为人才发展与社会发展并重；从简单、短期、微观的人才计划发展为系统、长远、整体的人才规划；从零散的人才发展实践及理论研究发展为全面科学的人才规划。总体而言，人才规划纲要立足我国实际，紧紧围绕国家经济和社会发展需求谋划人才发展，符合和体现了科学发展的要求。

（二）创新型人才发展规划的特性

（1）科学性。制定创新型人才发展规划既要有科学的态度，做到实事求是地分析问题、研究对策；更为重要的是有科学的方法做保证。在数学、统计学、经济学、管理学、社会学、系统科学、人才管理学等学科中，很多方法与研制创新型人才发展规划相关。从中选择科学、适用的方法开展人才调查、分析、预测，可使创新型人才发展规划的内容科学、准确、有说服力。

（2）开放性。改革开放40多年以来，我国逐步实行社会主义市场经济，提出要开发两种资源、用好两个市场。但是，随着经济全球化的深入发展，特别是加入世界贸易组织以后，中国市场日益开放而逐步融入世界市场，加入了全球市场一体化的进程。可以说，市场是开放的，但世界只有一个市场，因此创新型人才市场也只有一个即全球创新型人才市场，创新型人才资源应在世界范围内配置。同时，随着我国政治体制改革不断推进，民主化、法治化步伐加快，人们可借助互联网、移动通信等科技手段进行快捷方便的交流，及时获得包括创新型人才信息在内的各种信息，这种信息的开放性为创新型人才自由流动、配置提供了便利条件。在这样的背景下，制定创新型人才发展规划要坚持开放性理念，以便打破创新型人才发展的封闭或半封闭状态，实现全球范围内开发利用创新型人才。

（3）匹配性。制定创新型人才发展规划的目的是，就一定时期内经济社会发展对创新型人才的需求情况，比如创新型人才的结构、类别、分布、数量、素质等进行预测，并研究提出创新型人才发展理念、方针、原则、目标、任务、策略、行动计划等，以便合理开发利用创新型人才资源，实现创新型人才和经济社会协调发展。因此，要根据经济社会发展不同阶段的不同要求和不同任务制定创新型人才发展规划，以增强针对性、突出侧重点，做到不滞后、不冒进，在方向、目标、步骤、措施等方面与经济社会发展需要相匹配。

（4）协调性。作为国家总体规划的重要组成部分，创新型人才发展规划既不是局限于一个部门、一个地区的规划也不是孤立存在的规划，而是处于规划体系之中并且与其他规划构成统一整体的规划系统。因此，要注重创新型人才发展规划的协调性，正确处理与国家总体规划、其他专项规划、人才总体规划以及地方创新型人才规划的关系。

第一，处理好创新型人才发展规划与国家总体规划的关系。促进经济社会发展是创新型人才发展的出发点和落脚点，以经济社会发展为主要内容的国家总体规划是一级规划，对创新型人才发展规划具有统领作用，是其制定的基本依据。作为第二层次的规划，创新型人才发展规划要明确自身的定位和作用，积极为国家总体规划的贯彻实施提供人才保障。

第二，处理好创新型人才发展规划与教育、科技等专项规划的关系，努力做到相互衔接、相互促进。

第三，处理好创新型人才发展规划与人才总体规划的关系。通俗地说，两者是"子规划与母规划"的关系，在指导思想、发展理念、方针原则等方面应保持基本一致。同时，在坚持以人才总体规划为指导的前提下，创新型人才发展规划又要着眼于个体创新素质、创新能力的提升，并制定有针对性的政策措施。

第四，处理好国家创新型人才发展规划与地方相应规划的关系。创新型人才发展规划是由上下结合、相互衔接的各级规划构成的规划体系，需要合理定位不同层次规划的功能。国家规划具有纲要性质，一般从宏观上、政策层面做出规定，对其他规划起统领作用；省级规划是对国家规划的进一步具体化，但是总体上看也侧重于宏观性和政策性；其他的地方性规划主要是贯彻落实国家、省级规划，更注重规划的操作性。

（5）系统性。创新型人才发展规划是由多个指标体系构成的系统，每个指标体系又涉及多种因素、多个变量。就目标设置而言，包括创新型人才的规模、素质、效能等；就任务部署而言，包括政治、经济、文化、科技等领域的创新型人才发展问题；就环境建设而言，包括法制、人文等宏观环境及工作、生活等微观环境。因此，创新型人才发展规划即要正确处理指标内部各要素之间的关系，又要统筹安排各项指标，使之共同构成一个有机整体。

（6）牵引性。所谓牵引性，是指创新型人才发展规划通过明确目标、任务、政策、措施等，表达国家、社会或组织对人们的期望和要求，引导他们做出正向选择并付出努力，最终实现规划意图。之所以强调创新型人才发展规划的牵引性，主要是因为人才禀性各异、需求不同，有自己的兴趣、爱好、专业、特长，尤其是其世界观、人生观和价值观与国家、社会或组织的期望并不一定一致，因此有必要通过规划的制定实施来引导创新型人才明确努力的方向和应该采取的行为。创新型人才规划的牵引性强弱涉及多种因素，其中规划提出的目标最重要，其主要功能有：明确国家或组织的发展方向、体现国家或组织的具体期望、表明国家或组织的行动纲领、提出国家或组织的政策措施等。因此，在创新型人才发展规划制定中，要科学、准确、清晰地表达出规划的目标定位。

（三）创新型人才发展规划的内容

制定创新型人才发展规划要综合考虑指导思想、指导方针、基本原则、发展目标、总体部署、主要任务、重点工程、重大政策、实施保障等内容，涉及创新型人才的数量、质量、投入、效能、制度等多个要素和变量，是一项复杂的系统工程。但是，从总体上看，创新型人才发展规划主要包括以下三方面的内容。

（1）创新型人才发展的战略定位。制定创新型人才发展规划要立足世界发展大势，在综合分析国内经济社会情况、创新型人才现状、社会历史传统等因素的基础上，明确创新型人才发展的指导思想、基本理念、目标任务等内容，为创新型人才成长指明方向。

（2）创新型人才发展的重点内容。创新型人才发展规划一般还要突出重点。比如，在人才类型上，重点抓好创新型党政人才、创新型企业经营管理人才、创新型科技人才；在层次结构上，重点抓好高层次创新型人才；在领域分布上，重点抓好机械装备、生物医药、新能源、新材料等战略新兴产业急需的创新型人才。

（3）创新型人才发展的制度安排。创新型人才发展需要合适的环境，尤其是制度保障。可以说，创新型人才发展是目的，社会制度是保障，创新型人才发展和制度安排是一个问题的两个方面。因此，在制定创新型人才发展规划时不能就人才论人才，必须对制度问题通盘考虑，统筹兼顾创新型人才发展与制度供给以及各项制度之间的关系，使之协调一致、相互衔接，以便更好地发挥制度的综合保障效用。

二、创新型人才发展的教育培养

就发展中国家而言，由于创新型人才发展的环境相对薄弱，难以大量引进国外创新型人才，因此教育就成为其培养创新型人才的最优选择。培养创新型人才需要依靠创新性教育，但是中国现行教育与创新教育相比存在较大差距，尤其是教育观念、体制、结构等滞后，从而不能适应培养创新型人才的要求。近年来，虽然围绕推行素质教育进行了一系列改革，但是在应试教育的惯性影响下我国教育领域改革进展缓慢，难以满足社会主义现代化建设和实现中华民族复兴对创新型人才的需要。因此，我们要进一步加大教育创新力度，切实强化以素质教育为主要内容的学校教育，积极构建终身教育体系，确保形成以经济社会发展需求为导向、以素质和能力教育为核心的培养机制，为创新型人才不断涌现奠定良好的教育基础。

（一）深化学校教育改革发展

学校教育通常是指由专职人员、专门机构从事的有计划、有目的、有系统、有组织的，以影响被教育者身心发展为主要内容的社会活动。学校教育作为与社会教育相对应的范畴，主要包括小学教育、中等教育和高等教育。学校教育在创新型人才发展中具有基础性、关键性作用，为此要在科学把握和尊重学校教育规律、个体成长规律、社会发展规律的基础上深化学校教育改革，切实发挥学校教育对创新型人才的培养功能。

1. 主体与主导并重

（1）尊重学生的主体地位。与其他生产活动相比，学校生产制造的"产品"不是实物而是具有主观能动性的人。这种"产品"能否成为创新型人才，与教师的能力素质密不可分，更取决于学生主体地位的确立，即学生对自己学习活动的支配权和控制权。现代有关学生学习活动、学习心理的教育理论研究表明，学习过程具有某些共同特征，但是由于学生的个性差异较大，尤其是在学习爱好、学习能力、学习习惯、学习策略等方面的差异，这导致每个学生的学习过程各不相同。因此，在教育过程中要承认这种差异、不同，并在教学内容和教学方法上以便更好地发挥学生的主体作用。

从学生的成长过程看，其价值观的形成、认知能力的提升、情感态度的培养等，主要依赖并必须尊重学生主体性的发挥。这是因为，尊重学生主体地位，有利于发展学生的有效思维及运用这些思维的实际技能和技巧；有利于学生掌握吸收繁多的知识和新鲜的信息；有利于激发学生持续获取知识的渴望；有利于学生养成搜集和利用文献资料的能力；有利于激励学生在学习中发挥创造性；有利于学生独立意识的养成；有利于学生在继承中批判性思维能力的培养；有利于学生对自我、他人、社会、自然界的理解等。

尊重学生的主体地位应贯穿于教育活动的各个方面，但是最重要的是体现在教学内容和教学方法上，具体如下。

第一，在教学内容上增加可选性。从目前情况看，学生在学习内容的选择较小。以高等教育为例，在选课模式上，学生只在少数课程上有选择自主权，其余课程都是必修课和必选课。在这种教育模式下，学生的独立学习、主动学习和批判性学习难以得到发展与认同，最终导致学生的个性得不到全面发展。因此，要在所学课程、授课教师等方面给予学生更大自主权，进而增加学习内容的可选择性，让学生根据自身需求决定取舍。

第二，在教学方法上提倡启发式。要通过启发式教学引导学生去主动学习、积极探索。在教学过程中，学生是知识接受的主体，这种主体性要求教师引导学生带着问题有目的、有准备地去学习，做到自觉地、积极地解决学习中的疑惑，并让学生在解决问题的过程中获得一种成就感，从而进一步激发他们探求知识的愿望和兴趣。授之以鱼不如授之以渔，实行启发式教学要注意就学生发现问题、思考原因、寻找对策等学习方法的传授、培养。可见，一流的教师对学生的影响是全方位的，不仅体现在学科知识的传授、指导方面，更在于他们那种追求科学、献身科学、严谨做学问的精神和研究探讨问题的方法对学生的影响。

（2）发挥教师的主导作用。教与学是在尊重学生主体地位的同时积极发挥教师的主导作用。具体而言，就是教师要将仅仅是传授文化知识的职能转变成学习指导者、智力开发者、技能培养者、未来设计者的职能，引导学生主动探索问题，进行独立思考，鼓励学生积极大胆地发表个人见解、观点，促使学生由被动接纳知识转变为主动探求知识，进而承担起学生学习的益友、伙伴、顾问的角色。

教师要履行好这一职能，担当起这种角色，首先应该根据学生的学习风格、智力类型等特点激发学生学习的兴趣，并引导学生主动去获取知识和发现真理，从根本上促进学生的全面自由发展；其次，应该充分利用校外教育资源帮助学生探求知识，并留下供学生深入思考的问题以及进一步探索的空间，引导他们学习更多的知识、进行更深层次的钻研；再次，应该在关键时刻给予学生指导及支持，帮助他们克服较大的困难和完成较重的任务；最后，应该不只是传授知识及开发智力，而且还要善于发现、开发学生身上潜在的创新品质，并能促进和激励学生在德智体美劳等方面共同发展。

2. 市场规律与教育规律并重

市场规律是指创新型人才培养要以市场为导向，满足经济社会发展需求；教育规律是指创新型人才培养要坚持以人为本，满足人自身的发展需要。长期以来，在我国创新型人才培养中忽视市场规律、教育规律的现象普遍存在，高等教育尤为明显。比如，不论是普通大学招生还是成人学校招生，学生自主选择的余地都很小，而且一旦被录取到某个专业就难以改变。同时，学校的课程设置长期不进行调整，即使有变化也往往是有什么教师开什么课，甚至什么教师都开课，让学生去被动地适应学校、适应教师、适应课程。可见，这种学校忽视社会需求、学生要求的现象已成为阻碍教育质量提高的一个不容回避的问题。

  在教育活动中，必须尊重市场规律即根据经济社会发展需求来培养创新型人才。人才是一种特殊的产品，对人才产品的使用和消费必须建立在自主选择的基础上，要遵循市场的原则而非计划的原则。教育机构是一个制造人才产品、提供教育服务的特殊生产单位，对它的存在价值的衡量需要通过其目标市场来进行。换言之，市场化配置人才资源的特性要求每个参与者都具有强烈的"市场主体"意识，于是教育机构就被赋予了鲜明的市场导向和用户导向的"企业式思维"特征。

  此外，由于高等学校缺乏必要的办学自主权，因而既缺乏以人为本的动力机制，又缺乏足够的责任、风险和危机意识，也缺乏对市场的主动适应能力，正可谓依据自身发展战略定位、市场状况、供需信息来判断决定人才的培养开发进而谋取学校自身生存发展的"经营"意识比较淡漠。近年来，经过持续不断的变革，高等学校的封闭式办学模式有了一定程度的转变，服务经济建设、服务社会发展的理念正在形成。但是，无论是上级教育行政主管部门对教育开发和教育规划的宏观调控，还是其对高等学校满足社会发展的人才智力服务的考核评价；无论是高等学校对社会需求敏锐性的及时把握，还是其对人才培养计划方案适应社会实际的系统性改进，都显得过于粗放、滞后甚至是一定层面上的缺失，这自然导致出现人才急需短缺与人才闲置浪费并存的现象。

  创新型人才培养有其自身规律，不仅讲究稳定性、系统性、长期性、正规化，而且效益作用的显现有滞后缓慢的倾向，如果过于强调创新型人才发展中的市场导向，容易导致急功近利、拔苗助长，出现违背教育本质和人才成长规律的现象。比如，基础教育、高等教育中的一些基础学科与"长线"专业的创新型人才培养就不应完全走市场化道路，不能由社会的人才市场进行决定。就基础教育而言，作为国民素质教育的重要承载体，是提高民族整体素质的一项奠基工程，既不直接承担培养有一定职业技术专长劳动者的职责，也不从事科学研究、技术开发等活动，更不直接参与生产科研产品、推广科研技术，与社会的人才市场相距较远。高等教育领域的基础学科中有科研活动、能产生科研成果，然而无法直接转化为现实的生产力，其培养的创新型人才也并不是人才市场所急需的。上述教育具有社会公共产品的特性，尽管其潜在的社会效益远远大于经济效益，但是没有办法直接通过人才市场的供求关系来体现其真实的价值。如果单凭社会的人才市场来调节，就会导致此类公共教育产品供给的萎缩和短缺，更为严重的是会损害社会的发展，甚至可能带来不可估量的损失。

从本质上而言，教育是一个有意识、有目的地促进个体的身心发展变化的活动过程，其核心在于引导受教育者在实然与应然之间实现转化，因而人的应然生存状态下的主体性要求可以变为对教育的要求，进而成为教育应有使命的重要的依据。坚持"教育使命的人的依据"的根本要求是，学校教育要促进人的个性的自由发展。这是因为，创新型人才的一个重要特征就是个性的自由发展，当然个性的自由发展也是创新型人才发展的基础。但是，从现代大学的人才培养模式来看，是在工业化时期形成并逐步发展起来的，这种人才培养模式深受标准化、批量化工业生产特征的影响，因而只是标准化、大批量地"制造"出工具性学生，却忽视了对人的个性尤其是人的创造性的培养。在我国学校教育中，也要树立教学个性化、人才培养个性化的理念，以更好促进人的个性的自由发展从而培养造就创新型人才。

3. 科学精神与人文素养并重

创新的思想往往开始于形象思维，并在从大跨度的联想中得到启迪后再用严密的逻辑加以论证。可见，既强化科学教育又注重人文教育是学校培养创新型人才的必然选择。科学教育强调理性思考、逻辑思维和量化实验，尤其侧重对学生的科技知识、科学思维、科学方法、科学精神等方面的培养；人文教育注重人性的形成、拓展及提升，尤其侧重对学生的反思、体验、顿悟等思维方法的培养，以便让他们拥有完善的心智和纯净的灵魂，进而能主动追求善和美，并积极提升精神道德水平。因此，只有把科学教育与人文教育结合起来，坚持科学精神和人文素养并重，才能培养出高素质的创新型人才。

在教育活动中，围绕培养科学精神和人文素养兼备的创新型人才，各级各类学校都应做出积极努力。创新型人才培养目标集中体现了创新型人才培养的价值主张和具体要求。素质教育的目标是培养全面自由发展的高素质人才，强调在知识体系全面性和基础性的前提下突出对能力和创新精神的培养。

4. 学校教育与社会实践并重

培养创新型人才，既要强化知识的学习，又要注重能力的提升，做到知与行相统一。为此，不能忽视学校教育，也不能弱化社会实践。在创新型人才成长过程中，学校教育始终发挥基础性作用。尤其是随着社会知识化程度的逐步提高，完全脱离学校教育的做法几乎是不可能的，当然，这个"教育"不仅是知识传授和理论论证，还包括引导和启迪。换言之，学校教育要注重为教育中的个体提供充分的条件、创造开阔自由的空间，如开阔的知识视野、自由思考和平等交流情境等，引领他们充分想象、自主判断、批判质疑、开拓进取，进而让他们的创新潜质在这种情境中凸显出来，并得到有益的锻炼和升华。发挥学校教育作用，重点要把握以下几个方面。

（1）加强基础教育。把素质教育作为基础教育取向，以创新教育教学模式为突破口，坚持一个"中心"、三个"结合"，即以学生为中心，并使课内与课外、教学与研究、科学与艺术紧密结合，积极为教育中的个体提供成长条件、搭建发展平台。

（2）积极发展职业教育。作为一个发展中国家，我国已进入工业化中期并向世界制造业大国迈进，对创新型技能人才需求极为旺盛。同时，发挥本国人力资源的比较优势意味着中国在较长时期内仍以发展劳动密集型产业为主。因此，要立足这一国情，在深化公办职业学校改革的同时，通过调动企业、社会组织和个人办学的积极性来进一步发展职业教育，以满足各行各业对创新型人才的需求。

（3）大力推进高等教育。以推进高级专门人才培养大众化为目标，通过改革招生考试制度，实现招生录取多元化；通过改进教学内容和方式培养通识之才；通过深化产学研合作，提升学生的实践动手能力；通过"去行政化"，做到学校自治、学术自由、教师自律，以充分发挥高等院校作为创新型人才培养重要基地的作用。

在强化学校教育的同时，要注重发挥社会实践对创新型人才培养的作用，其中，产学研合作无疑是一种有效的实践形式。产学研合作教育是一种以培养学生全面素质、综合能力和企业竞争能力为重点，充分利用学校、企业、科研单位等多种不同的教育环境和教育资源以及在人才培养方面的各自优势，进而把以课堂传授知识为主的学校教育与直接获取实际经验、实践能力为主的生产、科研实践有机结合于学生的培养过程之中的教育形式。

（二）加强终身教育

终身教育是指个体在一生中不同时期、不同阶段所接受的各种类型教育的总和，包括学校教育、家庭教育、社会教育等正规教育与非正规教育。终身教育的提出实施，打破了一次性教育管终生的局限，为个人保持长久创新力提供了坚实的基础，对培养造就创新型人才具有重要意义。

1. 树立终身教育理念

终身教育应该是学校教育和学校毕业以后教育及训练的统合；它不仅是正规教育和非正规教育之间关系的发展趋势，而且也是人们通过社区生活实现其最大限度文化及教育方面的目的，而构成的以教育政策为中心的要素。因此，在创新型人才培养中，要牢固树立终身教育理念，大力实施终身教育。然而，必须明确的是，实现这一目标任务的基础是对终身教育要有清醒的认识。从总体而言，终身教育有以下几个特点。

（1）系统地看待学习。终身教育以终身学习为基础和前提，而与终身教育相对应的终身学习体系将学习机会的需求和供给视为互相联系、不可分割的一个部分，进而从整体的角度来考虑教育需求和供给。

（2）强调学习者中心地位。终身教育突破一次性教育管一生的局限，以满足学习者多样化需求为目标并强调学习者的动机和自主性，这意味着学习者被提升至整个教育的中心地位。

（3）注重学习灵活性。终身教育理念主张学习可以在任何不同的场合中进行，也可以通过正规的学校教育以及家庭教育、社区教育、企业教育等非正规教育的途径实现。

（4）坚持教育目标多样性。终身教育权衡兼顾教育的多种目标，这些目标与政治、经济、文化、社会等发展要求有关，与个人全面发展相联系。只有全面把握、深刻理解终身教育的上述特征，才能自觉地树立起终身教育理念并积极实施终身教育。

2. 拓宽终身教育渠道

教育应扩展到一个人的一生，教育不仅是大家可以得到的，而且是每个人生活的一部分，教育应把社会的发展和人类潜力的实现作为它的目的。拓宽终身教育渠道主要涉及以下几个方面。

（1）合理开放学校资源。学校拥有丰富的教育资源，尤其是高等院校，不仅有宽敞明亮的场所，还有储藏齐全的图书馆、设备先进的实验室，更有各具特色的论坛讲座、丰富多彩的文娱活动，等等。应在满足校内师生需求的基础上，立足打造"没有围墙的大学"，在学校和社会之间架起教育服务平台，定点、定期向全社会成员开放学校资源，让不同年龄、不同身份、不同职业的人在这里学习新知识、掌握新技能、获取新信息，充分发挥其知识传播作用和教育辐射功能，把学校办成终身教育的场所。

（2）充分利用社会资源。在突出强化教育的持续性、延展性的同时，也要高度重视教育的丰富性和全面性。近年来，为发挥纪念馆、英雄人物故居等场所的教育功能，通过建立警示基地、思想品德教育中心等形式向世人开放，引导人们树立远大理想、弘扬社会正气，收到了良好的教育效果。事实表明，在主动参与科普活动、参观科技场馆等方面，公民的意愿在增加，参与机会和比例也在提高。

（3）大力发展现代远程教育。适应教育资源全球化、教育方式多样化、教育组织社会化、教育内容个性化、教育过程即时化的时代特点，以"构建网络化、开放式、自主性终身教育体系"为目标，充分利用互联网、多媒体等现代高科技手段，积极构建全方位、宽领域、多层次的学习网络，将终身学习变成一种常态，进而保证人们知识体系的系统性、完整性和时效性，促使各类劳动者在继续教育中成长为创新型人才。

三、创新型人才培养发展机制

（一）市场对人才培养的调节作用

（1）市场对教育的影响。由于教育总是依赖于特定经济，并有助于特定的社会、政治和经济状况，因此经济发展将不可避免对教育发展有一定影响。

经济的市场化导致教育产品也在向市场化发展，政治经济发展要求高等教育普及。从人才发展的需求和规律来看，人才普及与人才市场化的结合必须使教育多样化，也正是因为如此，多元化的发展才能满足市场需求。相反，政治经济的发展和市场对人才影响的需求也必须在规范人才培训模式的多样化中发挥特定作用。简而言之，为了适应人才可以市场化发展、教育可以普及，有必要多样化地发展高等教育的人才培养模式。

教育的发展离不开政治和经济发展，教育发展的步伐和教育模式的变化都受到了政治和经济的影响。当前，在校学生在学习专业时必须与时代接轨，培养的人才必须能够适应经济全球化竞争的要求，做到国际一体化，否则教育将阻碍经济的发展，学校将没有了生存的意义，因此学校应改革教育模式以适应经济全球化的发展。社会是一个巨大的市场，社会、政治和经济的变化将对人才提出各种要求，特别是随着经济全球化的发展和中国市场经济体制的形成后，人才市场和受教育者都有了更多选择权。因此，教育可以通过自身的多样化来与市场需求的多样化协调发展。

（2）复合型人才的培养。根据市场需求的发展和市场上的变化，大学必须不断促进人才培养模式的多样化发展，培养具备多种技能的综合性人才。

多样化大学人才培养模式的基本特征是响应社会，政治和经济发展三者的需求。除此之外，还有必要根据市场经济和高等教育发展的要求制定自我发展战略。在此基础上，大学要适应当地情况，建立与区域经济发展相匹配的教学模式。在借鉴一流大学成功的办学经验时，不能盲目模仿，应根据学校和地区的实际情况准确定义区域特色，特色化发展。

市场对多样化人才的需求极大地促进和协调了大学的教育发展和教育改革。同时需要了解教育与市场经济之间的辩证关系，为了适应市场经济发展，应该根据情况及时改革。

（二）政府管理的协调力

中国的传统教育管理模式表现的特征是，政府对其实施综合管理，政府所代表的是国家的形象。然而，大学的一些设置上还有待完善，表现得不够灵活。比如，在招生计划的安排上，专业和课程的设置还不够科学，政府的协调能力在教育管理过程中起着重要的作用，这些都不容忽视。在市场机制的作用下，充分发挥政府的协调能力，将政府与社会、学校在教育管理中的关系应该理清楚。建立的管理体制不仅需要满足社会经济、政治和文化的需要，还应该与新的高等教育自我发展法律体系相一致，能够满足政府的总体规划和宏观管理。

由于市场经济的混乱，政府在高等学校的管理和发展过程中，起着无法忽视的作用，各种教育模式的实施都要求更好的环境背景做支撑，例如实行学分制、学生专业的自主选择，根据情况调整毕业日期等应由主管部门协调。高等教育的实施应以高等教育的社会化为基础，当今的社会存在这样的现象，在使用人才的同时并没有履行培养人才的义务，这是一种不正常的状态，需要改变，而此状态的变化则取决于政府的调整和某些法规的制定。学校实行连读的培养方式时，必须经政府机构批准才可以实行。不仅如此，在丰富培养模式时，涉及多方的关系，也应在相关政府部门的帮助下才能达成。但是，政府协调应不同于行政领导，并且在协调过程中，不应过多干预学校，政府协调应只是在宏观层面进行调控，还应该减少在微观层面的过渡干预。

四、创新型人才的使用性开发

使用性开发是创新型人才发展的重要形式之一。如果说教育性开发是创新型人才的"积累性"发展方式，那么使用性开发则是创新型人才的"积累—展示性"发展方式，因此对创新型人才使用性开发的问题进行探讨更具有现实意义。

（一）创新型人才使用开发的特性

创新型人才使用开发是指，把使用作为创新型人才发展的手段，主要通过提供便利的条件、营造适宜的环境，经由锻炼能力、挖掘潜能、展示成果、实现价值的动态过程，最终成为创新型人才的一种实践活动。创新型人才使用开发具有以下特性。

1. 创新型人才使用开发的动态性

创新型人才使用开发也是一个动态过程，通常按"准、潜、显"的顺序进行。在这一过程中，准创新型人才是指在前期教育学习及目前使用中积累了一定的知识技能，具有创新潜能的个体；潜创新型人才是指运用自己的才能进行创新性活动，取得或正在取得显现形式成果的个体；显创新型人才是指成果由显现形式变为社会形式并得到社会认可的个体。可见，个体就是在"准、潜、显"的链条中成长为创新型人才。当然，"准、潜、显"创新型人才都是相对的概念。仅就潜创新型人才而言，处于准、显创新型人才之间，既来自准创新型人才又是显创新型人才的基础层次。同样，在创新型人才发展的动态过程中，在此领域、专业是潜创新型人才，在彼领域、专业可能是显或准创新型人才；在此岗位是潜创新型人才，对低一层次岗位来说可能是显创新型人才，而对高一层次岗位来说则可能是准创新型人才。

2. 创新型人才使用开发的实践性

创新型人才使用开发的根本特点就在于实践性，如果脱离实践环节而没有劳动投入，不可能有才能的形成和发挥，更不可能培养造就出创新型人才。事实证明，创新潜能能否发挥是创新型人才区别于"普通人"的分水岭，而实践为创新潜能的发挥提供了现实条件，比如生产实践孕育技术发明人才、科研实践孕育科研创新人才。

3. 创新型人才使用开发的双效性

使用开发创新型人才的双效性包括以下两个方面。

（1）社会实践活动的完成并取得实践成果，个体的价值得以实现。

（2）在个体潜能发挥的基础上，能力素质进一步提升，这种双效性在重大实践活动中体现得尤为明显，比如在中国首次月球探测工程实施中，凝聚、培养和造就了一大批航天科技领域的创新型人才，其研制队伍的平均年龄不足40岁，一批年仅三四十岁的业务骨干人才担任主任设计师、副总设计师和副总指挥。

（二）创新型人才的科学使用及开发

发挥使用性开发在创新型人才发展中的作用，必须坚持科学使用理念，在全面了解个体能力素质的前提下，量才使用、合理安排，通过提供合适的岗位、赋予一定的权责来锻炼其能力、发挥其潜能，使之在"准、潜、显"顺序中成长为创新型人才。

1. 进行了解

了解是使用开发的前提和基础。只有对个体的素质特征、能力倾向、成长意向等客观全面的掌握，方可做到人用其能、人用其所，并通过提升、展示其才能成长为创新型人才。

（1）了解基本潜能。就使用性开发而言，能否成为创新型人才，既需要个体具备一定的能力素质，也需要"知人"以便"善任"。在考察了解时，主要把握基本素质和知识技能两个层次的情况：第一，基本素质。可选择智商和情商两个指标。智商是认识、理解客观事物并运用知识、经验等解决问题的能力，是个体学习、工作和生活所需的最基本的心理条件；情商是指情绪、情感、意志、耐受挫折等方面的品质，情商高低对个体能否成功有重大影响，有时甚至超过智力作用。第二，知识技能。可选择科学知识、专业知识、人文知识、工作经验四个指标，重点了解个体可通过教育和工作所积累的知识技能情况。只有在了解个体能力素质的基础上，才能让其在合适的岗位上做出贡献、实现价值，从而成为创新型人才。

（2）了解真正需求。掌握创新型人才的基本素质和基本类型后，还要进一步了解其具体的从业倾向、职业抱负等个人价值追求，以及对工作、生活、团队文化等方面的要求，并根据组织或机构实际为其提供个性化的发展通道。通常而言，创新型人才往往有特殊的需求，比如他们需要较多的自由、希望有自己的空间，因此在准确认知的基础上应当尽量给予满足。

（3）客观辩证评判。人无完人，在使用时不能求全责备，主要从本质、主流、优势、发展等方面来衡量。

第一，本质。在创新型人才使用开发中，德才互为条件、相得益彰。"德"对"才"可产生正面或负面的影响，尤其是通过扩大或减小个体在组织内外的影响力来增大或减小其工作业绩，还可根据人才的发挥情况来决定价值实现的程度，而价值大小则影响个体声望的高低。因此，用人要坚持德才并重。

第二，主流。生活在现实中，难免会出现过错、造成失误。因此，要有爱才之心、容才之量，看主流而不拘小节，否则无人才可言。

第三，优势。每个人既有长处也有不足，要看到其身上的闪光点，进而充分发挥他们的优势。

第四，发展。创新型人才的成长是一个动态的过程，在自身努力和社会环境的共同作用下，个体的才能经过积累、转化变为社会认可的显现成果，个体方可由潜创新型人才成为显创新型人才、低层次的创新型人才成为高层次的创新型人才，因此要立足个体的潜在优势，从而积极创造条件促进创新型人才发展。

2. 构建平台

在对个体的知识、技能、心理、体质等方面了解、掌握的基础上，结合工作性质、难易程度、责任大小、客观环境等因素有针对性地加以使用，为不同能力层次、不同素质类型的人提供成才通道。

（1）岗位成长。每个人都处在一定的群体中，群体对个体的成长和发展会产生很大影响。同样，每个人都因为要从事一定的职业而处于某个组织或机构，这个组织或机构对个体成才具有重要作用。如果根据个人特点把其放在合适岗位做到人岗相适，那么他取得业绩、做出贡献、成长为才的概率就大，否则就会被压制、被埋没。因此，在具体实践中要大胆选用有发展潜力的人到合适的岗位，通过承担责任、攻坚克难等措施最大限度发挥个人的潜能，让其在工作实践中尽快成长起来，形成一边出成果、一边出人才的良性格局。

（2）"项目"成才。通俗而言，"项目"成才是指结合经济社会发展需要，设计某种形式的创新型人才培养其开发项目，通过组织个体参与该项目，并在取得一定经济社会效益中发展成才。

（3）挂职锻炼。参加的社会实践活动越多、越深入、越复杂，获得的感性认识和理性认识就会越多，联想、概括等思维能力就会越高，改造自然、改造社会的实践能力就会越强，进而在物质世界中所具有的自由度就会越大。挂职锻炼是个体参与社会实践活动的重要渠道，通过到基层一线任职、到上级组织跟岗以及参与重大项目、重点工程等形式，把潜能人才推向经济社会建设主战场或急难险重等特殊岗位，使其在实践锻炼中增长见识、提升能力、建功立业并发展成才。

3. 量才而用

在创新型人才使用开发中，需因人而异，在综合分析个体具体情况的基础上安排合适的工作。

（1）用当其时。不同群体、不同类型的人其价值实现的时间不同，一般都有一个最佳时期，即年富力强、经验丰富、易出成果的时期。比如，就创新型科技人才而言，大都呈现年龄集中的特点，一般在40～50岁之间最容易出成果，这一集中的年龄段被称为"黄金年龄"。因此，要准确把握个体的最佳成才时期，做到用人"恰逢其时"，以最大限度地调动其主观能动性，使其潜能得到充分发挥。

（2）用当其位。人的发展是不平衡的，存在知识、技能、专长等方面的差异。根据用其所长、避其所短的成才理论，在使用时认真分析个体的才能素质，并根据能级原则将其安排到与之能力等级匹配的职位上。此外，要解决好使用的"机会成本"问题。一个人可能具有多方面才能，如果根据某一才能安排他到相应的岗位上，他的其他才能就不能得到发挥或充分发挥，这个代价就是使用的"机会成本"。在用人时，要综合考虑个人能力素质和组织需要，最大可能降低使用的"机会成本"。

（3）用当其愿。人是社会的主体，社会的发展进步是为了满足人的各种需要。同时，人各有志，有自己的兴趣爱好、理想追求。在人的使用过程中，既要立足组织需要又要坚持以人为本，充分考虑人的价值取向，做到统筹兼顾组织发展与个人志愿，让人在"有尊严的劳动"中实现价值、发展成才。

第四节　国际化思维及其创新人才培养

一、教育国际化理论依据

（一）国际化发展理论

1. 发展理论的内容

发展理论也叫发展研究，其核心是现代化社会中的发展问题，涉及各个社会学科。发展理论起源于发展中国家现代化建设的实践过程，后来广泛应用于全世界各个国家的发展。发展观主要包括发展内容、发展的根本性质、发展目标、发展需要遵照的要求。发展观主要是发展相关理念和观点的总结，发展观可以有效地为社会经济发展指明方向，人们可以根据发展的本质需求，选择适合的发展方法。发展观是在哲学层面对发展理论和发展实践做出的总体性概括，它对于社会整体的经济发展方向和模式有重要影响，主要通过具体的内容来决定社会的经济发展方向和模式。国际化发展理论认为，应该将教育与区域经济发展进行联合，并且在高校教育过程中不断地渗透与应用经济发展理论，为教育国际化的发展提供一定的指导。发展经济理论存在多种理论形式，下面我们将针对循环经济理论展开具体的分析和探究。

发展经济理论经历了从古典到新古典，再到现代的发展与进化。古典经济学研究者以劳动价值为出发点，试图寻找平衡之源与生产方式的方法。约翰·穆勒被誉为第一位关注环境保护的经济学者。他认为土地资源除了具备农业生产的功能外，还具有自然审美以及生存空间的功能，大自然对于我们情感的塑造作用是不可替代的。新古典经济学研究者认为，随着生产时代的来临，价值与价格的区别不复存在，资源相对短缺替代了绝对短缺，主张实现资源优化配资的同时，来实现生产与消费的平衡发展。诺贝尔经济学奖项得主索洛（Solow）认为，资源稀缺因素不能阻碍经济增长，原因基于人造资本与自然资本具有完全替代弹性。霍特林（Hotelling）于20世纪30年代发表了著作《可枯竭资源经济学》，提出了一个经典理论，枯竭性资源的连续性开采的租金变化率等于利率。当代西方的经济学家认为，经济繁荣发展已经被自然环境严重束缚，提倡在政府主导下对大自然进行仿造和重建的系统设计，最终使可持续性发展路径定位为循环经济。

从可持续发展视域出发，肯尼斯·波尔丁（Kenneth Boulding）是第一个将物质循环概念引进到经济学领域的经济学家，他在著作《即将来临的宇宙飞船经济学》中描述了所谓的牧童经济状态，即自然环境是一个能够向外无限延伸边界的平面，这种经济系统可以从外界摄取物质，也可以向外界输出废弃物质，外界的供给与接收物质和能量的能力不受限制。波尔丁认为这种经济是存在其缺陷的，我们应该改变观念将地球看作一种封闭式系统，对外界只能进行能量输入,来自生产、开发以及消费的残留物质总是与我们一同存在,无法排出,波尔丁将此称为太空船经济。在这个飞船里,人类的生存要依赖于再重复、再生的生态圈中定位自己的位置。在这个视角下,衡量经济成功的标志是自然资本整体性维持,而不再是生产与消费。

生态经济指的是按照生态规律开展经济运营,实现经济过程的清洁化生产以及资源的可循环、可持续利用。生态经济要求经济活动的开展以及经济的发展必须要遵照自然生态发展规律、社会发展规律以及经济本身的发展规律,将经济的发展放入生态系统当中,找到经济发展和生态之间的平衡,实现二者的和谐共存。从这个角度分析,循环经济也可以叫生态经济。

循环经济的发展需要遵照四个原则:一是减量化原则,是指从源头上减少对资源的使用量,尽量做到节约自然资源,最好实现资源的最大化利用和可循环利用;二是再使用原则,是指延长产品的使用时间,扩展产品的使用用途,在保证产品能够实施正常服务的基础之上,尽量增多产品的使用时间和使用场景;三是再循环原则,是指将废弃物品进行循环利用,这首先需要保证产品在生产时选择的原材料、产品的设计过程、生产过程是无毒化的,这样才能保证产品废弃之后能够减少排放废气污染物,才能实现循环利用;四是再思考原则,是指不断地研究产品的材料以及生产过程,尽量减少产品系统生产过程中产生的废弃物,尽最大可能提高资源的生产率,也就是实现生产过程的污染最小化和资源的最大化利用。

2. 发展理论对高校教育国际化的启示

传统意义上的循环经济理论主要集中于对自然经济循环的研究,研究方向主要是工业循环领域。进入20世纪70年代之后,科技力量成为人类经济社会发展的决定性因素,智能经济和知识经济成为社会经济发展的主流。在这种情况下,传统资源的内涵已经由原来的自然资源拓宽为所有能够被利用的能量、物质和信息,涉及自然、社会、经济三大系统,从系统论的视角来分析,经济系统和教育系统是隶属于社会大系统下的两个子系统。高等教育归入教育系统,循环经济归为经济系统。基于系统和外界环境关联的视角,经济系统和教育系统都是开放性系统。我们的教育历史证明,教育系统和经济系统是一种互动的关系，那么高等教育和循环经济之间也是一种互动性关系。

循环经济与知识经济在本质上是相同的，它们具有相同的经济发展轨迹与经济发展规律。知识经济在发展的过程中涉及知识产品的生产、知识产品的传播、知识产品的交易与知识产品的消费。其中，知识产品的传播，也就是人类开展学习的过程。高等教育是人类开展学习的重要环节，从这一点来说，高等教育对于知识的传播具有重要的作用。也就是说，高等教育对于循环经济有巨大影响。

循环经济与知识经济的过程要素之间也存在关联。循环经济的构成要素包括劳动力、环境、经济发展需要的资本、科学技术以及发展资源，抛开经济发展需要的资源、资本以及外在环境等要素，循环经济发展需要的劳动力与科学技术都和高等教育的发展有关。劳动力是生产不可或缺的一部分，劳动力的素质高低直接影响了生产活动效率的高低，而劳动力的素质培养的主要方式就是高等教育，劳动力在接受教育的过程中，不仅学习了知识和技术，教育对劳动力的素质也进行了一定程度的培养。科学技术是高校发展的基本职能，技术的应用可以提高经济的生产力，甚至可以说科学技术支撑了经济的存在。对科学技术的探究创新也是循环经济可持续发展的动力，高等教育的教育水平对循环经济的发展有着至关重要的影响，教育的快速发展与积极创新会有效促进和带动循环经济的发展。

高等教育既存在经济属性，也存在社会属性。我国高等教育的发展需要教育资源的支持，基于循环经济对高等教育国际化发展的启示，我们可以将循环经济的四大发展原则应用于高等教育的国际化发展过程中：一是减量化原则。高校教育国际化发展的减量化原则指的是尽量从源头上减少教育、自然以及社会资源的消耗和投入，以最少的资源投入实现最大的效益。举例来说，国际化的发展需要建设新的教学场所和教学宿舍，我们可以在场所和宿舍的建设过程中综合整合资源，合理利用。二是再使用原则。顾名思义，再使用原则是指以保证教学质量为前提，高效利用教育资源。举例来说，高校教育国际化办学应该在保证办学质量的基础之上，培养学生的国际适应能力、国际竞争能力以及国际化教育所需要的其他专业能力。三是再循环原则。高校教育国际化发展的再循环原则指的是应该对人才进行全方位的培养监控，首先要了解国际市场对人才的需求，然后根据需求设置高校专业，进而配备师资力量，为学生提供教学所需要的设备。在人才的培养过程当中，尽量实现资源利用的最大化，避免资源的浪费。四是再思考原则。高校教育国际化发展的再思考原则指的是应该对教育国际化的发展过程不断地思考、不断地分析，根据需求调整发展策略，对发展模式、发展内容进行不断革新，在保证教学质量的基础之上，实现资源的最大效率的利用，为社会培养出最优秀的人才。

（二）市场营销的 4P 理论

1. 市场营销 4P 理论的内容

市场营销理论是在买方市场出现的情况下，经济运行的必然和理性选择。从本质上来讲，营销理念就是根据市场现实需求而进行资源合理配置，促进消费，指导生产，最终实现营销双方双赢的状态。市场营销中的 4P 理论即产品（Product）、价格（Price）、渠道（Place）和促销（Promotion），4P 理论的内涵就是认为在影响企业经营的各要素中，不可控制的为市场营销的环境，可以被企业控制的要素为产品、价格、渠道和促销。市场营销学就是针对选定的目标市场，综合利用这四种可以控制的变量，从而系统化地形成一套营销策略，实现企业自身运行目标。

当代的市场营销学理论认为，产品可以有很多种形态，可以是有形的实物，也可以是无形的观念与服务，还可以是有形和无形的结合，只要是能够在市场上流通，并且能够满足人们的需求，那么就可以将它视为产品。产品的存在可以帮助组织或者个体实现交换的目的。当代的市场营销理论将价格定义为对市场变化所做出的灵敏反映。价格取决于商品价值，是市场供求关系之间的决定因素，只有确定价格，才能确定商品的销售利润和收入。商品想要获得利润，需要通过渠道，渠道是指产品从生产方向使用方转移的过程当中涉及的转移途径和转移机构，也经常被叫作销售渠道、分配渠道。渠道的两端分别是生产者和消费者，中间包含产品代理商、产品批发商、产品零售商以及产品储运商。产品经过渠道分配后进入市场，为了获得更多的利润，需要为产品的销售做活动，这个过程就是促销，促销的目的是吸引消费者购买，促进产品的卖出。

国际营销也可以叫作国际市场营销。国际营销是指国家与国家之间的，以国家为基本单位进行的营销活动，国际营销也可以被看作是国内的营销活动跨越国家范围向国外进行的市场拓展。从宏观的角度来讲，国际市场营销是以国际为市场范围进行的产品和服务销售，产品服务和销售的对象是全球范围内的消费者，产品的需求和供给平衡是全球性的。从微观的角度来讲，国际市场营销是国内的企业将产品或者是服务跨越国家范围为国家之外的消费者提供的产品或者是服务，企业将产品或者服务延伸到国外是为了满足国家之外的消费者对产品的需求。总的来说，国际营销就是营销范围是国家之外，营销目的是满足更大范围内的消费者的需求。国际营销也有相应的理论体系，也涉及营销相关的产品、定价、渠道和促销的策略。

2. 市场营销 4P 理论对高校教育国际化的启示

为了更好地理解市场营销对高校教育国际化发展的启发作用，首先要了解高校教育和市场营销结合发展的历史过程。高校教育和市场营销之间的结合，是在高校教育的管理当中应用市场营销的理论，两个学科通过交叉结合，促进彼此的应用与发展。国外高校教育与市场营销的结合经历了以下三个阶段。

第一阶段，导入阶段。20 世纪 70 年代初到 80 年代中，是西方将市场营销与高校教育进行结合的导入阶段。在导入阶段，市场营销能够帮助学校招收生源，能够帮助学校和外部进行良好的资金筹备，对于高校的某些方面发展是有促进作用的。高校也在教学中应用了市场营销的模式，但是只是对模式的简单套用，高校将学生作为营销模式当中的消费者，将教学课程和专业当作营销模式中的产品。但是高校营销策略的研究学者发现，无论如何将教育课程和学生与营销模式当中的产品和消费者进行紧密的结合，都无法改变外界环境。他们发现，外界环境并不知道学校自身课程设置的优秀，这就导致学校很难成功，所以在第一阶段高校主要以对外推销为主。

第二阶段，深化阶段。20 世纪 80 年代中到 90 年代中，是高校教育和市场营销的深化阶段。在深化阶段，高等教育开展的营销活动越来越受到关注与重视，营销理论和教育理论逐渐开始研究服务营销。服务营销就是将学生作为高校教育的顾客，重在分析学生身上的多样性。除此之外，还在研究服务营销的过程中，增强了学生和学校的互动性。在这一阶段，高等教育的营销开始向战略层面转移，营销理论和策略也逐渐被学校职能部门人员所接受，营销也引起了高校内部人员的重视。在 1988 年和 1989 年成功创办和举办的《高等教育营销报》、高教营销研讨会，都代表着高校教育和营销开始了正式的研究与合作。

第三阶段，发展阶段。20 世纪 90 年代中期，是高校教育和市场营销的发展阶段。高等院校的研究学者已经注意到学生的身份是多重的，他们既是消费者，也是社会需求的人才。从高等教育市场营销的市场范围来讲，顾客不仅包括学生和家庭，还包括社会上的企事业单位；从高等教育市场营销的普及性来讲，高等教育营销不仅局限于高等教育机构，一些咨询服务机构与组织也开始为学生和家庭提供教育方面的调研、咨询，其中有些组织和机构是盈利性的。在 1996 年，第六期高教营销会议在美国成功举办了，这标志着营销方法的研究逐渐进入高等教育营销的范畴之内，是高等教育营销将要研究的内容之一。

高等教育国际化属于营销当中的无形产品，面对的人群是全世界范围内对教育有需求的人群。因此，高校开展国际化教育需要准确了解市场需求，了解自身的发展优势，并且结合市场需求开发自身优势，为教育需求者提供更为合适的服务。比如提供更加适合的价格，更好的学习渠道，更适合消费者心理的促销策略。具体可以从以下四个方面实行高等教育国际化营销策略。

首先，产品策略。产品策略指的是产品生产者以及销售者制定的产品种类、产品数量。高等教育国际化发展可以从产品策略当中获得三个启示：一是增加国际化产品组合，产品组合的增加主要体现在宽度与深度上，宽度指的是在原有的产品基础上增加产品生产线，深度指的是在原有产品基础线内加入新的产品；二是减少国际化教育产品的组合，比如说学校可以少设立冷门专业。冷门专业的社会需求较少，可以选择设置社会需求较多的热门专业；三是延伸教育产品的长度，比如高等院校现有的专业在本层次水平已经无法满足大众的需求，高校可以针对现有状况增加专业硕士学位、博士学位的设立，培养更为专业的人才。

其次，价格策略。高校教育国际化的价格策略具有的特点是敏感、不好掌握，因为价格会直接涉及国内外市场对于教育的需求，还会影响有教育需求的人对产品的接受程度，涉及教育机构能够从产品中获得的利润。地方高校在进行国际化教育收费标准的制定时，可以根据政府的指导，设定办学的学费和学生的住宿费，价格并不是国际化市场的主要影响因素，所以高校可以根据政府的规定比较灵活地确定收费标准。举例来说，可以为留学生设置奖学金，增加奖学金名额等。

再者，渠道策略。高校教育的国际化发展渠道策略主要指的是自身的国际化教育产品让学生了解到的方式，也就是说，如何扩招学校的生源、增加学校的国际传播力。地方高校可以主动分享自己的教育产品，通过信息的分享，实现消费者对自身教育产品的了解和使用。

最后，促销策略。高校教育国际化发展的促销策略主要是向有国际化教育需求的学生推销自身的产品，提高学校的国际知名度、认可度。高校可以通过网络、留学机构、教育机构等传播自己的教育产品，推销自己的教育项目，提升学校在国际的知名度；学校也可以推出已经取得国际化认可的教育产品，增加学生对学校的好感度、认可度。①

二、国际化视阈下人才培养模式

（一）国外人才培养经验与启示

1. 国外国际化人才培养经验

国外国际化人才培养经验以英国为例。英国高校在人才培养方面主要采取灵活自由的教学方法。英国高等教育在人才培养过程中，根据专业的不同以及学生不同的情况，多采用多种方式对学生进行培养，其方式见表3-1。②

表3-1　英国高等教育人才培养的方式

培养方式	具体内容
讲课	课堂讲课仍然是传授知识的主要途径。学生一般没有固定的教材，但讲课时，教师会随堂发给学生其本次课所讲的主要内容。教师的讲课多以专题式（尤其是专业课），学时较少。但由于英国的教师多为多媒体教师，所以每堂课信息量较大。在讲课中，教师一般都指定大量的参考书或论文及网站让学生浏览

---

① 葛建一.江苏高等教育国际化战略研究［M］.苏州：苏州大学出版社，2006.
② 赵红.高校创新人才培养政策研究［D］.上海：上海交通大学，2011：49-60.

续表

培养方式	具体内容
辅导	教师讲完课后或就教师布置的题目（待学生完成后），分组辅导答疑或就题目进行讨论以使学生明确并掌握学习内容
撰写报告	写报告和论文是要求学生提供信息并分析和讨论所给的问题。在写报告中要求学生评价所得到的信息，并提出所得信息的来源及所得结论的依据。这是学生在今后工作中要求的技能之一
口头表述	由于很多用人单位要求学生具有较强的口头表达能力，因此，很多课程要求学生在辅导课上或完成一个项目（设计）后进行口头表述
个案学习	研究和学习实际生活中的一个实例，从它的开始直至结束。如机械系的学生可能研究一个新汽车的测试过程，建筑系的学生可能研究一个房子的建造过程等
项目工作	项目工作是学生自身或在一个小组中，通过分析、调查，在给定题目的前提下，完成一个报告或设计
小组合作	这项工作旨在培养学生的团队精神、信任和交流技能。在小组合作中，每个学生与其他学生共享一些数据、想法等。在小组合作中，学生应学会处理同学之间由于差异造成的一些问题
实验／实习	学校和工业界为学生提供了相当的试验设备供学生进行实验，以培养其实验技能
顶岗学习	一些高校，特别是新高校，在学生毕业前一年，提供一些单位供学生顶岗学习。学生也可以自找单位进行实习。实习完成后，再返校学习一年，学生在一年实习中，有的就找到了就业岗位

2. 国外国际化人才培养启示

（1）人才培养目标的调整。在未来社会发展中，创新是将发挥重要作用。国际环境在不断变化，也持续处在竞争的环境中，各个国家都离不开竞争，各国正在寻找怎样才能让本国的高等教育发展得更好。随着经济全球化不断深化，国际竞争也越来越激烈。在这种背景下，中国需要许多具备专业技能的高素质创新人才来增强国家的竞争力，并占据世界科技的主导地位。

中国大学的人力资源开发模式应以创新教育为主，以培养创新型人才为目标，主要是培养人的创新精神和创新能力。中国大学应围绕创新精神和创新能力的培养进行人才的培养，开设多方面的活动来培养人才。让培养的人才通过教育以后能够提高自身认知，具有更广阔的视野，更积极学习，对新事物的敏感反应和实践能力都能够得到增强。在面对新的挑战应该有着不畏难的精神，敢于主动出击。

国际竞争越来越激烈，对人才的创新能力也有了更高的要求。除此之外，人才的国际意识和国际素质也需要提升。现代竞争不在仅仅是国内竞争，国际竞争的趋势越来越强，如果创新型人才的国际素质不够，在国际社会上，他就不具备自己的竞争力。

（2）人才培养途径的拓宽。中国大学的人才培养方法主要涉及以下三个方面：第一个方面是课堂教育，第二个方面是科学研究，第三个方面是社会实践活动。当前，在中国大多数大学中，人才培养方法是课堂讲授和社会实践两者相结合，即课堂讲课在培养过程中是主要的。

当前，在培养人才过程中，社会实践和科学研究还没有被充分开发，不利于培养学生的社会活动能力，理论知识的灵活运用和创新能力。因此，中国大学需要补充人才培养方法，培养学生的综合素质。

根据国内大学的探索和实践情况来看，产学研模式是培养学生的实践和创造才能普遍有效的途径。产学研模式通过鼓励学生亲自精力和体验，来启发学生的创新能力，要求学生将知识应用到现实世界中的具体活动中，有能力运用自己所学知识去分析和解决实际问题，从而使学生能够真正展示出良好的实践能力和创造力，可以在毕业进入工作后满足实际工作需求。

中国高校不仅要寻求与国内企业的合作，还应积极发掘与国外企业合作的机会，为学生走向国际劳动力市场创造条件，提高学生的国际素质和国际竞争力，实现中国高校国际化的人才培养目标。此外，还要加强国际间流动，例如，可以与国际组织及国际性社会培训机构合作承办各类大赛，内容可涉及学生的就业力、商业潜力和思维等。通过比赛使学生在案例分析、团队合作、解决问题、沟通技巧以及口才等方面的能力得到提升，并发掘自身在商业管理方面的潜能。高校可积极与国际会计师组织合作，承办案例大赛，或与培训机构联合自主举办案例大赛，并利用高校资源邀请行业资深从业人员参与指导。此外，还可增加国际交流项目，鼓励学生参与境外社会实践，增加与境外国际化人才的交流机会。

（二）教育国际化、信息化人才的培养

1. 教育信息化对教育技术专业人才的要求

教育技术专业人才是具备扎实理论基础和优秀教育技能的复合型应用人

才。随着信息技术的快速发展，教育技术的相关理论和方法也随之更新，教育信息化对教育技术专业人才的培养也提出了更高的要求，要求专业人才的培养要与信息技术的发展相同步，培养出的人才要具备基本的信息素养能力、信息处理能力，以及运用知识技能独立解决教学问题的能力。

（1）信息素养的要求。教育信息化的本质是教育教学与信息技术之间相融合，换而言之，教育信息化是高校将现代信息技术应用于教育教学中，从而促进教育行业快速发展。因此，在教育信息化发展的新形势下，信息贯穿于教育教学的整个过程，成为此教育教学中至关重要的要素。在教育信息化发展中，如何获取、开发、整合和利用信息资源成为教育技术专业人才需要面临的挑战。

随着社会快速发展以及信息时代形成，教育行业的发展也逐渐国际化信息化，通过现代信息技术的应用，既打破了传统教学方式和教学观念的束缚，还有利于教学目标的实现和师生的共同发展，以及教学理念和教学思想的变革。然而，这也对教育技术专业人才提出了更高的要求，要求教育技术专业人才具备基本的信息素养能力，比如，识别和判断信息资源的能力、获取和评估信息资源的能力、组织和利用信息资源的能力等，此外，还有从大量信息中提炼有价值信息的能力。

在早期教育技术学科的教学过程中，教学内容所涉及的层面过于单一，主要围绕着技术层面设计，导致学生自然而然地重视提高自身技术水平，从而忽视了其他方面的发展。然而，随着教育信息化的深度发展，人才培养内容也要随之转变，即从传统的技术层面应用转变为创造性的技术整合，换而言之，现阶段的教育技术专业人才培养内容以信息创新运用能力为主，着重培养学生对信息的创新运用能力。在教育信息化建设与发展中，教育技术专业人才所发挥的作用和价值非常显著，因而高校一定要重视这类人才的培养，制定培养目标，要培养创新型、应用型等多个层面的复合型人才，确保教育技术专业人才能够灵活运用现代信息技术来管理各种教学信息资源，在充分利用信息资源的基础上实现最大化共享，还能够将信息技术应用至教育教学理论的研究中，挖掘和探索最新的研究成果，从而促进科研领域发展。

（2）信息处理能力的要求。信息处理能力实际上是信息素养的一种表现形式，教育技术专业人才的信息处理能力指教育技术专业人才通过多媒体、互联网等多种信息技术对信息资源进行多方面处理，这种能力是教育技术专业人才必须具备的基本能力。教育技术专业人才对信息处理能力的掌握程度直接决定着教育信息的利用效果及价值体现，而且对教育信息化发展也会产生一定影响。因此，作为教育技术专业人才，必须要有意识地提高自身的信息处理能力，此外，还要掌握教育信息的产生和传播规律，以及其他先进的处理信息技术，并了解信息表征元素在教学中的应用范围和特点。

从责任范围的层面分析，教育技术专业人才既要多方面处理信息资源，还要承担着相应的工作职责（即将信息技术和学科教育结合），并扮演着专家的角色，为教师解决技术方面的问题。因此，作为教育技术专业人才，一定要具备较强的信息处理能力，只有这样，才能满足教育信息化发展的要求，快速完成有关教学信息的任务，更重要的是，为其他学科的工作提供技术支持服务。

2.培养教育国际化信息化人才的方法

一般情况下，各行业人才的培养基本上都是以高校教育为主，培养教育技术专业人才也是如此。高校培养教育技术专业人才具有显著的优势，会根据学生实际的发展情况，制定合理的教学目标及其计划，设计系统完善的教学课程体系，并充分利用现有的多种教育资源，从而实现对学生的系统化教育，这就是高校教育系统化优势的体现。除此之外，高校教育的优势还体现在大规模地培养教育技术专业人才，即利用学生的互动效应将学习的规模效应最大化，从而为教育信息化发展培养大量专业人才。总而言之，高校培养人才发挥的优势功能无法被替代，更不可能被超越。高校培养能够促使学生快速建立教育技术专业的知识体系，并掌握相关的专业技能和基本素养。

（1）课堂教学。在课堂教学的过程中，教师除了要将信息知识传授给学生之外，还要培养学生运用信息知识的能力。教师向学生讲授信息知识时可以联系实际，在激发学生学习兴趣的基础上加强他们对专业知识的理解。比如，教师通过理论与实际相结合的方式来讲授如何利用网上的教学资源，如何根据教学大纲和教学目标制定合理科学的教学策略及教学计划，如何将语言讲述与课堂演示结合，如何应用现代信息技术展开教学设计等。由此促使学生逐渐养成良好的信息意识，从而满足教育信息化的素质要求。

教育信息化发展要求课堂教学形式更加多样化，不再局限于知识传授这种单一形式，而是开展多种不同的课堂教学活动，如专题讲座、论坛峰会等，也就是说，在课堂教学上，除了教师讲授专心理论知识外，高校还可邀请国内外从业专家前来讲述现代教育技术在行业中的应用成果和不足之处，并解答学生提出的疑难问题，加深学生对这门学科的了解和认知。此外，提升学生知识水平的同时还能扩展视野。简而言之，课堂教学要遵循"厚基础+重应用"的原则，不仅要让学生具备扎实的理论基础，而且要具备较强的教育技术应用能力。

（2）实验教学。实验教学是教育技术专业人才培养过程中不可或缺的重要环节，原因在于实验教学侧重技能训练，是课堂教学的延伸和辅助，既能够加强学生对专业知识的理解和掌握，还能够提高学生的思维创新能力和观察实践能力，此外，还有利于学生逐渐养成正确的科学态度。由于教育信息化要求实验教学与信息技术相结合，因此，为了满足教育信息化发展的要求，高校应用信息技术构建了网络实验平台，使实验教学体现出显著的便捷性和虚拟化等特征。基于此高校制定了实验教学的展开与实施方案，具体包括以下几个方面。

1）根据教育信息化发展对专业人才的要求，制定合理的实验教学目标及其计划。在制定实验教学计划的过程中，教务部门要结合教学信息化发展的要求，合理安排实验课程的时间和次数。作为实验课程的教学，要保证实验教学内容的设计与理论知识不互相脱离，将理论与实践最大限度地联系起来，并充分利用实验教学的优势功能，有效加强学生的应用能力。

2）利用现代信息技术加强实验室建设，使实验教学的资源更加全面化和多样化。在教育信息化发展的形势下，实验室作为教育技术专业人才培养的重要基地，其内部结构建设和实验设备要优化和更新。具体而言，高校要建设类型多元化的实验室，赋予实验室不同的功能，将实验室以网络的形式展现出来，不仅是为了满足教育信息化的要求，主要是为人才的培养提供更加优质的条件，达到多种不同的实验教学目的。现如今，已经建设完成的实验室项目有网络设计机房和摄录编实验室等。除此之外，还要加强实验教学的资源共享建设，目的是确保现有资源得到充分利用，实验教学各方面功能得到充分发挥。

3）培养教育技术专业人才的创新意识和科学态度，改进和完善实验教学体系。教师在实验教学过程中扮演着多重角色，对人才培养起到了促进和示范等作用，而教育技术作为一门应用型学科，教师在教学时要以身作则，学会运用各种信息技术，并通过信息技术构建一种新型的教学模式，这种示范功能的发挥是无形的，能够潜移默化地提高学生的信息素养。教师还要树立以学生为主导的开放式、合作式学习理念，为学生提供自主发展的空间，任学生可以自由地发表想法和提出问题，并充分展现自身的个性特征，这些都有利于增强学生的创新思维能力和解决问题能力。

在具体教学策略上，可以按照不同实验任务对学习者认知加工要求的高低来设计教学模式：就一般学习环境下简单的学习任务而言，主要靠教师与学生互动来实现知识的传递，即教师的教和学生的学来形成"刺激—反映"关系，教学信息化在其中的作用主要是简化教师的教学过程，学生可以通过自主的记忆来实现教学目的，如对音频信号的记忆、录编设备的连接等实验项目；针对较难的学习任务而言，教师的讲授就无法简化了，学生的学习也不再是被动地承接知识的灌输，而是必须以原有的知识为基础，进而融入新知识，使新旧信息同化，进而实现认知结构的重建，完成教学目标。如一般程序的建立、翻拍技术实验、摄影技巧等项目；而针对较难的问题而言，则必须立足于建构主义理论来进行教学活动，即以学生为主体，在一定的认知基础上，通过教师的辅导，充分利用相应的资源来是实现知识建构的搭建。如电视节目设计、网站制作、综合媒体设计等课程。

在教育信息化发展的背景下，要想成为合格的教育技术专业人才，除了要具备扎实的理论基础和过硬的专业素养外，还要具备较强的创造能力和实践能力，以及有能够促进教育信息化发展的勇气和信心。现阶段，有关教育技术专业人才培养的实验教学任务是加强实验教学的资源建设以及探索更加科学合理的培养模式。

（3）实践实习。教育技术属于一门应用型学科，侧重培养学生的实践能力，因而需要依托多种不同的实践方式，比如，课程实践、教育实习等方式。在课堂教学的实践环节中，教师提出有关信息技术的课题，通过课题和项目研究的方式，将学生分成不同创作小组，并给予适当的指导和帮助，进而促进学生快速提高专业技能。从教育实习角度看，实习是人才培养过程中非常重要的方式，这种方式不仅能够检测教育技术专业人才的培养效果，而且能够进一步提升学生的信息素养和专业技能。虽然教育信息化对教育技术专业人才的培养提出了很高的要求，但同时也为教育技术专业学生的实习带来了很多便利条件，比如，建立实习交流网站。学生利用自己掌握的知识与技能创建实习交流平台，既完成了实习任务，又使所学知识得到运用；再如，针对教师展开信息技术培训，将其他学科教师看作是自己的实习对象，在向教师传授基本理论知识的同时，让他们掌握教学资源开发、设计和利用等技能，学会将信息技术有效地应用至教学过程之中，并能够通过信息技术完成教学评价，通过调动教师的内在学习动力，让教师积极参与课堂教学设计和学科课程整合等方面的研究中。

（三）国际化背景下多样化人才培养模式构建

1. 国际化背景下多样化人才培养模式的原则

（1）开放性原则。高等教育的国际化发展促使教育走向开放、走向中心，教育模式也需要注意人才培养的开放性，不但要从本校教育实践当中总结经验，还要从其他发达国家的人才教育模式借鉴优势之处，学习借鉴他们的工作经验和管理经验，再将这些优势利用到学校自身的教育和管理中，并结合社会主义特性，探索合适我国家经济需要、具有中国特色的教育模式。

（2）服务性原则。高等教育有三大功能，其中最主要的是服务功能。高等教育在如今的社会多方面都发挥重要作用，无论是从个体，还是民族国家，社会上对于高等教育的需求愈加强烈，这种需求同时也对高等教育的服务功能提出了更高的要求和动力：首先，高等教育需要适应社会的需求，为社会的发展进步培养合格的人才；其次，高等教育需要通过一些社会活动，比如服务活动、科学研究活动等，为社会提供科技、知识、信息等方面发展的动力。

一些理工科院校是根据一些地区的经济发展需求相适应的，学校的培养方式与当地的国民经济发展紧密结合，学校对学科和专业方面的设置，都是为了适应当地的支柱产业，根据企业需求培养相适应的层次人才，在人才的专业化方向、就业方向以及数量等方面都有着与本地经济相适应的特点。

服务性原则有两个方面：首先搭建人才模式一定要以人为核心，十分重视人才的成长和培养，营造出良好的人才培养环境。对于学生的发展一定要充分尊重他们的个体性，在教学模式当中把学生作为主体，调动学生的积极性和学习主动性，同时也要注意学生们的整体素质发展和终身学习意识。其次，对于社会的需要要坚持服务，地区的经济发展需要特定的专业人才，但是教育培养滞后于人才需求，因此在社会服务的过程当中，把经济建设放在人才培养的首位目的，同时也需要为地区经济的发展做好人才储备，为长远目标做人才培养计划。

2. 国际化背景下多样化人才培养模式的保障

（1）扩大高校办学的自主权。政府的职能由原来的全能变成了有限，高等学校也逐渐成为独立的自主运行个体，对于政府的关系依附性也逐渐减弱。高校在办学权利当中自主性逐渐增强，主要体现在以下几个方面。

1）扩大高校人事自主权。人事任免权，在高校的人事自主权中起到十分重要的作用，包括用人权、干部任免权、职称评审权。目前一些重点高校在人事任免权方面有着较大的自主性，但是非重点院校以及其他的一些地方院校并没有这样的自主权，所以，扩大高校的人事聘用自主权应该作为重点改革事项，积极推进。干部任免权，应该由学校来决定触及或以下干部的聘用权利，需要上报备案，以确保高校顺利进行。用人权应该按照学校确定的定编总数来执行，学校应该明确，在编数以及工资总额的承包，在工资的级别、人事指标以及户口等方面都有一定用人自主权，以确保学校能够引进、留住、用好人才。对于人才的支撑，高校并没有高级职称的最终决定权，一些复杂原因为地方院校师资队伍结构的建设以及人才的吸引等方面带来一定困难。对于这些难题，应该适当放宽评审的条件或者是制定双轨制。

2）扩大高校管理自主权。高等学校的市场化和产业化是一个明显的发展趋势，面对即将到来的市场环境，高等院校的发展必须也遵循市场经济的发展规律，但市场是一个难以预测的复杂环境，为了更好地应对多变的市场需求，高等学校一定要在决策权和管理权上拥有更自主的决定权，不然就容易错失市场机遇。在区域经济发展当中，各地的高校应该采用适合当地的市场策略，而不是统一标准化管理模式。根据不同区域经济特征，制定相应的高等院校机制，能够避免高等院校陷入困境，因此不同的学校应该根据区域特色、办学规模、层次和特点，对学校进行自主决策权和管理权的改革和发展。

（2）发挥大学生的主体意识。人才培养模式在结构多样化的演变当中，要注重让大学生有更多的主体意识，因为在任何教育模式的实践改革当中，主体都是学生，如果只注重教师团队的建设，没有让学生有主人翁意识，那么这种被动的改革是很难获得成功的，这也是通过近几年的实践印证的。

高等教育在我国已经逐渐大众化，对于学校教育模式及缴纳学费等方面的改革，都明显提升了学生的主体意识，使学生对自身的发展也更加明确。因此人才培养模式要能够在建立的过程当中处理好学生的发展与社会需求的关系，通过社会的需要，和学生们个人主体意识的培养与需求相结合，要在充分发挥学生独特的个人能力和意识的同时，培养学生的思想建设，引导他们拥有正确的发展和成材欲望。

三、教育国际化与创新型人才培养

（一）创新与创新型人才培养及其关系

1. 创新型人才培养为中国自主创新提供人才基础与技术支持

创新型人才是提高我国自主创新能力的基础，为自主创新提供人才支撑和有力保障。没有创新型人才，建设创新型国家的战略目标就无从谈起。科技创新，关键在人才。人才培养，基础在教育。《国家中长期科学和技术发展规划纲要（2006—2020年）》提出"到2020年力争使科技进步贡献率达到60%以上"。为达到这一目标，必须重视创新型人才的培养，发挥创新型人才在中国自主创新中的重大作用。因为真正的核心技术、关键技术，尤其是关系国民经济命脉和国家安全领域的技术，必须依靠我国进行自主创新。因此，高校培养的人才质量，决定着我国自主创新的效果，是创新型国家建设的关键所在。

高校参与自主创新是社会与经济发展的客观需要。当前，我国科学技术已经取得了一系列重大的成就，但与国际先进水平相比，仍然有一定的差距。中国要成为创新型国家，必须依靠自主创新，实现从"中国制造"到"中国创造"的跨越。

创新活动不仅高度依赖于科学研究，而且也越来越具有群体性，所以创新已经不再单纯是一种企业行为。因此，加强国家创新体系建设，要建设各具特色和优势的区域创新体系，促进中央与地方的科技力量有机结合，发挥高等院校、科研机构和国家高新技术产业开发区的重要作用，增强科技创新对区域经济社会发展的支撑力度。企业与高校及科研院所联合，是提高我国自主创新能力的有效途径。高校利用自身的人才及资源优势，能为科技创新提供最丰富、最前沿的信息。

随着高校创新型人才培养步伐的加快，其对经济、社会发展的作用以及影响将更加显著，作为科教兴国主力军，高校应当充分发挥其人才及科学研究的优势，为我国自主创新提供技术支持。

2. 创新型人才培养为建设创新型国家营造创新氛围

营造良好的创新氛围与培养创新型人才是相辅相成的。良好的创新氛围有利于高校创新型人才的培养。从高校走出的创新型人才走向社会，走向各个工作岗位，在学校接受的创新教育会深刻地影响一个人的职业生涯乃至整个人生，使他们在工作和学习中积极进取、锐意创新，成为各行各业的领导者，进而影响到周围的人和环境，有利于在整个社会形成一种创新的氛围，因此，也就有利于推动创新型国家的建设。

3. 创新型人才培养是高等教育的历史使命

高校要把培养一批具有创新能力的人才当作自身的使命和责任。高等教育历来是传播、扩散和创造知识的重要基地，是知识创新的主要动力和源泉。高校学科门类众多，科技专家云集，研究课题广泛，学术思想活跃；人才培养和科学研究相辅相成，便于基础研究与应用研究紧密联系，发挥学科交叉与融合的优势。这些都是高校科技创新和理论创新的独特优势。增强自主创新能力，建设创新型国家这一重大战略决策的提出，为大学强化了知识传播和创新的功能，为科技创新和理论创新的不竭源泉提供了新的契机。推动科技进步和经济社会发展，已经成为高等教育义不容辞的历史使命。[①]

（二）创新型人才培养机制

创新是中华民族的灵魂，是社会不断发展的重要基础保障，任何一个国家、民族要想可持续发展必须拥有创新的精神。具有创新精神的人才是一个社会发展的重要力量，高校就是一个不断培养人才的基地，而创新高校人才培养机制就是不断培养创新型人才的基础。所以，为了提升高校人才的质量同时发展高等教育国际化，必须全面深化改革教育教学机制，为实现中国梦培养更多的优秀人才。因此，为了让学生能够成为具有专业知识的人才并且能够在自己的岗位上发挥出自己的作用，成为社会需要的专业型人才，必须健全高校创新人才培养的机制。

1. 创新型人才培养机制的现状

尽管我国高校实行教育改革的时间比较短暂，实践时间比较短，但是各个高校勇于去实践，不断积极地去探索，在这个过程中积累了丰富的经验，也取得了比较好的成果。

（1）积极探索整合社会资源和高校资源共同培养人才的机制。教育部出台了卓越新闻传播人才教育培养计划，努力地推动了高校及地方党委宣传部共建新闻学院，大力培养了复合型应用型的新闻传播人才，并且鼓励高校一些新闻传播专业的优秀学生及教师。

（2）积极探索我国不同高校之间的协同培养人才机制。为了实现了资源的共同利用，相互之间取长补短，在协同培养人才及进行科学研究方面取得了显著的成绩，很多高校都强强联手互相合作。

（3）积极探索高校和企业共同培养人才的机制。我国很多优秀的企业都在和一些高校进行人才交流培养计划，比如中南大学、北京工业大学、同济大学等高校就和三一重工、中国石化、大众汽车等开展了培养优秀人才的计划。大连理工也与米其林等20多家公司一起制定了专属的人才培养计划，共同构建了培养人才的相关课程系统，来把握培养质量。

[①] 侯丽霞. 中国高校创新型人才培养问题研究［D］. 沈阳：沈阳师范大学，2011：29-51.

（4）积极探索高校和地方共同培养人才的机制。例如，河北师范大学就和当地的教育局共同培养教育专属人才，他们和当地的一些基层中心共同整合资源，将部分顶岗实习的学生与部分中小学教师结合培训，提高了师范专业学生的教书育人的能力的同时也提高了农村教师的综合素质，达到了共赢的效果。又如南京工业职业学院就和深圳金蝶软件公司及秦淮区的政府部门共同创建了科技园，吸引了很多科技型公司的进入，同时还提供了很多实习岗位给高校的学生。

（5）根据学生的个性爱好探索适合学生发展的管理机制。例如高校可以将本科四年制教育模式分成大类、专业、多元化培养三个方面；同时学校实行开放专业、开放课程让学生自主选择专业课程及自己的发展方向，给予学生更多的自由发展空间，这样可使学生具备更大的自由发展空间，拥有更多的自由选择权，让学生能够在现实社会竞争中更加具有竞争力。如中国农业大学就实行了自由的重选专业政策，即在入学一学期以后的每半年都能够自由地重选专业一次，无论成绩高低与否，转入的学院如果在预定名额内不得拒收学生，而转出学院也不得限制学生的选择。

（6）积极探索新形式的教育教学管理机制。我国很多优秀一流高校都采取了有力措施，不断地吸引了一些学术大师参加因材施教实施基础学科拔尖学生重点培养的计划，施行导师制、个性化、小班化、国际化的教学管理机制，来培养拔尖创新人才。

2. 创新型人才培养机制的发展

创新高校人才培养机制是一个很大的问题，因为关系到应该怎样培养人才、培养成什么样的人才，这其实是一项非常复杂的系统工程。从某些意义上来讲，它涉及教育价值、教育目标、教育思想等方面，要求我们必须坚持立德树人、时刻记住把提高人才培养质量和德智体全面发展作为最终目标。创新高校人才培养机制的建立需要有坚定的理念和良好的创新意识，创新团队的建立对实现科研、教学、人才培养方面都具有非常重要的作用。

（1）优化调整学科专业结构机制，适应社会发展需求。随着社会不断发展，各地高校必须在自身学科专业自主权方面加深分析研究。根据社会经济发展的需要，高校应该能够根据实际情况设置一些符合民生发展需求及国家产业发展需求的新专业，设置一些交叉融合的专业学科，这样也有利于培养一些复合型、应用型的人才，利于学校的特色办学及建立自身的优势专业学科。另外，要健全高校人才就业供需年度报告机制，对于一些连续就业率比较低的专业应该采取果断的措施，比如减少招生计划甚至停止招生等。

（2）集聚社会资源，充分利用整合学校和社会资源协同合作的方式来培养人才机制。深入实施卓越计划，在合作创新方面不断深入细化，采取各种发展策略加强校企等之间的合作，比如可以通过调动社会各方面力量，鼓励他们一起主动积极地参加大学生实习、社会实践的活动中去。积极参加合作交流会，彼此之间探讨交流协同育人的宝贵经验及实践做法。

（3）建立多样化评价为辅社会评价为主的人才培养质量评价机制。针对高校本科教学质量的年度报告，委托第三方机构每年进行评价，并对外发布，逐渐扩大认证的领域。同时加强领导组织和干部队伍的建设工作，时刻把干净、担当和忠诚作为座右铭，努力打造一支强有力的领导集体和优秀的高素质干部队伍。

（三）教育国际化创新型人才培养环境的建设

1. 教育国际化创新型人才培养环境的要求

创新型人才培养的教育制度环境必须满足以下几个方面的要求。

（1）有利于营造宽容与理解的氛围。正因为创新活动中蕴含着失败的可能，所以要想造就一大批创新人才，就必须要有包容探索失败的制度环境，要能够让宽容和理解成为一种氛围。

（2）有利于提倡和保护学术自由性。所谓"自由性"，制度环境的自由性，即意味着这种环境能够容纳更多的情感、理念、价值、内容、形式、模式、机制。

（3）有利于彰显个性和创新。个性是一事物区别于其他事物个别的特质，一个人的个性由其思想、情感、智力、情绪、环境等决定，是独一无二的。每个对社会发展做出特别贡献的人，每个有创新性成果的科研团队，都是由创造性个人或创新先锋引领的，高等教育只有在了解这些基本情况的基础上，才能顺利开展工作。要实现创新就要支持个人发挥特长，尊重多样化，鼓励个性化。

但是，现实情况是，一些具有创新能力的人相对特立独行，他们有的沉默寡言，不善于表达，人情世故淡漠；有的孤傲清高，只追求阳春白雪；有的活泼外向，标新立异，漠视权威，不受管束等。鉴于创新者的这些特质，我们就需要从制度上给予特殊的"照顾"，要本着为他们提供开放、自由的创造环境的宗旨，让更多奇思妙想闪现；要大胆鼓励创新者的言论，支持他们的行动，最大化激发他们对创造的热情。

（4）有利于确保学术的独立性。学术独立是指学术研究不受政治、经济、文化、市场等的影响，有其独立的地位和品格。高校是学术研究的主要场所，高校成员能否享有学术自由，是创造能力能否凸显的关键因素。因此，要尽力维护高校的学术独立。

2. 教育国际化创新型人才教育环境建设目标

高校国际化创新人才的培养离不开优良的创新教育环境，只有在宽松自由、有章有序的教育环境下，才能最大限度发挥创新者的潜能。按照高校创新环境的构成要素和作用形式不同，可以分为创新硬环境和创新软环境：创新硬环境主要指创新教育实践、创新教育活动等开展的物质条件；创新软环境主要包含创新教育的理念、宗旨、革新等内容，一般以思想环境、制度环境、校园环境等形式存在。与之相对应的环境建设目标也可分为硬环境目标和软环境目标。

（1）创新型人才教育硬环境建设目标。硬环境是实施创新教育必须具备的物质条件。在我国，《中华人民共和国教育法》《中华人民共和国高等教育法》明确规定，高等学校的设立要具备以下基本条件：有明确的组织章程和机构框架，有符合高校任职资格的教师，有符合国家规定的教学场所、基础设施和设备，有启动资金和稳定的资金来源等。而高等学校创新人才教育物质建设要达到以下几个标准。

1）符合国家规定标准。创新人才教育环境建设首先要符合国家标准，具体包括：校园总面积、教学场所面积、校园周边环境、校园内布局、校内建筑等符合标准。但是，在我国，其中一些标准并没有进入公众的视野或者处于边缘化地位。一所优秀的高校不仅校园总面积、教学场所面积等方面要达标，其校内布局、校内建筑等也应该经过精心设计，要使生活在校内的师生居住在一个安静明亮的环境中,可以享受便利的生活服务和必要的休闲娱乐,有使用方便的科技创业后勤服务系统和机制等。很多世界一流高校已经重视了这一点,如英国剑桥大学、美国哈佛大学、美国斯坦福大学等,这几所学府以追求校园环境与自然环境的和谐统一为宗旨,体现在其校园规划、校园建筑、校园环境等方面。

2)有完善的教育教学设施。教学设施是教学活动能够开展、教学目标得以达成所必需的物质基础,教育教学的设施一般有:图书馆、科技创新中心、实验室、实践基地等。

要实施创新人才教育,高校首先要完善教学设施:要增加教学仪器设备,加大实验室的建设力度;要根据培养目标,完善实验室和实验仪器设备,以满足不同专业教学对实验或实践的需求;要着力建设多形式的创新实践基地、科技创新中心等,以满足大学生对科技创新活动的要求;要不断完善校内基地建设,做好训练中心、体能中心等设施的维护与更新等,以满足校内实践教学的需求;要基于高等教育国际化人才培养的目标建设校园网,并与优质的教育平台合作,为创新人才培养提供先进的教学和科研服务。

3)具有创新能力的师资队伍。教师是开展教学工作、完成教学目标的主体,一支具有创新精神和创新能力的教师队伍是创新人才教育实施的关键。他们以独特的创新理念、丰富的教学经验、刻苦钻研的精神致力教育工作创新,是创新人才教育硬件环境的重要组成部分。高等教育创新人才的培养对教师团队的需求不仅体现在数量,更体现在质量上;在高素质的创新教师团队带领下,会极大地提升学生的创新素质和能力;优质的创新教师团队会用开放、包容的心态为学生营造民主、自由的创新氛围,会从多视角发现学生的优点加以开发,以此挖掘学生的创新潜力。总而言之,教师在高等教育国际化创新人才教育中发挥着至关重要的作用,因此,高校必须严把教师关口,首先要招聘符合高校任职资格的教师,其次要对在编教师实行严格的评聘制度、考核制度、人才流动管理制度等,最后要做好教师的业务培训、素质培训等,切实打造一支综合素质高、创新能力强的教师队伍。

(2)创新人才教育的软环境建设目标。一是科学设定学校定位,采用先进的办学理念。在设定学校定位时，应该充分考虑到社会的发展需要以及经济的建设需求，在满足社会的发展需要和经济的发展需求的基础上，结合学校的发展方向，明确学校定位。设立的学校定位要包括学校未来的发展方向、未来的发展类型、学校自身所处层次，以及学校对人才的培养目标、想要培养的人才类型、为社会提供的服务等。学校对自身的定位一定要能够体现自身的办学特色，能够展现出学校的独特性，不能盲目攀比和复制。

学校还要明确采用先进的科学理念，要紧跟时代潮流，时代需求，明确办学思想。首先，应该清楚地了解自身在高等院校中所处的地位和层次；其次，应该明白国家对于学校的发展设立了怎样的目标，学校为了国家的发展做出了哪些教学贡献，承担着怎样的办学任务。这些都是学校定位和学校办学理念的确立需要明确的。

二是在学校实行科学化、规范化的管理。对学校实行科学规范的管理是学校运行的重要保障，管理的科学化、有效性体现在管理体制、运行机制以及规章制度方面。管理要有激励作用，规章制度要建立健全，这一切都是学校良好运行的基础。社会在不断地发展进步，对于创新型人才的需求也越来越大，所以，学校必须保证创新型人才教育软环境的良好运行，应该为学生提供公平公正、友好竞争、积极创新的环境，学校可以在管理制度、教学制度以及学术制度方面加强管理。

（四）教育国际化视阈下创新型人才培养的路径

关于高等教育国际化视阈下创新人才培养路径，需要注意以下几个方面。

1. 树立国际化观念

观念是各种政策制度形成的思想基础和文化土壤，它深刻地影响着个体行为和政策实施的成效。国际化的观念是人们对国际化的认识与看法。

高等教育"新国际化"时代随着经济全球化收到更多的重视。所有高校在一定程度讲都必须国际化。国际化的知识与技能已不再是未来与国际事务有关的专家的任务，而或多或少成为普遍的要求，已进入多数专业之中。

很显然，我们不能够再将国际化当作是国内一流大学的特有权利，应该尽快转变国际化的发展观念，国际化对于各个学校各个人才都是必需的，无论是高等院校还是普通院校、高职院校学生,每个学校的人才都应该了解和掌握国际对于人才的需求,我国对于每一类学校的人才培养,都应该兼顾他们的国际竞争力。国际化的学习已经不仅应用在对外工作或者是留学,在以后的日常社会需求中,也会更加要求有国际化视野、国际化理解能力的人才。除此之外,社会也应该转变国际化人才高高在上的思想,将国际化视为人才正常的培养方式,视为人才理应接受的培养模式。

2. 加强产学研合作教育

(1) 产学研之间的合作对于创新型人才培养有重要影响。产学研合作指的是负责生产的企业与负责研究的科学院、科学所以及大学之间的联合,通过联合加强创新资源的整合,为创新带来源源不断的动力,加速创新结构的形成。创新型人才一般是具备开拓能力,能够实现领域内技术更新换代的人才,产学研合作的过程与人才的发现和培养过程极度吻合,有着密不可分的联系。

从产学研合作的主体看,产学研合作由多元主体构成,它可以是校企双方,也可以是政府、高校、企业、金融、科研院所及中介机构等主体参与组成。高校、科研院所和企业是产学研合作培养创新型人才的主力,其科研水平的程度的高低直接影响到产学研合作培养效果。

1) 产学研合作与创新型人才培养的联动。国家政策指引下,人才创新重大战略指导下,以产学研为核心培养模式的中国人才培养的协同创新活动正在展开,产学研合作与创新人才培养的联动主要体现以下几个方面。

第一,参与者主导。一般而言,产学研合作的参与主体有政府、企业及大学。同时按照不同主导地位分为以下类型。

政府主导型。政府在整个产学研体系构建的过程中起到主导作用,制定出具体的培养方案,给出培养的目标、方式及时间阶段,并且由政府引导科研资金的筹集,一般为政府财政出资或由政府引导的企业资本投入。根据不同背景,各国的投资企业类型有较大的区别,其中主要是由国有企业及高新技术企业积极等的参与政府主导型产学研培养合作。同时参与的高等院校主要为工信部、教育部等部门的重点大学,如南开大学、中科院等。

企业主导型。企业主导型培养模式主要是由企业自身创新型人才需求引导,企业根据实际需求，确定人才培养方式及目标，用了满足未来企业发展人力资源的空缺。通过与高校及相关科研机构的共同合作，吸引在该领域具备人才培养实力的高校参与研究。企业主导型培养人才模式一般由经济较发达区域的民营企业或外资企业参与；而参与高校一般是在应用性强的理工科专业具有较强科研能力的大学。

高校主导型。高校发挥自身的科研创新体制特点，制定科学合理的创新人才联合培养范式，并且结合实践构建优势学科共建应用型试验平台，以及强大的科研团队，以此来集聚相关企业参与整个培养模式中；或由高校及重要领域的领头人才成立高校附属公司，为创新人才培养创建最直接的实践基地；或者依托高校科研力量，创办高校科技园，让创新型人才培养过程中接触科技创新来提升创新思维与创新能力。

第二，参与者项目协同。产学研合作与创新型人才培养通过协同承担科研项目，为拔尖创新型人才培养提供项目支撑，在目前是取得了较好成效。合作主体间通过科研项目或研究课题来实现人才的创新性培养，这些项目可由一个主要参与主体主导，由所有参与方共同承担，企业和高等院校负责召集优秀的学生及创新人才参与科技创新，其研究成果具有较高的实用价值，一般直接作用与企业的产品开发与生产，而通过实践性的项目，参与其中的创新型人才也得到了有效的培养。

参与者项目协同重要特点就是，这类协同项目一般都基于基础性的研究方向，参与者在项目执行中的协同程度直接影响到科研成果的转化和创新人才素质的提升。其中以南开大学、华中科技大学等这些依托地域经济优势，吸引企业参与联合培养的高校为典型的协同机制。

第三，参与者动力机制。产学研合作与创新人才培养的参与者之所以能达成合作，其动力机制是指各方参与者为了追求潜在的共同利益，实现各利益方个体收益（物质和非物质）的最大化，企业需要提升技术创新能力和科技成果转化能力，需要借助高校的科研团队，而高校的人才培养需要企业的实训基地和科研实践平台，无论是高校还是企业，都拥有各自的利益。高校是产学研合作培养创新型人才的主要力量，企业则是合作培养创新人才的载体。他们之间虽然利益存在冲突，但在一定的程度上也存在着利益的一致性。①

2）产学研合作与创新型人才培养的构建。第一，产学研合作要素间的耦合关系。产学研合作要素间的耦合关系具体如下：

产学研合作过程涉及三个合作主体，只有三个合作主体之间进行有效的知识传播、知识交流、知识共享，才能实现知识耦合。也就是说，知识能否在三个合作主体之间进行真正有效的共享和交流，是合作能否成功的重点。以往，高校和企业之间是高校卖技术、企业买技术的合作模式，如今想要实现不同背景的人才之间的合作与交流，也面临着一定的挑战。在面对挑战的过程中，高校应该积极转变以往对知识实用性过于关注的态度，应该注重知识的实践性；企业也应该转变以往过于注重利润的态度，应该更加注重自身技术水平实力的提高。只有良好的产学研合作，才能实现知识的真正耦合，进而促进经济的快速发展。

企业技术与产学研合作。产学研合作过程中高校与企业作为合作主体，而企业的技术创新能力和技术成果转化与产学研合作产生密切的关系。产学研合的创新模式是突破性技术创新的重要保障，有利于科学技术与经济的快速发展。产学研合作技术创新体系是指在一定区域内，相关的组织机构等组成网络体系，各创新主体密切联系，依靠各种创新资源，利用各种方法，建立起来的有利于推动技术创新的社会经济系统。技术创新主要有三个特性，具体见表3-2。

表3-2 技术创新特性

主要特性	具体内容
复杂性	技术创新包括原材料、生产技术、生产工艺等方面的创新，涉及知识、方法、程序等方面，是一个复杂的过程。而高校培养创新人力自然需要培养一部分技术创新能力高的人才，由于技术创新的主体也具有复杂性的特点，生产企业、高校以及政府部门与研究机构等，针对技术创新能力方面的培养都产生了很多复杂程序

---

① 初国刚.产学研合作创新型人才培养模式和机制研究［D］.哈尔滨：哈尔滨工程大学，2018：31-95.

续表

主要特性	具体内容
高风险性（成本方面）	创新型人才培养期间，企业借助人才培养来进行重要突破创新，不但要投入大量的固定成本，还会带来很高的人力成本与时间成本。技术方面，高校和研究所技术创新的成功率不高，往往给合作企业带来很大的不确定性，因而创新主体面临的风险较高；市场方面，既是技术创新成功，消费者对新技术的态度也存在很大的不确定性，即创新主体面临着无法实现经济效益的风险。此外，国内外经济环境、政策法规、人们消费习惯和消费观念的变化也有可能影响到产学研合作过程中技术创新的结果，因而存在很大风险
高收益性	企业和高校进行创新人才培养，并针对性进行技术创新的主要目的是获取高额利润，企业获取经济利润，高校和科研院所获取科研经费以及科研平台等收益，这是产学研合作主体合作培养创新人才的动力。技术创新能在很大程度上提高生产效率，降低成本。技术创新会在一定时期内使其他主体无法模仿，形成技术垄断，可以获得高额垄断利润，给企业带来丰厚的回报

第二，产学研合作项目的协同关系。产学研合作是企业、高校和科研院所以及政府机构通常是基于项目合作形式进行创新人才的培养。科研项目作为一个产学研人才孵化的一个载体，具有重要的作用，然而合作过程中难免会出现合作主体间为了各自的利益而导致项目治理不当，因此，合作主体间项目的协同发展相关研究关注的重点，为创新人才培养的项目利益提供研究视角。

产学研合作项目协同的关键是信任机制，信任是社会系统的重要润滑剂。信任作为政府、高校和科研单位、企业嵌入产学研合作网络中经济行为的本质特征，能够对产学研合作项目的知识传播、知识共享、知识创新等知识活动产生影响。因此，分析产学研合作项目的协同过程，就是在信任的理论上进行分析，揭示产学研合作项目社会网络结构与项目治理风险中信任机制的相互影响，对降低产学研合作项目治理风险，保证产学研合作项目成功具有非常重要的理论和实践指导意义。

产学研合作培养创新人才是高校、企业以及科研院所形成的一个具有高知识密度和高科技主体的社会网络体系。产学研合作培养创新人才的社会组织是具有经济行为的微观单元，所以对产学研合作项目实施过程与社会网络结构演化的动态交互、协同过程进行研究。产学研合作项目的协同关系的相关内容具体如下：首先是产学研合作项目协同过程。依据嵌入性理论，信任是嵌入在社会结构中的一种功能化的社会机制。随着社会网络结构的演变，产学研合作过程中主体间通过项目形式来实现合作培养创新人才，这个协同过程中信任是促成合作的基础；反之，当信任发生改变时，校企合作的组织结构也将受到影响。在产学研合作项目中通常会有个人信任、过程信任和制度信任，可能还会随着产学研合作的不断发展产生新的信任类型，只是在产学研合作项目不同的关系结构中，不同信任类型的强度所占比重会随之发生变化。例如，在产学研合作的磨合期，主要以个人信任和过程信任为主，信任强度促成了校企合作培养创新人才绩效，伴随社会网络结构的演化，信任类型和信任强度和比重也随之改变。因此，在产学研合作培养创新人才项目社会网络结构演进的每个阶段，分析信任机制的协同演化过程是揭示产学研合作项目社会网络结构与信任机制关系的重要途径，也是构建演化模型的重要环节和基础。其次是产学研合作项目协同信任。随着产学研合作培养创新人才项目的不断开展，所需要资源规模的不断扩大，依靠个人信任和组织信任来获取所有的资源已经逐渐不可行，创新人才培养项目需要引入新的项目参与方，在已知参与方之外寻求合作和发展的机会。相似的社会背景和价值取向有利于人们之间的交往，同时，良好的沟通能够使人们之间维持社会关系的成本较低。企业和高校以及科研院所在人才培养的过程中基于彼此信任关系达成高强度协同信任，高强度信任关系促成了产学研合作期间人才培养的顺利实施。

产学研合作项目各参与方之间频繁的交易，在各方之间形成嵌入性关系，嵌入性关系的存在是产学研合作项目社会网络得以形成的根本原因。产学研合作培养创新人才项目的社会网络，促使人才培养顺利进行，同时加快了创新知识转移的速度，使得人才培养项目规模扩大的同时，合作主体间也向高信任机制过度。

第三，产学研合作主体间的链合关系。产学研合作主体间的链合关系具体如下：

首先，单部门单链合作阶段。单部门单链合作作为产学研创新协同模式的最基础范式，是合作网络发展的初始阶段，为创新型人才的培养提供基本培养模型。该阶段，多是由企业某种研发需求为原始动力，吸引产学研人才的集聚，引发创新行为，培养创新型人才，其主要的研发主体为需求企业及合作科研机构与高等院校的研究团队或者研究个体，由其组成临时合作研发团队，针对专门的研究任务和目标进行研究工作。该类培养模式表现出五个特点，具体见表 3-3。

表 3-3　单部门单链合作阶段的特点

主要特点	具体内容
模式内容单一	以项目为导向，创新人才紧密的根据项目的规范内容及目标进行创新合作，任务结束后，合作告终，不具有创新培养的连续性
网络稳定性较差	创新合作体系的组建完全根据企业的创新需要，导致整体的网络构建具有不确定性，使得大学及科研院所的创新能动性得不到充分的发挥，创新型人才培养网络的稳定性不足
创新由企业主导	企业集权整个创新过程，创新型人才的需求及培养目标完全根据企业的需求而制定，创新的科研技术手段及科研经费等方面都被企业的战略规划限制
项目组织结构相对简单	组织协调机制具有一定的临时性，而且项目创新时期管辖的人员幅度较小，所以企业在整个产学研创新过程中的组织管理机制简单，沟通管理协调的成本低
科研机构没有自主权	由于科研机构没有自主权，其能动性与创新行为受到限制，所以创新的效率及效果有时候不能充分得到保证

总体而言，虽然阶段的创新培养效果都受到一定的限制，但是这阶段项目合作范式相对简单，便于应用操作，组织培养成本相对低，而且便于初始合作参与主体的相互了解，对于整体的产学研合作创新型人才培养具有重要的意义。

其次，跨部门单链合作阶段。单链基础上深入合作就形成了跨部门的单链合作，这一阶段许多大型企业通过复杂的研发项目来培养创新人才，这些项目难以凭借单一的高校或科研机构独自研发取得成果，从而相关的科技研究院所会与相关协同单位构建跨学科和领域的全面合作体系，形成复杂的科研系统，这样就形成了跨部门单链合作的范式。跨部门单链合作阶段的特点具体见表 3-4。

表 3-4　跨部门单链合作阶段的特点

主要特点	具体内容
参与项目的创新型人才具有更加复杂的创新背景	由于跨部门单链合作项目比较复杂，针对应用领域的技术难题也较为复杂，所以解决途径与研究方案的制定需要多学科及多领域的专业知识，从而对于创新项目的参与主体有多学科、专业领域的知识要求

续表

主要特点	具体内容
整个合作创新网络结构相对稳定	在初始阶段的磨合后，合作的参与方都形成了一定的配合默契程度，使整个合作的规划更加成熟。此外，这阶段合作的研究时限一般比较长，需要长期的沟通与协作。同时，参与的人员一般都会经过层层的选拔，同时为了保证项目的顺利进行，人员结构具有一定的稳定性
可以更加有效地发挥专业优势学科强项	通过高校或科研机构与企业联合成立研究中心，"学研"参与者拥有了一定的自主研发话语权，可以更加有效地发挥专业优势学科强项，在创新的方法、途径以及研究创新方向上给出有建设性的意见
管理协调较为复杂	管理协调较为复杂，体现为企业内部高校或科研机构内部不同研究小组、不同专业和不同系所的组织协调。更多参与方意味着沟通方式、工作步调，甚至相关信息交流和传递都需要协调管理。同时具体的研究内容、组织汇报等都需要较为复杂的管理工作
知识的扩散更加频繁，形成知识共享圈	由多个科研机构、高校及企业参与的复杂创新系统，在完成项目合作的同时，也促进了相关参与方间的交流，有利于形成高效的"创新场"。然而，该合作模式最终还是不能摆脱单个参与单位个体需求的局限性，从而使得这种合作方式的资源优化及社会效益无法达到最优

最后，复合部门单链合作阶段。复合部门单链合作阶段的合作范式更加有利于创新型人才的培养。其对于提高参与主体的创新能深入融合其创新与社会发展需求的密切性，从而提高了创新人才培养的可能性。此阶段对于在产学研合作创新人才培养具有重要意义，有利于培养某一产业领域关键共性技术人才，有利于专业人才培养。复合部门单链合作阶段主要特征见表3-5。

表3-5 复合部门单链合作阶段特征

主要特征	具体内容
相关的合作领域较为复杂	复合部门单链合作阶段的科研项目大多集中于产业攻关技术的研究，并且课题较广泛，往往都要组建诸多的子课题项目，是综合性的合作阶段
结构稳定性强	由于长时间稳定的合作结构，形成了产学研创新网络体系，并且随着合作项目的深入合作进行，各个参与主体之间形成了很强互补性和相互依赖性，产生了合作创新利益共同体，具有很高的核心凝聚能力，并且增高了离散成本，使得整体网络结构偏向稳定
各参与主体都充分发挥自身的优势	在复合部门多链合作系统中，多方主导的工作模式，便于各个主体贡献出自身的强势力量，从而确保了整个合作创新的决策都能充分考虑各方的意见，寻找出共赢的合作方式，综合利用最大化

续表

主要特征	具体内容
管理协调非常复杂	深度的合作、多方的参与使得组织协调成本增加。不同部门、领域的研发合作人员间相互的协调与沟通工作在这一阶段，表现出极强的异质性，为了产学研创新过程的顺利进行，需要消耗大量的管理成本进行协调
高效的知识共创体系正式建立	基于复杂的产学研合作阶段，各种跨学科、跨部门的创新技术及研发理论得到了融通，促进了产、学、研之间的相互协调沟通，使得知识的外溢和流通更加通畅，消除了相互之间的壁垒，提高了知识创新的效率，从而消除隔阂，进而提升了创新型人才的培养效果

（2）产学研合作培养创新型人才的运行机制

1）产学研合作创新型人才开发机制

建立健全产学研合作创新型人才培养开发机制的目的是形成较为完备的人才晋升通道，形成培养多元化、个性化、复合型的人才机制。产学研合作创新型人才开发机制重点在于以下具体工作：

第一，做好创新型人才的职业规划工作。耦合建立持续系统的规划机制。完整的职业规划主要包括职业定位、目标设定和通道设计三要素。创新型人才不同于普通人才，其职业定位应有一定的广度，目标设定要有一定的弹性，通道设计需要在不同的职业序列中建立横向沟通渠道。换言之，对于创新型人才的职业规划要更具有灵活性和可变性，即根据人才的自身需要和环境变化做出调整。

第二，注重创新型人才的培养过程。注重创新型人才的培养过程需要从创新型人才的"起点"做起。创新型人才的起点是高等学校，是高等教育的人才培养环节。人才培养工作主要从明确的培养目标、科学的培养模式、有潜质的培养对象和优秀的培养者四方面展开：首先，要有明确的培养目标。当前的培养机制缺乏对创新素质的要求，因此，高校应该在本科生人才培养目标中明确提出创新型人才所需具备的能力、知识和素质等，具体包括"具有以批评的方式系统地推理的能力""具有独立思考的能力""具有敢于创新及独立工作的能力"等要求。只有制定了明确的人才培养目标，高校人才培养才会有参考的依据，更有利于人才培养目标的实现。其次，设计科学合理的培养模式。优良的培养范式影响着每个人才的情感、知识、能力及素质，是这个培养过程的重要基础条件。对此，在人才培养模式设计中，高校需要以社会和市场需求为基本准则，发展出一套能够提高学生学习能力、创新能力和创业能力的培养方案，强调学科交叉，重视知识传授，关注实践训练，培养复合型创新型优秀人才。

再次，注重挖掘学生的潜质，集中体现"以学生为中心"，给学生以充分的学习自由。人们发现，相对于创新能力、知识、素质的培养，更重要的是先要设法消除人才创新的障碍。高校需要具有宽松的学术氛围，即能够接受学生的质疑和批评，具有包容性教学环境。最后，要建立一支合格的教师团队。教师应该与校园之外的产业、行业有广泛的联系和交流。教师作为一个整体应具有丰富的实践经验，了解企业和科研院所的运行，了解市场需求和发展趋势，能够及时向高校学生阐述变化并在此基础上及时调整教育教学内容。同时，大学中要有不同的学术声音，正是由于高校不同的学术声音和学术思想的不断交融与碰撞，才会有对问题不同的看法，才会产生具有创新型的思维，才会促进学生创新型思维的不断迸发。

第三，要建立产学研一体化的人才开发模式。高校可以为企业提供科研力量，为企业发展提供最新科技成果支持。而这些科研成果又可以为高校提供教学素材，两者形成良性循环。科技园区的发展为创新型人才培养提供了实践平台，而优秀人才的聚集又促进了科技园区的发展，有效推动了产业发展，使人才与产业发展间形成良性互动。对此，政府可以积极鼓励科技园区的创建，将其作为人才培养基地、企业孵化中心、博士后流动工作站等人才发展平台。这样可以有效实现人才一体化的培养模式。

2）产学研合作创新型人才考核评价机制。建立考核和协调机制，使得产学研各方从人员调配、岗位职责、项目执行、绩效考核、奖惩激励等多方面构建考核评估协调机制，从而完善产学研合作制度。

基于这些制度，明确产学研合作主体各方职责和义务及行为准则，保障和参与主体的合法利益不受侵犯，构建评价指标体系。此外，合作主体需从人员变动、协作方式、知识产权、资源对接、利益分配等多方面构建协调机制，进而解决合作过程中可能出现的矛盾与冲突，实现产学研合作的制度化。产学研合作创新型人才考核评价机制需要注意以下几个方面。

第一,应重视在实践中检验人才,避免在人才评价中产生重学历、资历、轻能力、业绩的错误倾向。应用先进的评价方式和技术,努力提高评价体系的科学合理性。制定出综合全面的评价体系,根据各个类型,细化评价准则,建立详细、统一和易操作的人才能力评价系统。

第二,制定科学的人才晋升制度。坚持公开、公正、公平的原则,根据相关研究的人才成长和使用规律,依据评价体系的客观结果,以市场需求为导向,打破传统身份、行业、年龄等界限和论资排辈的人才选拔模式,多层次、多渠道挑选优秀人才,最大限度地挖掘人才优势,做到用人有据、用当其时、用其所长,从而有效提高人才使用效率。

第三,做好后备人才的选拔和培养工作。从可持续发展角度考虑,人力资源开发不仅要实现现有人才能力的最大限度挖掘,更要做好后续人才的选拔和培养,保障后续人才储备充分。

3)产学研合作创新型人才流动共享机制。创新型人才往往是产学研机构中的高端人才、高层次人才,由于自身的特点和强大的创造价值能力,具有更高的流动性。

第一,产学研合作创新型人才流动机制。宽泛意义上的人才流动是指人才在地区、行业、岗位等方面的变动,是社会按照人才的价值规律和社会要求所进行的空间动态调节。此处提及的人才流动主要是指人才在不同的组织之间的流动。解决人才流动问题的关键是要求各个创新主体建立科学规范的人才使用、激励制度,充分发挥人才的作用,减少人才的不合理流动,这也是人才流动和共享机制中的治本之策。建立健全的产学研合作创新型人才流动共享机制,需要注意以下方面:首先,健全人才流动机制,发挥人才市场作用。整合现有人才市场和劳动力市场,建立公平、统一、开放的人才市场环境,辅以必要的人才市场供求、价格、竞争机制。大力发展人才服务业,构建健全的、专业的、信心化、产业化人才市场务体系,设立专门专业的人才市场服务机构。政府需要发挥在人才市场中的监管作用,引导和协助区域人才协调发展,促进全国人力资源的合理配置。其次,完善产学研合作创新型人才培养的流动机制,设立合理的退出机制。相对于人才的流动,人才的退出在整体的人力资本体制中也非常的重要。而中国的很多企业在这方面还缺乏完善的退出制度，使得人才的流转处于被动局面。人才退出制度必然会造成员工的紧迫感增加，反向的利用压力激发员工的潜能，可以有效激发员工工作的积极性和主动性。

第二，产学研合作创新型人才共享机制。人才共享是指在不改变人才原有身份的前提下，通过有偿使用、平等协商、利益驱动、市场定位、政府引导等形式实现多部门的人才共享、资源知识多方利用机制。这一模式是人力资本长期发展和管理过程中创造的新范式，有利于人力资源能力的最大化。人才共享的方式多样，具有较强的灵活性，具体内容如下：首先，委托共享方式。委托共享方式适用于临时性、单项性的项目，如由于专业领域技术的人才需要，通过该种方式将项目委托于高校或相关科研单位人才，并与委托人签订委托协议，明确规定项目完成的数量、质量、标准及酬劳，这样可以使得双方都有良好的收益。其次，借用共享方式。例如，企业的某一项目需要特定的技术性人才，同时由于项目的临时性，此种需求并不需要长期聘用，这种情况下通过支付低额费用借用相关人才，在项目完成后将人才归还原单位。

4）产学研合作创新型人才培养利益分配机制。人才合理使用的关键问题，就是要实现人才资本的价值与其付出的相匹配，让其获得与其贡献对等的酬劳。产学研合作过程中，对于创新型人才产生的经济利益，要有合理的方式进行分配，这也是保证人才获得自身权益的必要保障。同时，需要进一步创新收入分配机制，探索实行按劳定酬、按任务定酬、按职责定酬、技术承包和岗位工资制度等，实现工作业绩与经济效益有机结合，使分配向优秀科技人才倾斜，在保证优秀人才良好发展的同时，保证其经济利益的良好发展。

产学研合作创新型人才培养利益分配机制，需要积极探索按生产要素分配的实现形式和具体办法，鼓励企业对有特殊贡献人才奖励红股或股份期权，以知识资本入股，按知识资本分红，充分结合个人和企业利益，充分尊重人才价值，给予其对等的价值报酬，积极调动个人工作积极性，努力做到一流的人才、一流的业绩、一流的报酬。[①]

---

① 李代丽.高等教育创新型人才培养模式研究［M］.中国原子能出版社，2017.

第四章 创新人才培养的教育环境建设

我国创新人才的培养环境亟待改变，不仅要改革高校管理体制，推动高校"去行政化"，营造让创新人才充分发展的制度环境，建设有利于创新型人才生长的教育环境、学术环境，还要优化社会大环境，营造支持创新，激励创新的社会氛围，为创新人才创造良好的学习和工作环境。只有创设了理想的大环境，适应时代发展要求的创新人才才能脱颖而出。本章重点围绕创新人才的教育环境、创新人才培养的文化环境、创新人才培养的制度环境、创新人才教育环境的评估进行探究。

第一节 创新人才的教育环境

一、创新人才的形成

（一）创新人才的形成与社会化

创新人才所需要的知识技能不是一蹴而就的，而是通过积累逐渐获得的。在培养创新人才时，应该与人类生活的发展过程相适应，不仅如此，创新人才的培养过程还与人类社会化的过程紧密相连。

社会化是一个社会互动过程，人们可以在这一过程中渐渐习得适用于他们自身的生活方式。一个人的社会化总是在不间断地进行，从他们出生到成年，然后到老年，直到最后的死亡，都一直在经历社会化。而且，随着人生命周期的发展，表现出的社会化也是不同的。一方面，一个人通过社会化，可以从生物人转变为一个社会人,并根据社会的期望不断进行学习,从而掌握新的行为方式、新的语言、新的技能、扮演着新的角色等。另一方面,社会实现了一个人的生存目标。社会上的所有成员必须根据社会的需要共同行动,以支持和维护社会,以便社会能够一直存在,并且所有社会都可以通过塑造其成员的行为来实现这一目标。从社会学的角度来看,如果人们感到自己想要的就是社会的期望,并且社会的期望最能满足社会的利益,那么社会化过程就可以有效地进行。

培养创新型人才的过程也是适应知识经济和社会需求的个人社会化过程。这是因为市场经济要求成员不再像过去一样被动地适应社会生活,而要成为一个能够积极领导和促进社会发展的社会个体。这也揭示了创新型人才培养的社会化特点,即创新型人才培养遵循一定的规律性,一是社会教化的规律,二是个体内化的规律。它反映了个人才能和社会互动的过程,并且社会决定了个人的个性发展,但个人的个性发展并不排除在社会之外。在社会化发展过程中,个人主观选择性是个性化的一种表现,个人独立性也是创新型人才的一种特征。

(二)创新人才的形成与教育

随着现代工业化的到来,普及正规学校教育已成为必要。通过正规教育,人们可以学习这些社会和文化传统所需的知识。学校教育在社会化中占据着重要地位,这也决定了教育是培养人才最重要的途径。

学校教育是非常重要的,在传递系统性知识和发展智力方面,学校相比于其他社会因素有着非常特别的作用。作为社会要求的执行者,学校必须克服其他社会化因素施加于个人的不利影响,利用它们的有益影响,并利用个人现有的社会经验,为个人形成更系统的观念体系。教育对于知识创新、知识传播和知识应用非常重要,为它们奠定了坚实的基础,学校是培养具备创新精神人才的重要基地。未来,国际的竞争必定是国家实力的全面竞争,科学技术的竞争其实是人才的竞争。人才的培养取决于教育。因此,教育在21世纪具有不容忽视的战略地位。

(三)创新人才的形成与高等教育

相比于其他教育,高等教育的专业度更突出,对人才的发展影响更大,这是一种高级的专业化的教育形式。高等教育不再是传播和积累基本知识和技能的简单过程，它具有更深层次的含义。高等教育的目的是改善社会和公众的思想品格，提高社会大众的品位，为公众的个人发展提供了明确的目标，深化了时代的思想内涵，并且让其能够持续发展下去，促进个人使用所学知识，创造性地进行生活。高等教育能够让人与人和谐共处，愉快地进行交流。受过高等教育的人有着胜任任何职位的决心，也有能力去掌握任何学科知识。这种教育教会他适应和理解他人，以及学会如何在他人面前展示自己，表达自己的思想。在和人的日常交往中可以影响他人，在与人发生矛盾时，懂得怎么和他人达成谅解，学会去宽容他人，能够在社会中找到自己的安身之所，与各个阶层都能进行交流，并且在表达意见和保持沉默时有分寸，既可以与他人进行沟通，也懂得如何进行倾听。

"专注于培养学生的创新精神是高等教育的重要原则"。本质上，大学教育其实是一种"苏格拉底式的教育"，也就是说，学生在受到高等教育后，能够具备内涵的自由。与其他教育相比，高等教育具有以下特点。

第一，创新是高等教育的重要特征。高等教育的创新要求高等教育需要不停地创造新的教育模式和教育方法，能够及时更新教育观念，以便学校教育能够一直保持生机，具备源源不断的活力，并通过不断地更新去培养学生的创新思维和创新能力，使他们在离开学校以后，也可以在未来的工作和生活中持续创新。因此，创新可以说是高等教育必不可少的生命。

第二，高等教育不仅注重学术的发展，也非常注重专业性。高等教育不仅是转移现成的知识和技能，而且尤其注重于各个学科和专业的创新。并且，在这一过程中，向社会培养出了不同领域的专家和学者。例如，通过大学高等教育，培养出了杰出的科学家、医生、律师、公共演讲者、政治人物、工程师等，以满足社会的需求。高等学校不断地发展学术研究能力也进一步导致了未来经济和社会的发展。大学进行学术研究的一项重要任务，是将无尽的知识转化为新的技术创新来源，这也是大学学术研究的一大挑战。

第三，高等教育具备时代前沿性的特征。高等教育不仅是向学生传授过往的知识，还是通过不断的创造性活动产生新的知识，通过高等教育能够解决现代社会亟待解决的前沿问题。不仅如此，高等教育还向学生提供了各个领域的前沿思想和相关知识，以便学生能够跟上时代的发展。

第四，高等教育重视学生的社交能力。通过高等教育，学生能够适应社会，促进社会的发展。高等教育通过自身的活动为社会培养了高水平的人才，使大学毕业生依靠高水平的素质和能力，能够为自己、家庭、工作单位创造出价值。也就是说，高等教育为社会创造了各种物质和精神财富，因为高等教育，社会能够得到进一步的繁荣与发展。

知识经济以不可抗拒的力量发展到了全球的各个国家，以知识的创造和应用为中心的新时代即将到来。知识经济时代发展的关键不再是拥有有形的物质财富，而是拥有在创造知识、获取知识和使用知识这些方面的能力，个人发展的程度和获得的社会地位都由此决定。由于在知识经济时代中，这些能力是非常关键的，而高等教育就是培养人们积极地创造、充分地获取和应用所学知识和技能的能力，因此，在知识经济时代，高等教育已成为培养创新型人才的主要途径。

二、教育环境

（一）教育环境的结构

结构与系统连接。系统是指整个事物，结构是指系统的相关组件，即组成元素以及各要素的组成。高等教育环境的结构包括以下内容，一是构成学校教育的各种要素，二是这些不同要素进行结合的方式。良好的大学教育环境是一种创新的教育环境，可以帮助社会培养创新型人才，帮助其实现社会化，为其智力能力以及品德和个性的发展提供成长环境。在这一过程中，在每个环境的构成因素中，有与整体状况有关的宏观因素，也有直接影响学生的微观因素。

（1）培养智力的环境。智力能力培养环境是传播知识、发展学生智力以及各种能力的重要环境。在这一环境中既包括宏观因素，也包括微观因素。宏观因素主要指校园氛围，进行教育和研究的条件以及学校的管理水平等方面。微观因素包括教学内容的安排、教科书选择、课程的设定、考试模式的选择等方面。在教学的过程中，每一部分的内容都会对其造成影响。

（2）培养学生品德和品格的环境。学生人格发展的环境对学生非常重要，在一个有利于培养学生品德的环境中，更有利于学生形成高尚的人格、独立健全的人格，正确的人生观、世界观以及价值观。组成这一环境的因素有很多，既有宏观因素，也有微观因素。前者有学习与外界的交流互动、学生进行学习生活的校园文化环境等，后者包括校内的人际关系，举行的具体活动等。

教育环境是一个完整的整体，在这一整体中，各个组成部分相互影响，将其作用共同发挥出来。在整个教育环境中，应当进行学生创新素质的培养，无论是培养智力能力，还是发展学生的个人品德，都应着重对学生的创新意识进行培养，让他们具备创新能力，掌握创新方法。除了传授知识以外，还必须培养学生的创新能力。

（二）教育环境的功能

大学一直致力于为社会培养高度专业的创新性人才，也正是在这一过程中，大学教育环境功能由此体现，即功能是结构功能的具体表现。大学教育环境的功能大致可以分为智识能力培养功能和品德个性发展功能这两类。

1. 智识能力培养功能

在国家与社会的发展过程中，教育有着不容忽视的作用。在这其中，最重要的功能之一是培养智识能力。在知识飞速发展和技术飞速发展的时代，大学不仅应重视知识向学生的转移，还应该培养学生运用知识以及进行实践的能力。向学生传授知识，解答学生困惑一直是教育机构的重要任务。在现代世界中，通过教学来发展学生的智力以及培养他们的能力仍然是大学教育最重要的功能。在我国的《中华人民共和国高等教育法》中，对高等教育的任务提出了明确的规定。高等教育是为社会培养高级专门人才，要求他们具有创新精神，拥有创新能力。在大学教育环境中培养智识能力主要涉及以下三个方面。

（1）传授知识。从广义上说，教育是旨在培养人的社会活动；狭义上来说，它是教育者根据某些社会要求，依据受教育者的身心发展规律，有计划地向其传授知识，培养思想观念和道德素养等各方面能力的活动。教育的目的是培养受教育的人，使他们成为对社会有益的人。在农业社会中，并非人人都可以上学，大多数人的知识来源于其父母和与亲戚的日常交往中，在这一过程中，他们也只能获得一些必要的知识和技能。但是，自从工业社会发展以来，家庭不再能够为年轻一代传授知识。因此，在社会学看来，教育是一种社会制度，在这一过程中，某个人或者是某一个群体向另一个人或者另一个群体，通过正规的途径，有意识地将其拥有的知识或者技能等进行传授。尤其是在当今的知识经济时代，大学是各种知识的中心，在这里学生不仅是在积累知识，也是在不断地创造知识。换句话说，大学教育不仅要向学生传递知识，还必须通过较高水平的科学研究活动不断地创造新知识。成功的教育在于其传授的知识本身就是新知识，或者知识必须符合新时代和新世界，具有一定的新颖性。

（2）发展智力。智力的发展意味着大学教育应着重培养学生在知识转移过程中对所学知识的运用能力。与传授知识相比，大学教育应更加重视学生智力的发展。首先，当今社会是知识爆炸的时代，虽然知识在我们随时都能够触及的范围之内，但是这并不代表每个人都可以轻松地获得它。获取知识的过程并非一帆风顺，必须是在个人的主观努力作用下才会发生。社会的飞速发展使知识的更新变得越来越快，如果一个人受过高等教育，但是其不具备学习能力，也将会被社会所淘汰，会跟不上时代的发展。其次，在知识经济时代，对于那些懂得运用知识的人来说，知识就是非常宝贵的财富。知识经济中的知识是指那些可以转化为能力的知识。简而言之，现代大学教育应将发展学生的智力作为首要目标。

（3）培养创新能力。在经过教育之后，学生应该具备自我培养的能力。换而言之，学生受到大学教育环境的影响，能够掌握一定的知识和技能，离开学习参加工作之后，能够将其运用到具体实践中，独立完成工作任务。除此之外，学生还应该具有创新能力，可以持续学习，进行知识积累，能力的形成与知识的积累两者是分不开的。创新能力能够帮助学生保持一颗积极进取的心，跟上社会发展的脚步，不被社会所淘汰。因此，在大学教育中，对学生创新能力的培养非常重要。

2. 品德个性发展功能

除了培养学生的智识能力以外，培养学生的品德个性的发展在大学的教育环境中也非常重要。在大学的教育环境中，学生能够养成独立高尚的人格，让学生得以健康成长。

在学生的成长过程中，大学教育环境的重要性不言而喻。大学承担着培养人才的重要责任，如果大学教育环境不合理，会导致社会化不能正常体现，从而损害学生的身心健康。

道德人格主要包括以下内容：道德品格、个人人格和精神等。当今社会对人才的要求除了应该具备的才能之外，对人才的道德和品格发展的要求也非常高。他们应该具有品格高尚、人格独立、敢于超越自我、勇于创造的精神。由于大学生不仅在学校学习知识和技能，还在学校进行日常生活，学生之间的沟通，建立的师生关系，体验的校园文化和生活的校园环境都会对学生的身心产生不同程度的影响。因此，大学教育应注意每个要素的发展情况，让学生的道德品格能够得到良好的发展。

（三）教育环境的重构

1. 教育环境的整体性重构

（1）创新高效人才培养观念。实行高等教育的主要场所就是大学，其主要任务就是为社会培养出符合时代需要的高级专门人才。所以，衡量一所大学是否具有世界一流水平的标准就是能否培养出具备丰富的科学知识、拥有高尚道德的同时具备实践动手能力，富有创新精神，除此之外，还要具有国际竞争能力和全球意识的人才。因此，要创新现代大学教育观念，坚持将人文科学作为核心，更新现代教学观，将全面提升人的综合素质作为目标追求，实现人的个性化和全面化相统一，科学素质和人文素养相统一，专业知识和通识教育相统一，文化的创新、内化和传承相统一。

（2）教育环境的整体性重构。要对高校教育环境进行重构，就要以实现人的全面发展为前提持续教育创新，首先就是要改变当前的教育环境观，也就是说高校教育环境应该是一个向前发展的成长环境，既有利于智力开发，也便于能力的培养，帮助人的身心健康发展。

高校教育环境的整体重构是教育环境系统化的必备特点，具体如下。

①综合性。"综合"是与"分化"相反的概念，指的是在某种特定情况下，将多种物质、多种类的事物进行有机整合，这些事物结合在一起就成为了系统。

在"学校"的有机整合下，各种教育因素构成了教育系统，也就是我们说的"教育环境"。高校教育环境最重要的一个特点就是综合性，高校教育环境的综合性体现在：

其一，教育环境的构成具有平衡性。从高校教育环境的整体上来讲，只有促进品德个性发展和能力智力培养环境的平衡发展，才能实现学生的全面发展。当下，由于我国高校教育环境失衡，从用人市场的反馈来看，高校毕业生整体素质还有待提高，这也是高校教育改革的重要环节。

其二，教育环境因素具有全面性。高校教育环境的综合性也体现在环境构建因素的全面性上，其失衡与否决定着综合性的发挥成效。

其三，教育过程综合化的对象是每一个相关因素，具体指的是方法的多样化、课程的综合化、管理的多层次、活动的丰富化等。

②开放性。知识经济为主的时代下，大学教育逐步从经济社会的外沿走向中心地带，同时高校教育也开始产业化，直接参与到经济生活中。所以，大学教育现代化亟须开放性，这就包含以下两层含义：

其一，高校教育环境内部的开放，也就是破除学校内各专业之间的藩篱，协调各科任教师之间的合作，组织和调整课程与专业，实现资源的共享。除此之外，高校教育环境内部对能力、专业知识、个性环境并不进行具体区分，而是将其合为一体，如在讲授知识的过程中也在对学生的能力进行培养，还能培养其情操。学习活动和培养能力活动互不分离。最主要的是要明确环境构建因素的开放性。

其二，高校教育是个体从学校走向社会的重要时期，同时也是一个特殊时期，由于高校教育环境要培养的人不只是能适应社会发展和社会生活，还要能加快社会发展。所以，高校教育环境应该强化与社会各行各业的联系，同时从中取得经验和教训。高校还可以通过与科研院校、企业等建立多种形式的联合体，实现"科研生产"，从而形成固化联系。

③发展性。不论是教育发展的历史，还是教育发展的实际，都让我们认识到高校教育环境的构建始终处于变化的状态。社会是在不断向前发展的，因此教育系统作为社会系统中的一员也要不断改变。农业经济时期，高校始终处于

经济社会发展之外，发展异常迟缓；工业经济时期，高校处于经济社会发展外沿，相较于经济来说，其发展具有滞后性和被动性；随着知识经济的来临，高校成为了经济社会发展的中心，在引导社会发展方面具有不可忽视的作用。由于高校发挥的作用越来越多，地位日益提升，高校的超前发展也越来越受到重视。所以说，高校教育环境的现代化特征是发展性，也就是高校教育环境的构架要能针对社会发展变化及时进行主动调整和改革，让高校真正发挥出加快经济发展的作用。

2. 教育环境因素的重构

通过以上对高校教育环境现状的分析，我们认识到高校教育环境以及其功能发挥的长处和短处，为高校教育环境的重构奠定了基础，而高校教育环境重构的方向和重要内容则依靠于学生在高校教育环境因素创新上的评价。

（1）智识能力培养环境的重构。要实现智识能力培养环境的重构就要着力做好下面几项工作：

①课程综合化。创新人才最主要的一项特征就是要在知识基础上既广博又专业，因此，高校学生的课程设置也要向着综合化发展。这也体现着高校教育环境的综合性，为的就是给通识教育打好基础，进而使培养出的人才既具备专业知识，又学识渊博，基础还较为扎实。实施课程综合化是提升高校学生知识素质的必经之路，可以从以下几方面看出来：

其一，通过对课程结构的调整强化基础教育。在学生对于高校创新教育环境的各种评价中，制约创造力培养的重要外部影响因素之一就是课程设置方面的不合理。因此，当下的课程改革应该以"广基础，宽口径"为目标，把一些类似的专业结合起来形成课程体系，特别是要在基础理论的教学方面进行强化。

其二，将文科、理科和工科课程互相渗透来培养综合型人才，使其既具备科学知识还拥有较高的人文素养。要想提升高校教育环境的开放性，打破专业间的隔阂、院系间的桎梏，就要设置一套文理课程综合体系，涵盖大学生通学必修课、本系必修课、他系必修课、他系选修课和本系选修课。

②教材资料先进化。要让学生开阔眼界，就要将教学材料及时进行更新，即采用最新的教材。人才创新的重要基础就是让学生了解最新技术，掌握最新

知识，在学术层面具有广阔的视野。此外，由于整体的高校教育环境还没有实现完全开放，对最新的专业动态、社会需求以及世界发展趋势也不太了解，那么落后是必然的。所以，要想办法提升学校的管理水平，畅通信息渠道，加强学校和社会、学校和学校以及学校和国外大学之间的联系和交流。

③改善教学科研条件。科研条件和教学条件主要与以下两方面内容有关：其一，教学活动中师生之间用来进行信息传递的设备和工具；其二，教师的科研水平和知识素养，这两方面内容共同决定着教师能否将最新的、先进的文化知识传授给学生，加快创新人才的形成。所以，教师应该充分利用现代化技术手段，采用最新的科研设备，提高自身科研能力和知识素质，从而有效激起学生的学习热情和求知欲望，提升学生的积极性和主动性，促使学生之间更加互相理解，推动学生开发智力，提升创新能力。

④制造更多机会参与社会实践和社会工作。在提升学生的创新能力和综合素养方面，社会实践和社会工作发挥着重要的作用。所以，随着科技的不断进步，要将注意力放在实验教学设备和内容的更新换代上，倡导将科研与实验教学相结合，制造机会让学生能尽早地参与到创新活动与科研活动中，强化学校管理的科学性，加快学校整体建设，对资源进行全盘共享，提升使用率，在校内外建设实习基地，制造更多的机会用于学生的实践活动，增强学生社会实践创新水平。

⑤提升大学管理的民主性，为学生营造一个适宜培养能力的环境。大学管理的现代化水平决定着高校教育环境的开发性、发展性和综合性。从社会学的角度来讲，就是由于高校管理系统的层次过于集权致使系统陷入僵化。所以，实施大学管理的民主化，其一，要坚持人本观，坚持教师和学生在教育中的主体作用，这也是实施好大学管理民主化的重要基础；其二，建立民主机制，提倡大学内外多方主体共同参与，特别是重视学生的参与权利，保障学生的主体地位；其三，要不断丰富民主管理的形式，制造更多民主管理的机会，鼓励广大师生热情参与。实施大学民主化管理不仅能有效提升学生的管理能力，还有利于学生其他能力的培养。

（2）品德个性发展环境的重构。基于用人市场对高校毕业生的素质评价可知，学生的"道德水平"和"爱国精神"是较为丰富的，而在"合作精神"和"人际交往"方面稍显不足，在"自我认知"以及"心理素质"上则处于绝对劣势。这表明如今的大学生整体素质水平还是较高的，但在个性和心理方面存在不足。所以，高校在品德个性发展环境重构上就要向着培养具备健全个性和现代人格素质的方向发展。

教育的个性化和共性化问题是我国高校学生发展因素的首要问题。换句话说，就是关于人的自由意志和人的社会化的问题。共性是社会化的最终结果，因为社会化的本质就是求同，目的是保障每个个体都能被社会接纳并成为社会的合格公民。其用同样的道德标准要求每个公民，遵守统一的章程进行生活，从而保障社会的正常运转。个性指的是人与人之间在心理和生理方面的差别，个性化的本质是尊重特性的求异过程，目的是激发人的创新精神和自尊。毋庸置疑，从社会的生存和发展层面来讲，要实现人的个性与共性相统一。

理论来讲，个性特征是事实存在的，所有教师都要对学生的个性化差别进行关注，同时有的放矢，针对性施教。但是，实际上，很多时候教师都是用同样的标准和眼光来看待所有学生的，直接将学生划分为"好学生"和"坏学生"。这就直接将个体差别抹去了，消除了学生的喜好与特长，甚至用共性替代个性，致使"过度社会化"。

现代社会是十分开放的，体现在容许个体在个性化和社会化方面的协调统一发展。共性化最关键的地方在于对学生合作精神的培养，通过学校活动、同学交往以及师生关系，让学生意识到集体之于个人的重要性，进而培养团队意识。此外，从教育的本质上讲，推动个性发展，这既是教育的出发点也是教育的落脚点。因为就人的发展而言，缺乏个性就是缺乏创造力，没有个性就难成伟业。现代社会在人的创新思维、创新精神以及创新能力上都有一定的要求，当前高校教育所面临的挑战就是怎样实现所有大学生的个性发展，并成为具备独立精神以及创造能力的人。

第二节 创新人才培养的文化环境

一、创新人才培养的校园文化建设环境

（一）创新人才培养的环境因素

创新以实践为载体，在实践的过程中，创新的主体也就是人会发现新事物、产生新思想。创新可以从无到有，也可以在原有的基础上继续创新。创新的本质特点是进行变革、实现超越。创新型人才指的是能够开展创新活动、具有创新精神的人才，人才开展创新活动的环境被称为创新人才环境。创新人才环境中包含很多影响创新发展的因素。人类的创造性不仅包含了创作主体的思维，也包含了创造主体的实践活动，而且它还体现了创造主体自身的人格与素养；与此同时，创造性还会受到创造主体外部的环境影响。

1. 创新人才培养的外部环境因素

创新环境对创新能力的培养有促进或制约作用。虽然对创新能力起决定作用的是创造者本身，但是环境的作用也是不能忽视的，因此，要培养学生的创新能力，就应该创建有利的环境。

（1）信息环境。要营造能够方便获取资讯的优良的信息环境，包括现代化图书情报资料系统、实验设备系统、网络共享系统和广泛的学术交流传播系统，以便学生能够及时查阅资料、获取最新信息。

（2）群体氛围环境。学生在班级、课堂或其他学生团体中学习生活，需要活跃、高效、民主、宽松的氛围和良好的人际关系。这样的环境有利于学生发挥自主学习与主观能动性，能够激发出学生的灵感与创新思维。

（3）公平公正的竞争环境。公平公正的竞争环境是人才开展创新的外在保障，良性竞争可以有效地激发创新者的创作动力，也有助于创新者发挥出最大的创新潜力。良性的竞争环境是维持创新积极性的重要保障。

（4）优良的传统和浓厚的人文氛围环境。优良的校园传统对学生的成长

有着潜移默化的作用,在优良的校园传统文化熏陶下,学生能够吸收传统文化的精华,并将其转化为自身的素养与内涵。浓厚的校园人文环境能够培养学生的良好素质,促进学生创新能力的提高。

2. 创新人才培养的内部环境因素

真正的创新人才要依靠教育对象的内部环境优化来实现。创新人才培养的内部环境指的是学生的创新精神与个性的培养,包括批判性和革新性的精神、浓厚的创新兴趣、远大崇高的理想、独立的个性与品格、勇敢无畏的冒险精神、顽强的意志力与斗志等。

(二)培养创新人才的校园文化环境

高校是传播社会主义价值观的重要场所,高校的校园文化建设是一个长期的实践过程,是全校师生共同作用的结果。校园文化是学校师生价值观念、思想行为的整体体现。校园文化代表了整个学校团体的精神风貌。校园文化建设是一项不断发展、深化和创新的工作,它要求我们坚持以学生主体的需要为原则,发挥文化活动的教育功能为宗旨,根据客观实际情况来规范和引导校园文化的建设,从而为培养具有创新精神和实践能力的人才服务,因而,校园文化建设成为培养创新人才的重要环境。

(1)从校园文化的功能来看,它具有文化上的熏陶性、思想上的感染性、价值上的取向性以及教育上的引导性等功能。这些整体功能在校园文化建设过程中有着重要的作用,能够大大激发学生参与校园文化建设的热情与创造性,能够鼓励学生在课堂之余,怀着强烈爱好,秉着锻炼提高的思想,以极大的热情投身于校园文化的建设中。所以,在校园文化的建设过程中必须凸显校园文化的教育作用,应该结合学生的实际情况有针对性地在校园文化建设中加入有教育作用的活动,并且活动的设计要尽量以学生感兴趣的模式为主,吸引学生主动参与校园文化活动中来,在活动中潜移默化地培养学生的创新意识,提高其创新能力。力求做到在校园文化的感染下,学生能够在艺术情感上得到升华,塑造出愈加完美的人格,从而促进学生创新能力的发展。

(2)校园文化主要包括教师文化与学生文化,但是从本质上分析,教师文化很大程度上是为学生文化服务的,以教育学生为主,所以,从整体上来看,校园文化的主要部分是学生文化。良好的校园文化有效地促进了学生之间的交流沟通，学生与学生之间可以通过一些共同的爱好形成紧密的联系，以爱好为连接开展校园文化活动，能够促进学生的身心健康发展。通过校园文化建设，学生的价值观念和思想行为会相互影响，他们之间的互动也更加频繁多样，也就更容易在共同的活动或组织中形成相互关心、相互尊重、公平竞争等观念，从而在身心方面对学生创新能力的提高起到正面影响作用。

（3）从校园文化的内容来看，其内容是丰富多彩、形式多样的，丰富多彩的校园文化有效地促进了学生创新精神的发展。校园文化主要由两个部分组成，首先是物化文化，其次是精神文化。不同种类、不同形式的文化极大地丰富了学生的精神世界。多元的校园文化能够满足校园中不同层次、拥有不同兴趣爱好的同学的精神需要，实现同学们的内心追求，使学生能够在多元校园文化的熏陶和影响下，培养自己多元的创新能力。

（4）从校园文化的特点来看，具有广泛性、时代性和实践性等特点。校园文化无论在内容上还是参与面上都具有广泛的群众性，学生能够依据自身的不同兴趣和爱好，有选择地参加校园文化活动。校园文化活动体现了时代脉搏的特点，感受着时代的最强音。当今的校园文化无不反映出知识经济时代的理性光辉，学生在科技文化的海洋里，追求着人类文明的成果，形成了浓厚的科技学习热潮，同时，校园文化还表现实践的特色，学生在社会实践中锻炼自己的才干，奉献自己的青春。因此，校园文化为创新人才的培养提供了宽阔的舞台，成为创新人才培养的重要环境。

（三）建设适应创新人才培养的校园文化机制

校园文化建设是创新人才培养的重要环境，因而，在加强校园文化的建设中，我们必须坚持以创新教育为指导方针，形成以创新人才培养为核心的校园文化建设机制。

（1）建立培养创新人才的知识技能提高的校园文化机制。创新人才最主要的特征是具备较高水平的知识和技能，并且能够运用这些知识和技能创造或整合出新的思想与成果。因此，校园文化建设的核心应当是提升创新人才的知识与技能水平。具体措施如下：①在知识经济快速发展的大背景下，学校应该大力开展科技文化活动，比如说在校园内举办科技创新应用大赛、创新创业设计大赛等；②学校应该在规章制度和经济方面为创新科技人才的培养提供有效的保障；③应该平稳有序地引导学生参加科技创新活动、调动学生参加活动的积极性，并聘请相关专家、教授进行辅导；④发挥学生社团的重要作用，吸引和号召广大学生投身于校园文化建设工作中。

（2）建立培养创新人才的个性发展的校园文化机制。创新人才的培养是以学生良好的个性发展为前提的。具体措施包括：①建立活跃、宽松、民主的课堂氛围和群体价值目标；②加强制度文化的建设，保证公正、合理、竞争、高效的文化氛围的形成；③大力倡导尊重知识、尊重人才的新风貌，造就有利于创新能力培养的舆论环境；④加强对学生的心理健康教育，促进学生良好的个性和人格的形成。

（3）建立培养创新人才人文精神的校园文化机制。人文教育对于丰富学生的情感世界，提升学生的艺术想象力有极大的作用，人文教育能够引导学生用新的视角去观察未来和整个世界。具体措施如下：①树立科学教育与人文教育并重的思想观念；②引导学生阅读人文书籍，在校园内举办人文知识讲座等活动，将人文教育带入课堂，使其课程化；③系统规划人文素质教育，使人文素质教育能够全方位、多层次、制度化、长期化地发展下去。

（4）建立创新人才的评价体系，保障创新人才的培养质量。创新人才的评价体系有效地保障了校园文化建设的水平和质量。创新人才的评价体系建设首先应该明确体系的培养目标和培养内容；其次应该以培养目标为方向，培养内容为框架制定评价体系；再次，应该建立创新人才的组织档案，对人才开展定期的自我评价、他人评价，并及时根据评价结果指导学生的创新方向；最后，创新人才的评价体系应该与学校其他对人才的培养体系相结合，实现对人才的全面评价。

二、创新人才培养的学科文化建设环境

培养创新人才需要高等教育进行全面、系统的改革与创新，这是一个系统性的工程。在建设过程中不可忽视的一点是学科文化，以学科文化为基础，实

现人才的系统培养、学科专业的研究以及实现对社会行业的服务。创新人才的培养需要良好的氛围，因此必须注重学科文化的环境建设。学科文化是创新人才成长的重要资源，通过创新学科文化为载体，进行创新人才素质、能力等各方面的培养，有助于加速教育改革，提高整体的教学水平、教学质量，有助于实现教育目标。

学科文化是学科是否成熟的标志，是学科发展趋势的目标，学科文化的发展会促进学科前沿的演进。以创新型人才培养为目标的学科文化建设，对于学科建设和研究生教育具有"双赢"的意义。

（一）提炼与创新学科精神文化

学科文化具有专业性的特点，不同学科积淀的文化特征迥异，提炼、培育、提升和塑造优良的学科群体意识和文化概念，是学科文化建设的核心和灵魂。学科文化中的价值取向、思维方式、行为规范、语言系统等都是丰富的教育资源，对于研究生的学术成长具有重要的定向和规范作用，可以使研究生逐渐形成研究的前提与逻辑，也可以给研究生带来学术上的心理归属，要树立学科文化意识，研究生在学习学科专业知识的同时，注重进行学科哲学、学科价值观、学科思维的学习和训练；要充分挖掘学科文化蕴含的科学精神、探索精神和创新精神，使学生树立追求真理的远大理想，激发学生的创新欲望；要在学科内营造良好的学术氛围，关心学生的生活和身心健康，促使研究生形成健全的创新人格，要通过精神文化的创新，为创新人才的成长注入强大的精神动力。

（二）筛选学科带头人并凝聚学科力量

人力资源是第一生产力，"人"是最重要因素。学科建设要在激烈的竞争中独具特色，"人"才是关键，学科带头人对学科的生存和发展起着决定性的影响。学科带头人不仅要具备卓越的知识水平，在自己所属的学科领域中各领风骚，还要有广博的胸襟和海纳百川的气度，善于接受各种不同的学术思想和观点，集思广益，更要有高尚的道德修养、思想境界和令人叹服的人格魅力，才能团聚大批学术骨干，组织和带领学科成员开展教学、科研和各类学术活动。然而，目前高校学科带头人老化、后备人才不足的情况十分严峻；学术骨干频繁流失；某些学科带头人注重为学、轻视为人，不仅未起到模范作用，还会带来很多负面影响，严重制约了学科的发展和研究生的培养质量。高校应摒弃"官本位"思想观念的限制，高度重视学科带头人的遴选和培养，敢于在甄选中既注重学术能力，又重视人格涵养。通过遴选和培养合适的学科带头人，争取著名教授和出类拔萃的年轻教师来建立学术团队，来凝聚学科力量，提升学科文化。

（三）优化与创新学科制度文化

制度层面的学科文化是学科文化的关键，它把物质文化与精神文化连为一体，包括学科组织体系、学科制度、准则和职业道德的建设与完善。基于创新人才培养的学科制度建设，重点要抓好以下方面。

（1）不断改进和完善研究生教育的内部体制和规章制度，应严格遵循因材施教原则，为优秀的人才创造更加完善的培养条件。

（2）推行奖励和竞争机制，通过良性的竞争来实现优胜劣汰，以奖励的方式激励优秀的研究生。在制度建设中要坚持以人为本，突出个性化培养，从广大研究生的实际情况出发不断创新制度文化，为创新人才的成长创造好的机制与和谐的氛围。

（3）建立健全研究生导师的培养机制与遴选机制。对研究生的指导应该由单一教师指导向联合指导转变。与此同时，也应该建立健全研究生导师的竞争机制和淘汰机制。对研究生进行指导，需要教师自身的能力水平较高，只有这样才能培养出具有高水平创新能力和高水平科研能力的学生，只有自身有深厚的学科知识，对学科有深入和透彻了解，才能够培养研究生的创新能力，才能将研究生带入科研领域。因此，要为建设一支具有高素质、高水平和高质量的导师队伍提供必要的制度保证。

（四）建设好学科物质文化和软环境

学科物质文化是学科精神文化的外在体现，是学科的形象和标志，包括工作环境、学科设施（实验室、设备）、培养的人才、学科的形象标志等。良好的学科物质文化能够增强学科成员的自豪感和对本学科的认同。要通过规划设计、创建、修整或扩充内涵，以增加或增强学科设施、设备及其功能，为创新人才成长创造良好的环境。学科内部要充分配合研究生教育主管部门搞好研究生创新工程建设，不断推进研究生教育改革，积极改进研究生教育的硬、软件设施，为实施"个性化培养"和"研究生教育创新工程"营造一个良好的内部环境。

第三节　创新人才培养的制度环境

在中国创新型人才发展中，存在着多种制约因素，而根本性障碍则是制度变革的滞后。因此，要清醒地认识制度与创新型人才的辩证关系，结合中国创新型人才发展需求积极构建有利于创新型人才成长的制度。

一、创新型人才制度环境的特性

就创新型人才制度而言，涉及制度需求与制度供给问题，没有制度需求，制度供给就无从谈起；同样，没有制度供给，制度需求就无法实现。在创新型人才制度变革中，当制度供给满足制度需求时，新的制度将出现，达到制度需求的预期目标；如果制度供给不能完全满足或者部分满足制度需求，新的制度就不会诞生或者只是或多或少的出现，因而制度需求的预期目标就无法实现。可见，创新型人才制度变迁是在制度需求和制度供给的互动中发生的，但是变迁的程度如何最终取决于制度供给情况。只有制度供给满足制度需求时，才能实现创新型人才制度的有效变革，因此我们将重点探讨创新型人才制度供给问题。

谈论创新型人才制度供给，需要对创新型人才制度有基本的认识，而创新型人才制度属于社会制度系统的组成部分，因此首先要对制度进行明确界定，制度是一个社会的游戏规则，更规范地说，它们是为决定人们的相互关系而人为设定的一些制约。将制度视为社会规则，或者是规范个人与个人、个人与团体关系的准则。

创新型人才制度，是指为促进创新型人才发展而依据一定的物质生产条件和创新型人才成长规律制定的规范、准则。同政治制度、文化制度等一样，创新型人才制度也具有强制性、一致性、规定性等基本特征。创新型人才制度包括正式制度和非正式制度。

第一，正式制度也被称为有形制度、显性制度，是人们根据创新型人才发展需要而有意识创造的一系列明确具体的、有较大强制性的规则。它以书面形式存在，通常是由成文法、不成文法等构成的一个规则等级结构，一般包括创新型人才的基本制度、法律和政策，同时有正规的实施机构、实施手段、实施方式等作保障，它的变迁常常以突变、断裂和强制性的形式出现。

第二，非正式制度指人们在长期创新实践中无意识形成的，具有持久生命力的，得到社会认可的约定俗成、共同恪守的行为准则，其构成了代代相传的文化的一部分，是自发产生的、非强制性或低强制性的行为规则。它以非书面形式存在，是在原制度惯性作用或现正式制度作用及影响下形成的，一般包括习惯、风俗、约定、价值观念、宗教信仰、道德规范等，它的变迁往往以渐进、连续和非强制性的形式出现。在创新型人才制度中，正式制度处于主导位置，而非正式制度是其有效的补充。

创新型人才制度供给就是用新的制度安排替代原有的制度安排。基于正式制度与非正式制度在产生方式、具体内容、存在形态、实现手段、变迁方式等方面的不同特征，尤其是正式制度大多以明确、具体的法律和规章的形式存在并影响着非正式制度的变迁，因此正式制度是制度供给的主要任务，本书所探讨的创新型人才制度供给主要是指正式制度供给。

二、创新型人才制度的价值取向

创新型人才制度具有保障功能，尤其是教育制度、人事管理制度等，能为创新型人才发展提供良好的外部条件。比如，教育制度能保障个体享有受教育的权利和机会；人事管理制度能保障有才能的人被发现、选用；知识产权制度能保障创造者的智力成果不受侵害。但是，从创新型人才成长特点看，自由是创新型人才最根本的需求，创新型人才制度首先要保障个体的自由。因此，创新型人才制度供给要以增加个体自由度为目标，通过制度变迁为创新型人才发展提供必要的自由，尤其是思想自由和行为自由。

（一）思想自由

思想自由是指进行思考，形成一定主张、意见和想法的权利。与信仰自由、表达自由、宗教自由、学术自由、出版自由等权利有密切的联系。思想自由强调个人内心活动的自主性，它是保证公民依照自己的世界观和思维能力进行独立思考和独立判断，做出各种自主性行为的基础。概括而言，关于思想自由的界定包含三方面内容：一是认为思想自由是个人的一项自主性权利；二是指出了思想自由与信仰、表达、宗教、学术、出版等自由权利的关系，同时又明确了思想自由所具有的内在性；三是强调思想自由是行动自由的基础，如果没有思想自由就难以实现行为自由。

（二）行为自由

就创新型人才行为自由而言，是指个体基于一定的判断，为实现自己的创新目标而进行创新活动的权利。创新型人才行为自由作为个体在社会关系中的自主活动状态（言语的、肢体的），体现着制度对其创新权益的确认状况，表示他可以在制度范围内根据自己的创新意志、创新愿望从事创新活动进而取得创新成果。在创新型人才的自由体系中，思想自由是行为自由的基础，行为自由是思想自由的外化，同思想自由一样，创新型人才的行为自由受法律制度、公共政策、风俗习惯、伦理道德等多方面因素影响。

在创新型人才发展中，充分的行为自由是创新冲动得以张扬的保障，通过行为自由能够进一步激活各种创新要素及丰富它们的组合形式和内容，进而实现创新的目标；相反，如果没有行为自由，创新冲动就可能被扼杀，难以通过激活、整合不同创新要素取得创新成果。正是从这个意义上讲，行为自由是创新型人才所应左右或控制的更重要的方面。

创新型人才的行为自由主要通过表达和做事来体现。首先，允许表达自由。这里所说的表达自由是广义的，如言论的自由、出版的自由，通俗地说就是要让创新型人才自由地说话。其次，允许做事自由。这里所说的做事自由是指为实现创新目标而从事创新活动的自由。从创新型人才的成长过程看，由"准"创新型人才到"潜"创新型人才再到"显"创新型人才，创新实践是关键所在。

如果不能自由做事，无法顺畅地进行创新活动，就不能把创新的思想、想法、设计等变成社会认可的创新成果，就不会成为创新型人才。从本质上看，自由做事的内在要求是创新型人才能够自由地选择创业的平台、服务的对象、展现才能的方式等，在现有的社会条件下自由流动无疑是实现这种要求的可行选择。"士无定主"，这从一定程度上揭示出流动对创新型人才自由做事的重要性。之所以趋向自由流动，是由创新型人才具有追求有效创新实践的特性所决定的，他们都期盼能有"用武之地"，希望自己的劳动能取得理想效果从而报效社会。由此可见，对创新型人才来说，工作条件重于生活待遇，理解信任重于物质安慰，因此他们渴望并努力通过自由流动获取适合成长的土壤、促进发展的机遇、施展才能的舞台、尊重个性的氛围，进而在自由做事中实现个人价值。

三、创新型人才制度变迁的模式选择

通常而言，创新型人才制度变迁是指创新型人才制度创立、变更及随着时间变化而被打破的方式，是其从一种状态向另一种状态演进的过程。借助戴维斯、诺思、拉坦等学者的理论观点，创新型人才制度变迁有两种模式，即诱致性制度变迁和强制性制度变迁。所谓诱致性制度变迁是指，创新主体在给定的约束条件下，为确立实现在原有制度安排下无法得到的获利机会的规则，而自发倡导、组织和实施的自下而上的制度创新过程。诱致性制度变迁通常与发达的市场经济相联系，一般具有经济性、自发性、博弈性等特征。所谓强制性制度变迁是指，政府通过行政、经济或法律的手段自上而下地组织并实施制度创新的过程。强制性制度变迁通常在市场经济不发达、政府力量相对强大的国家发生。

就我国创新型人才制度变迁而言，应采取以政府为主导的强制性制度变迁模式（由政府命令和法律来推进）。之所以做出这种选择，是由以下两种因素决定的（为便于论述，在这里，政府与国家是同一个概念，有时只使用政府一词）。一是出于政府（国家）的特性。政府在本质上首先是一个政治组织，它合法地占有军队、警察等，从而支配着社会中的政治资源。这一优势使政府成为最有力的制度供给主体，国家作为有组织的实体，其最显著的特征在于能自由和顺

利地制定和废除法律。正是由于拥有政治资源，政府可以成为包括创新型人才制度在内的各种制度最有效的供给者和实施者，尤其是在制度自由度调控方面具有不可替代的作用。二是由中国国情决定，在通常情况下，如果说政府主导创新型人才制度变迁只是一种可能的选择，那么我们之所以采取这一模式是由中国的国情决定的。从制度的产生过程看，社会力量的参与是科学合理制度建立的重要保障。然而，在当今社会，社会力量的存在和发展，既取决于其内在机制市场经济的完善程度又依赖于其外部条件政治的宽容程度。

改革开放40多年以来，随着市场经济的逐步建立和完善，社会力量在各种制度建立中的作用有所提升，但是由于长期缺乏作用于政府权力的自觉性和积极性，因此在创新型人才制度及至其他制度变迁中仍以政府为主导。创新型人才制度作为一种公共性制度物品，除具有公共物品的特征，即备受人们关注、对创新型人才发展产生深远影响外，还具有制度物品的特征，即制度变迁的路径依赖性。所谓创新型人才制度变迁路径依赖是指，创新型人才制度变迁一旦走上某一路径，它的既定方向在以后的发展中会得到自我强化，并对制度变迁具有极强的束缚作用。简单而言，就是制度本身具有的"惯性"，这种"惯性"之所以存在是由于制度内在的自我强化性，正所谓"一个体系一旦形成，它就为自身的延续和变化提供了源泉"。它变得越来越庞大、复杂，并且形成了自己的工作模式、信念模式和权力模式。在创新型人才制度变迁中，沿着某一路径，创新型人才制度的发展可能进入良性循环的轨道，并得以不断优化；也可能进入某种错误路径，被锁定在某种低效甚至无效的状态之中。

中国的创新型人才制度是在长期的计划体制下建立和发展起来的，由于经济的集中性、政治的集权性、文化的一元化，总体上看这一制度以"强化集体"为取向，具有突出的"单一性"特征，严重束缚了创新型人才发展。有的学者对涉及创新型人才培养的高等教育制度进行了剖析，认为高等教育制度在经费投入、调控力量及手段、办学模式、评价体系等方面存在"强化集体"下的"单一性"特征。比如，资金来源单一，投入基本上全部依靠公共财政；管理方式和手段单一，长期以来在计划体制影响下主要实行政府高度集中的统一管理，近些年出现的部分变革也只是资金划拨、高等职业学校设置审批、普通高等院校招生考试命题等权限从中央政府转到地方政府。也正是高度集中的统一管理，又派生出办学模式、评价体系等方面的单一性。这一发展路径可称为"强化集体"偏好导致的高等教育制度的"单一性"路径，如果高等教育制度变迁不能摆脱对这一路径的依赖，可能导致"我们的学校总是培养不出杰出人才"。关于高等教育制度的剖析再次提醒我们，在我国创新型人才制度变迁中，要扭转"强化集体"的制度倾向，要通过实行以"注重个体"为特征的制度安排，为创新型人才发展提供宽松的制度环境。

第四节　创新人才教育环境的评估

创新人才教育环境的评估标准是遵照创新教育倡导的价值观念、创新教育的人才观念以及创新人才教育的环境目标，在观念的指导下，通过科学方法和科学技术解释创新人才教育中涉及的环境状态变量，然后评估创新人才教育环境当中的人本和社会价值。通过形成的评估结果，指导未来创新人才教育的建设，改进结果中呈现出的问题，激励创新人才教育环境继续向着目标前进。评估产生的积极作用主要有以下三点。

第一，评估推动了创新人才教育理念创新，使创新人才教育培养规格更加明确。创新人才教育环境主要由两部分组成：一部分是创新人才教育硬环境，指的是开展创新教育的学校物质方面的水平；一部分是创新人才教育软环境，指的是开展创新教育的学校尊崇的教育理念、教育宗旨、教育传统、所开展的教育创新改革等。对于创新人才教育软环境来说，理念的创新是最重要的，是学校未来发展的指导，通过评估创新人才教育环境可以找出目前发展中理念上的不足，及时修改不足，可以有效指导教育更好发展。

第二，评估推动了教学改革，逐步地完善了学校的创新教育体系和创新课程体系。创新人才教育环境评估强调评价人才教育的人本价值，尤其是对环境当中的软环境——教育改革与创新进行评价。评价侧重于培养人才创新意识、人才创新思维、人才创新品格以及人才创新能力等方面，评价结果以及对评价过程的实践和探索都有助于教育管理者进一步认识创新人才的教育环境。根据结果管理可以有效地改进创新人才教育当中的不足。体系的完善是为了提高学生的创新精神，激发学生学习的主体性，挖掘学生的创新潜能，培养学生的创新精神，使每一个学生都能通过创新表达出自己的个性。创新人才教育环境评估极大地促进了新型创新人才的养成。

第三，评估推动了学校完善教育设施，逐步优化教育环境和教育氛围。创新人才教育环境的建设需要物质形态的设施支持，设施是人才培养的物质基础，创新人才教育环境的评估结果可以表明目前基础设施建设方面的不足，促进学校人文设施、育人环境的建设工作。创新人才教育的环境对人才的影响是潜移默化的，长久下去环境会产生让人同化效果，人长久处于特定的人文环境当中会受到环境的影响，这是环境的育人作用，因此在创新人才的培养过程当中应该有意识地创造一个优化的环境氛围，为人才培养和人才成长提供环境支持。学校可以根据创新人才教育的评估结果改善和优化学校的育人环境、育人氛围，要注意的是学校的环境应该与学校的精神以及发展目标相结合，学校的一山一水、一情一景都应该发挥教育功能。

教育环境的优化除了校园整体环境氛围的优化，还应该注重学校教学设施以及公共服务的优化。学校的教学创新实验室以及实验中心、工程技术中心等教学教室应该为学生开放，帮助培养学生的动手能力、实验能力。与此同时，应该加强学校的信息资源建设、网络建设，为学生提供充足的学习资源，方便学生获取资源。除此之外，可以建设学校的校史馆、展览馆，通过实际存在的物品的视觉冲击，激励学生参与创新。

综上所述，创新人才教育环境评估有利地推动了创新人才教育环境目标的完成。

第五章　创新型人才培养与高校人才培养制度创新

创新是当今世界不可逆转的潮流，高校肩负着培养创新型人才的任务，但人才培养观念、人才培养模式、人才评价制度等方面存在的问题制约了创新型人才的培养质量。为此，更新人才培养观念、改革人才培养模式、深化教育教学改革、加强师资队伍建设、改革人才评价制度势在必行。本章重点围绕高校创新型人才培养制度的宏观层面创新、中观层面创新以及微观层面创新展开论述。

第一节　高校创新型人才培养制度的宏观层面创新

人才培养制度的宏观层面创新指的是国家、社会、文化层面的制度创新。从制度与人才之间的关系来看，制度是根本，起决定作用，人才始终存在于一定的制度中，同时人才也与制度有着十分密切的联系。因此，要培养高质量的创新型人才，高校就必须建立适宜的宏观制度环境，健全社会支持制度，重视文化的传承与创新，以此来保障创新型人才全面、健康成长。

一、健全社会支持制度

（一）增强校社合作制度

根据《中华人民共和国高等教育法》的规定，"国家鼓励企事业单位、社会团体以及其他社会组织和公民等社会力量依法举办高等学校，参与和支持高等教育事业的发展"。《国家中长期教育改革和发展规划纲要（2010—2020年）》进一步指出，"要深化公办学校办学体制改革，积极鼓励行业、企业等社会力量参与公办学校办学，扶持薄弱学校发展，扩大优质教育资源，增强办学活力，提高办学效益"。根据这两个文件有关校社合作的指导思想，我国的高校要培养创新型人才，需要进一步细化其中的精神实质，具体如下。

（1）高校应在政府的宏观调控下，建立并完善校社合作方面的相关制度，保障措施的良好施行，如社会直接介入创新型人才培养相关预案，建立校社合作的制度措施，不断完善企事业单位、社会团体、社会组织及个人在高校设置奖学金和科研项目的制度。

（2）通过规范的制度将校社合作落到实处，要转变以往的形式，使简单设置奖助学金或科研项目的模式转变为社会真正参与高校创新型人才培养的模式，使优秀的企业技术人员和管理人员能够进入课堂，建立良好的校社合作制度体系。

（3）营造宽松的社会环境氛围，使教师的特长得以充分发挥，引导教师将培养学生当作人生乐趣，与学生一起探索真理。高校和教师要坚决做到将知识转变为生产力，以思想指导变革，以科研带动开发，将产学研一体化真正落到实处。

（二）健全市场调节制度

根据《中华人民共和国高等教育法》的规定，"国家按照社会主义现代化建设和发展社会主义市场经济的需要，根据不同类型、不同层次高等学校的实际，推进高等教育体制改革和高等教育教学改革，优化高等教育结构和资源配置，提高高等教育的质量和效益"。《国家中长期教育改革和发展规划纲要（2010—2020年）》进一步指出，"健全充满活力的教育体制。进一步解放思想，更新观念，深化改革，提高教育开放水平，全面形成与社会主义市场经济体制和全面建设小康社会目标相适应的充满活力、富有效率、更加开放、有利于科学发展的教育体制机制。"因此，我国高校要有效地培养创新型人才，就必须要进一步完善适应市场经济要求的教育资源配置制度，具体如下。

（1）改变单一的办学行为，在高校创新型人才的培养过程中吸引更多社会力量的参与，遵循教育规律和市场规律，将教师、学生、资源纳入市场机制，使教师与学生形成市场观念。

（2）充分利用优质教师、学生以及实验图书设备等资源进行创新型人才培养工作，引导这些资源与企业、社会组织、科研院所等接触，进行广泛深入的交流互动，从而为高校师生创造出更多更好的社会实践机会。

（3）完善社会契约制度，通过制度形式，明确教师与学生的权利和义务，建立合理的奖惩机制，以市场规则为指导，充分调动教师与学生的主动性和创造性。

（三）优化校校合作制度

根据《中华人民共和国高等教育法》的规定，"国家鼓励高等学校之间、高等学校与科学研究机构以及企业事业组织之间开展协作，实行优势互补，提高教育资源的使用效益"。《国家中长期教育改革和发展规划纲要（2010—2020年）》明确指出，"要提高交流合作水平，支持中外大学间的教师互派、学生互换、学分互认和学位互授联授，加强与国外高水平大学合作，建立教学科研合作平台，联合推进高水平基础研究和高技术研究，各地可从实际出发，开展公办学校联合办学、委托管理等试验，探索多种形式，提高办学水平"。我国高校创新型人才培养的现实状况为我国高校创新型人才培养的校校合作制度构建指明了方向，具体如下。

（1）要不断创造更多的机会与国内外高水平大学进行交流与合作，在交流与合作中，要严格遵循务实性原则，将有效和实用作为重要目的，杜绝形式主义，要尊重学生的自主和自愿，严禁以任何形式增加学生的经济负担。

（2）校校合作应遵循先近后远原则，通过相关制度来完善校校之间的交流合作，保证校校合作具有长期性和持续性，同时，还要避免各种不从实际出发的管理行为，务必将校校之间的交流合作落到实处。

（3）校校合作必须以创新型人才的培养为目的，合作应具有一定的深层次和广泛性，要从多角度进行设计，在教师交流、课程选择、学生访学等方面进行全面规划。要尊重学生的个人意愿，做好保障工作，保证每一个学生都有参与任何活动的机会，不能因为学生的经济原因而使其失去交流与学习的机会。

（四）构建社会评估制度

根据《中华人民共和国高等教育法》的规定，"高等学校的办学水平、教育质量，接受教育行政部门的监督和社会组织的评估"。《国家中长期教育改革和发展规划纲要（2010—2020年）》进一步指出，"建立科学、规范的评估制度，探索与国际高水平教育评价机构合作，形成中国特色学校评价模式，建立高等学校质量年度报告发布制度，健全教学质量保障体系，改进高校教学评估，充分调动学生学习的积极性和主动性，激励学生刻苦学习，增强诚信意识，养成良好学风"。我国高校创新型人才培养为我国高校创新型人才培养社会评估制度的建立提供了一定的经验借鉴，具体如下。

（1）要发挥政府组织评估的职能和效能，同时，要以各种评估标准为依据，组建多类型的社会评估机构，将政府机构、社会组织和高校自我评估三者有机结合，对过程性评估和结果性评估都要予以重视，通过社会评估机制引导不同类型和层次的高校进行合理定位，鼓励高校敢于展现自身的长处，办出学校的特色与风采。

（2）要淡化社会评估的政策性、计划性与目的性，同时加强监督性、市场性与潜在性，要全面建立具有中国特色的社会评估制度，要将四项评估（学科专业、课题项目、成果价值、人才培养）与高校的招生、就业相结合。

（3）建立自我评估制度，将多方面评估，如专家评估、家长评估、学生评估、校友评估与用人单位评估等有效结合，促使多方面共同参与高校创新型人才培养工作。

二、注重文化传承创新

文化传承创新是培养创新型人才的重要举措。要培养创新型人才，就必须强化文化传承创新的理念，大力弘扬优秀传统文化的精神，建设自由开放的文化环境，营造出良好的教学氛围。

（一）加强文化传承创新的理念

理念就是一种文化现象，而大学则是一个充满理念的机构。大学理念体现了大学的精神，是学校发展的力量源泉，理念对大学的社会定位、指导思想、教育目标、教育方法和学生都具有最直接、最重要的影响。文化传承创新是大学文化的表现形式，也是大学特色文化建设的理念，因此，在大学发展过程中，应确定文化传承创新的核心地位，使之条理清晰。大学理念传达出了一所大学的文化精神内涵，体现出了大学不同的文化办学特色和各异的文化形态，创造出了不同的办学效果，从而产生了不同的社会影响。在知识经济和信息社会的背景下，大学文化传承创新应坚持教学与科研的相互融合和相互促进，在教学中科研，以科研推动教学，从而促进大学社会服务能力的发展，创新人才培养模式的完善，构建出更加健康、全面的创新人才培养制度。

人才培养是大学的首要任务，尤其是高级专门人才的培养更是重中之重。大学要将文化传承创新与创新人才培养结合起来，在知识和学问中创新文化特征，逐步由大学的环境、制度、教学和行为等构成核心理念，为创新型人才的培养提供有力的文化保障和坚定的思想指导。

（二）发扬优秀传统文化的精神

民族传统文化是一个民族在长期的社会生活和生产实践中积累的知识、规范、礼仪、习俗等的总和，它是一个民族的精神所在。多数民族的传统文化是以文字为载体的，主要存在于一些经典著作中，从古至今都对人类的存在与发展具有潜在的影响。传承创新民族传统文化要以学习民族传统文化为前提，这种学习包括纵向学习和横向学习两种，但是无论是纵向学习还是横向学习，都应注重对经典的阅读，因为，经典著作是民族文化的精髓所在，经典中的思想是经过历史检验的，是通过长期实践证明出的具有永恒价值的内容。

实质上，大学文化的传承过程既是文化创新的过程，也是创新型人才培养的过程。在文化传承创新和创新人才培养的过程中，要将文化选择、文化研究与文化传导相结合，要引发学生对学习的热情和兴趣，促使学生进行主动思考，实现知识的内化与转化，使学生能够在学习的过程中感知文化，进而创新文化，提升创新型人才精神文化方面的素养。

（三）建立自由开放的文化环境

经实践证明，学术自由、大学自治和教授治校是对大学发展具有重要指导意义的理论规范，它对大学的发展有着十分重要的影响，它也是世界著名大学存在和发展的优良传统，具有永恒的价值。大学是社会的重要文化机构，它将自然、社会和人作为关注和建设对象，对人类的生命与价值充满着关怀，对国家、民族和社会，乃至全世界都充满着强烈的责任意识和神圣的使命感。

大学是一个群英荟萃的地方，汇聚着一批高级知识分子，他们共同的特点就是爱好自由，喜欢无拘无束，他们只有在自由开发、包容多元的环境中，才能够激发出创造的灵感，碰撞出智慧的火花，反之，这一切都将成为空谈，而创新型人才培养也难以完成。可见，自由、开放应该是现代高校发展的核心价值，现代大学的文化环境应是自由、自主、开放和包罗万象的，自由应该是全方位的，它包括思想自由、学术自由、教学自由等，开放则指的是要打开校门走入社会，打开国门走向国际。

大学文化传承创新要以自由开放的文化环境建设为前提，只有拥有自由开放的文化大环境，文化传承创新才可能实现，大学的创新型人才培养工作才能水到渠成。因此，可以说大学文化传承创新是创新型人才培养的源头，在自由和开放精神的指引下，大学应不断追求真理，应以为社会做奉献为崇高理想，应具备自强不息的精神和严谨治学的态度，应营造出团结协作、兼容并蓄的教学与科研氛围，通过大学良好文化环境的建设来促进创新型人才的培养。

（四）营建良好的教学文化氛围

学校的核心工作是教学，因此，教学文化就成了大学校园文化的核心。教学文化的形成取决于学校教师的教学理念、风格和学校课程文化等，创造良好的大学教学文化，对在文化传承创新中培养创新型人才具有很好的推动作用。国外经典文化、民族传统文化、大学理论精神等客观方面都会影响学生，因此，通常需要学校文化尤其是教学文化作为中介，将其进行转化。大学教学文化实际上是为了实现人才培养而形成的观念与价值规范，要实现创新型人才培养目标，就必须重视营造良好的教学氛围，重视教学工作的核心地位，要努力改变传统灌输式的教学方法，采用积极的问题式和探索式教学，培养学生的自主性学习能力、批判性思维能力和实践能力，应开设批判性课程和个性化课程，并以此为前提，为创新型人才的培养创造良好的教学文化氛围。

第二节 高校创新型人才培养制度的中观层面创新

中观层面的制度创新是以弘扬现代大学精神和培养创新型人才为出发点和落脚点的高等学校内部制度创新，其主要内容在于创新人才培养模式和建立健全人才培养体系。

一、重塑现代大学精神

现代大学精神是大学在探索实现其长远发展规划的过程中形成的具有一定历史色彩和浓郁文化底蕴的精神文明，体现着一定时期的科技文化内涵。培养创新型人才作为高校实现其百年基业和真正意义上的学术自由理念、个性教育理念的重要选择，要坚持围绕求真务实、自由创造的中心不动摇。

（一）人人成才理念

《国家中长期教育改革和发展规划纲要（2010—2020年）》指出，"树立人人成才观念，面向全体学生，促进学生成长成才；树立全面发展观念，努力造就德智体美全面发展的高素质人才"。从另一个角度来讲，高校创新型人才培养计划具有普及性和大众性，其最终目标在于鼓励学生充分发现和开发自身的潜能，并对其进行创新精神和实践能力培养方面的适当引导，从而实现学生综合素质的全面提升。家庭作为孩子学习的另一个重要环境，对孩子的健全发展和幸福生活的获得发挥着重要作用，因此，家长要重视有利于创新精神和实践能力培养的家庭氛围营造。从社会的角度来讲，要在社会范围内营造尊重知识、尊重人才，表彰先进、宣传先进和激励先进的良好氛围，鼓励创新、创业和创造。

从学校的角度来讲，学校是教学知识得以传播的环境载体，是创新精神、实践能力得以养成的重要因素，因此，学校要从自身做起，做好以下工作：第一，优化教学资源配置。教育资源是培养学生创新思维和创造力的重要支持，学校优化资源配置首先要确保图书实验设备的开放性和大众普及性,确保每个学生都能公平、公正、均等地共享教育资源。第二,坚定教师教学信念。教师是输出教学知识的重要媒介,是构建学生精神世界的高级工程师。教师要坚定教学信念,对每个学生的潜能和天赋充满信心,充分尊重每位学生在知识基础、兴趣爱好、学习方法等方面的差异化,并针对这种差异化采用分层教学的方式。

（二）学术自由理念

学术自由是教师和学生拥有自主科学探究、自主教学或自主学习的权利,它为教师或学生的教学活动提供了精神保障。从教师的角度来讲,学术自由是指其自由追求真理、传授知识、开展科研及发布成果、自主选择教学方式等；从学生的角度来讲,学术自由指的是其从自身的兴趣爱好出发,拥有自主选择学习内容、发表学习评论以及获得学习结论等的权利。

从历史渊源的角度来看,最早在古希腊、罗马时期,开始出现学术自由这一概念,它是学校在皇室授权下,独立开展管辖、聘用、招生、设计教学计划、充分开发学生的自主性和创造性。自主选用教学方法以及自主制定毕业标准和规范等权利,这种自主权利的拥有是高校培养创新型人才的基本前提,而现代大学的产生和学术自由的发展基础也由此而来。

进入现代社会,学术自由有了新的内涵,即将教学自由、科研自由、学习自由作为现代大学的灵魂,更加凸显人本教育,将学生的价值和尊严、个性和才能、自由和创造力培养作为教学活动的根本出发点。尽管学校教育拥有了越来越开放的自主性,但是,所谓的学术自由也有一定的约束范围,即必须符合社会风俗和社会伦理的具体要求,必须符合高校创新型人才培养体系的目标,必须以实现学生探索真理、个性发展以及兴趣爱好培养的自由化为目标。

（三）个性教育理念

通常情况下,将综合调研被教育对象的教育方式称为个性教育,它主要包括对被教育对象的潜能、兴趣爱好、思想、心理品质、责任心以及好奇心和批判精神等方面的研究,具有量身定制的基本特征。个性教育突出了从实际出发开展社会实践活动的中心,并将培养学生坚定的探索精神和迎难而上的进取精神作为教育重点,实现人的个性发展是高校创新型人才培养的最终目标和价值体现。

而要实现高校学生个性发展的目标，从学校的角度出发，首先要做到的一点就是优先转变教育理念，从学生的实际情况出发，通过对学生采取因材施教的方法，并提供相应的发展平台等方式将个性化培养工作落到实处。这个过程中有两个重点需要特别注意，其一是要尊重学生的个体差异，要以实现学生的个性、全面、综合发展为根本方向，充分发掘学生的潜能，使其向着巨大化、多元化、个性化发展；其二是要掌握的是学生的特长及其兴趣爱好，制定并严格落实科学研究型、技术应用型、经营管理型等方面的创新型人才培养计划。

二、改革人才培养体制

改革人才培养的体制，前提条件是要完善好大学的内部治理，即要完善高校的机构设置、权力制度、组织制度以及明确高校管理职能等。

（一）高校的机构设置

作为高校创新型人才培养体系的重要组成部分，机构设置完备与否直接体现着高校对于创新型人才培养工作的重视程度和高校创新型人才培养计划的实施程度。反观现阶段我国高校创新型人才培养的实际情况，完善高校机构设置势在必行。

（1）提升高校创新型人才培养的普遍性、自主性和自发性。这一点主要是针对当前高校创新型人才培养的试验性基本特征而言的，要想改变传统试验性活动特征，就要以政府宏观调控政策为引导，在尊重高校实际情况的前提下积极开展试点工作，选择一个特定的名称，逐步完善管理以获得实际效果，当试点计划初具普遍性和自觉性时，有选择性地取消称谓。

（2）提升高校创新型人才管理的规范化、制度化。取消这些固定称谓意味着高校创新型人才培养的转型，即以统一的管理机构对高校创新型人才培养进行职能化、科学化和专业化的管理，这样就有效改善了传统高校管理由学校教务处单独管理的弊端，提升了其管理的规范化和制度化。

（3）构建权责分明的教学院系和教务处关系体系。教学院系和教务处是高校创新型人才培养过程中发挥重要功能的部门，教学院系是创新型人才培养工作的执行部门，教务处是教学管理中的职能机构，只有正确区分二者的职能属性、科学划分二者的工作范围，才能提升我国高校创新型人才培养的工作水平和质量。

（二）高校的权力制度

高校权力的分配问题一直是构建高校内部管理制度过程中一个较为棘手的问题，首先从组织结构层面来讲，大学具有二元权利组织结构的特点，即学术权力和行政权力，是以二者的协调统一为主要形式的特殊社会组织。

其次从大学职能层面来讲，这两种权力组织形式共同发挥作用的最终目的在于培养具有创新精神和实践能力的创新型人才，其基本职能在于教学、科研和社会服务。作为大学正常运转的不同权力系统，要确保二者职能发挥最大化，就需要用规范的制度保障二者之间的关系。

（1）一个中心，多种制度。即要坚定学术权力的中心地位不动摇，以多种科学完善的制度为行政权力服务于学术权力提供制度保障。具体来讲，就是要实行学校学术委员会和以教师为主体的教职工代表大会双向并行的制度，将没有行政职务的专家学者吸纳到校务委员会中来，通过他们独到的思维方式为解决学校重大问题提供新的方向。

（2）一强一弱，相辅相成。即要强化学术权力的作用，对行政权力采取弱化的处理态度。同时，把握好强与弱的尺度，明确二者之间互不取代、相辅相成的紧密联系。

（3）一种制度，权责分明。这里所说的"一种制度"指的是能够充分调动院系一级、教师和学生在人才培养方面的主观能动性的权力制度，在这种制度保障下，使行政权力和学术权力的权力、责任以及任务有明确的分界线，各司其职，共同致力于高校创新型人才的培养。

（三）高校的组织制度

高校的组织制度是指高校通过怎样的形式来组织领导学校的各项工作，根据《中华人民共和国高等教育法》规定，"国家举办的高等学校实行中国共产党高等学校基层委员会领导下的校长负责制，中国共产党高等学校基层委员会按照中国共产党章程和有关规定，统一领导学校工作，支持校长独立负责地行使职权"。《国家中长期教育改革和发展规划纲要（2010—2020年）》进一步指出，"公办高等学校要坚持和完善党委领导下的校长负责制，健全议事规则与决策程序，依法落实党委、校长职权，完善大学校长选拔任用办法，充分发挥学术委员会在学科建设、学术评价、学术发展中的重要作用"。

校长负责制是党委领导下的机制，它与高校组织领导制一起为我国高校创新型人才培养工作奠定了坚实的制度基础。优化两种制度主要包括以下几方面工作。

（1）坚定党的思想路线，将组织领导权归属于党委，在全校范围内树立人才培养意识，拥护党的方针政策，坚定社会主义办学的方向，为社会发展培养大量创新型优质人才。

（2）加强党委对校长的支持力度，以推动校长大力度开展高校创新人才培养工作。

（3）校长要全面提升自身的政治素养和教育能力，同时以独到的素质教育和创新型人才培养认知全面组织学校的教学、科研和其他行政工作。

（四）高校的管理职能

纵观我国高校创新型人才培养的历史和现状，不难发现其中存在着大量管理漏洞，以至于影响创新型人才培养的质量。因此，为了改善这种困境，就需要高校从决策机制、执行程序、监督条例以及激励措施等几方面入手，做好各项保障工作，而这也正是高校管理职能的重要内容。具体来讲，需要做好以下工作。

（1）均衡教务处和创新型人才培养院系之间的关系。对于高校培养创新型人才来讲，教务处和教学院系都是至关重要的两个职能部门，对创新型人才培养发挥着举足轻重的关键作用。创新型人才培养的执行最终还是要靠教学院系来完成，但这并不意味着教务处没有存在的价值和必要，只不过从实践操作层面来讲，尽量不要让二者共同决策，或者设置相应的职能部门，通过协调、服务和调解等方式来均衡二者之间的关系，使二者公平交流、平等协商。

（2）组建学校创新型人才培养监督机构。这类教育机构的成员主要包括学校领导、中层干部、专家教授、青年教师、班主任和辅导员等，其成立的目的在于通过明确的学科或专业划分以及完善的制度保障，使高校创新型人才培养更规范、更科学、更具成效，而非陷入系统性、随意性和无目的性的陷阱。

（3）完善高校创新型人才培养的激励机制。教师是各类教育活动得以开展的重要载体，教师的教学主动性、积极性和创造性直接与学生的学习自主性、目的性和计划性相关，因此，在培养高校创新型人才的过程中，既要以科学的激励机制对教师进行激励，又要对学生有所鼓励，才能实现激发学生创造性学习的目的。

三、创新人才培养模式

创新人才培养模式，必须要践行形式多样的教学管理策略，通过转变教学方式、实施导师制度、施行学分制度和优化分流制度，从而健全好高校的教学管理制度。

（一）转变教学方式

传统教学方式多以教师一言堂为主，其教学重点在于提升学生应试教育的能力。而培养高校创新型人才，最关键的环节就是要转变教学方式，使学生的学习兴趣和正能量得到最大限度的激发。

（1）转变教学观念，重视兴趣引导。以上提到了教学过程中的问题，而这些问题带来的直接结果就是课堂氛围的沉闷、死板，学生与教师教学主体地位的错位以及学生缺乏学习兴趣导致的教学质量较差的现实。因此，应转变教学观念，建立以学生为中心的教学方式，以对学生的兴趣培养实现学生个性全面发展的目的。同时，要积极整合现有教学资源，灵活掌握和使用现代教学手段，实现教学内容和方法的创新性融合。

（2）利用教学资源，提升教学信息化水平。传统教学对印刷资源有较强的依赖性，而培养创新型人才就必须摆脱这种依赖性，提升教学的信息化水平。从教师的角度来讲，就要促使其从单纯的教科书解读中解脱出来，对现有的教育信息技术进行灵活运用，如多媒体设备、课件、视音频形式等，让学生更好地掌握教学重难点，拓展学生自主探究的空间和资源，让学生喜欢学习、学会学习、乐于学习。同时，对网络信息技术的使用要把握方式方法，切不可陷入为了信息技术而信息技术，从而造成教学资源、教学人力、物力和财力浪费的问题。

（3）转变学习方式，鼓励学生自主创新。以教师教学方式的转变促进学生学习方式的转变，进而引导学生自主学习、创新学习、探究学习、合作学习、讨论学习。提升创造力是高校培养创新型人才的重要方面，这一点其实也是凸显学生主体地位的重要内容，对于鼓励学生的创新精神、批判精神和社会关怀精神，培养学生探索真理、独立自主和创新创造的品质和能力有重要影响。

（二）实施导师制度

导师制度与学分制度、班型制度并称三大教育模式的教育制度，最早是由牛津大学开始施行，并迅速在国内外多所高校得到推广。导师制度的最大基本特征在于师生关系的密切，教师不仅要承担指导学习的责任，还要承担指导其生活的责任。这种教学模式的最终目的在于以对学生因材施教为方式方法，引导学生自主学习、创新学习，最终实现学生的自主性、创造力、创新思维的培养和学生个性全面发展的双赢目的。纵观现阶段我国高校导师制度的实施现状可知，在高校推行导师制以培养高校创新型人才，还应做好以下工作。

（1）加强对导师工作的组织与领导。各学院要建立以导师委员会为领导核心，以领导小组为执行中心，以定期交流制和会议讨论制为保障中心的导师工作组织与领导体系，对导师进行工作汇报、下阶段工作安排及工作过程监管。

（2）明确导师的基本职责。导师的基本职责主要包括两方面：一是引导学生从实际情况出发，共同制定学生的个人学习计划和培养方案；二是对学生的学习与生活进行课程选择、科学研究、学习方法及健全人格等方面的指导。

（3）建立多种制度相辅相成的教学体系。所谓多种制度主要指的是以导师负责制为核心，分管学业和实践活动、技术学习、生活辅导和学习规划等内容，并在每一个角度单独设立专门的制度加以规范。

（4）完善导师工作职责。建立导师奖励机制，科学核算受聘教师工作量，通过明确的定岗定责、定量考核为教师进行评职定级。

（三）实行学分制度

学分制是三大教学模式之一，首创于美国哈佛大学，现已发展成为我国多数高校的重要教育模式。学分制主要针对选修课而存在，学生根据学校的选修制度和要求，选学一定的选修课程，教师以成绩和学分的形式对学生的选修课学习情况进行综合评价。这里所说的选课制度，通俗来讲就是学校设计一定周期内的选修课程，学生可根据实际情况自主选择课程、授课教师、上课时间及自主安排学习计划等的制度体系。如何均衡选修课比例和确保学生拥有自主权是现阶段优化学分制度的重点。

纵观学分制度在我国高校教育中的实施情况，对学分制度进行创新改革已成为大势所趋。具体来讲，可以从以下几方面入手。

（1）建立多样性的课程体系。以保护学生的主观能动性、学习积极性和思维创造性为出发点，建立包括必修课、选修课、素质拓展课在内的课程体系，为教师创造增设与学科门类相匹配的选修课程和增加选修课在课程体系中的比重的环境，允许校际互相选课、互认学分。

（2）创造教师良性竞争的条件。教师之间的良性竞争是教师开好课程并上好课程的关键，而要实现这种良性竞争，就要提升必修课和选修课的课程质量，合理安排课程学时，以科学的竞争机制确保学生自由选课。

（3）加强对学生选课的管理和引导。学生选修课程的标准很大程度上会受到课程难易程度的影响，因此就要充分发挥导师制度的管理和引导作用，以网络化、信息化和现代化的管理手段实现学生选课的客观性，进一步提升人才培养水平。

（四）优化分流制度

我国现行的传统高等教育制度采用的是固定化的学籍管理制度，即学生自入学起，就拥有了固定年限、固定专业的学习，直到毕业也不会再拥有专业的二次选择权。而创新型人才培养所强调的个性化教育就是要改革传统学籍管理制度所造成的僵化局面，以尊重学生的个性特长和兴趣爱好为出发点，对学生进行分流和分类培养，实现学生个性发展和创新能力提升的效果。但在对学生进行分类管理的过程中，需要注意以下几个问题。

（1）确定大类招生、分类培养的总体思路。义务教育阶段的教育侧重于对学生进行知识的讲授，导致刚刚进入大学生活的学生普遍缺乏对社会的整体认知和对自身特长的认识普遍性，这时候进行专业选择往往会让学生陷入盲目、混乱及错误的选择陷阱中。而明确的大类招生和分类培养的思路强调从学生的兴趣爱好出发，通过大学初期的通识学习，学生可以更直观地发现自身特长、了解社会经济发展需求，进而选择适合自己的专业。

（2）明确学生专业转换的正规流程。即建立以学生前期学习情况为基础，以学生的兴趣爱好为出发点和落脚点，以学生的学习意愿、前期学习成绩以及社会需求为专业选择标准的专业转换体系，对经过长时间学习、评价后，确实无法接受原专业学习的学生，进行专业转换。

（3）确保各专业学习人数的平衡状态。由于对学生采取分流管理、分类培养的原则，所以学生可根据自己的兴趣爱好进行专业的二次选择，这就增加了专业学习人数处于失衡状态的可能性。因此，分流培养要从社会实际和学校的教学资源优势出发，确保专业平衡。

第三节　高校创新型人才培养制度的微观层面创新

微观方面的制度创新主要指师生教学层面的制度创新，换言之，高校要培养创新型人才，在制度创新方面就要发挥教师的主导作用、体现学生的主体地位并构建和谐的师生关系。

一、发挥教师主导作用

创新人才培养制度，就必须要充分发挥教师的主导作用，通过实施名师工程、创新教学文化与教学形式，从而实现创新教师教学方式。

（一）实施名师工程

随着社会经济发展加速推动高等教育的进程大众化，因此需要大力提高高等教育水平，培养符合社会发展的创新型人才，就必须实施名师工程，把具有创新精神、创新意识和创新能力的教师作为人才培养的主力军，具体措施如下。

（1）提高高校教师的报考水平，对于各种教育需求的不同制定详细的学历报考要求，为了避免教学体制和方法的重复性，应尽量不聘用本校毕业的同学作为本校老师，如果本校毕业的同学具有外校的教育经历可以考虑聘用。

（2）学习对教师的学术思想水平进行重点考核，高校的教师应具备很强的综合科研能力，并在主流学术媒体上发表过自己的学术文章，有自己较为成熟的教学思路和独特的见解。

（3）高校教师应具备良好的道德修养，对教育工作有较高的热情和敬业度，对教育工作和学生有很强的责任感，热爱祖国和中国传统文化，保持高度自信和很强的探索欲，具有良好的思维能力。

（二）创新教学文化

培养创新型人才需要在和谐、民主、自由、充满活力的教学文化下进行，通过良好的教育教学文化的熏陶促进创新性人才的成长。目前我国高等教学文化主要包括教学理念文化、教学制度文化和教学环境文化三个部分，教学文化的创新首先要有自由活力的教学环境，自由主要体现在民主交流和学术自由教育环境。创新也离不开政策的支持，通过发挥政策的引导鼓励作用提高创新环境的发展水平。高校创新教学文化的创建需要教育文化和教学环境、教育制度规范相互协调发展，通过高校领导和教师的大力推动，引领学生积极活动，从而打造出符合高校教育发展的创新教学文化。

（1）高校教师是创新型人才培养的主要因素，因此，高校教师应具有较高的创新意识，自身要具有创新的教育思想，同时也要具备独特的引领学生创新性发展的方法，推动教育活动在创新中发展。

（2）高校教师应具有很强的包容性，对学生的个性化差异要有很强的包容心。尊重学生的想法，鼓励和引导学生的实践，激发学生的创新意识，在学生的创新和创业过程中教师应给予充分的指导，教师还应制定多元化学生创新评价机制，并给予学生相应的物质奖励。

（3）多方面教学资源的整合，学校应积极举办学术交流活动和社会实践活动，与国内的各高校间建立交流互动机制，同时与国外的知名高校进行交流，进一步提高学生创新思维的广度和深度，营造良好的教育氛围。

（三）创新教学形式

高校在培养创新型人才方面，除需要开展名师工程外，还需要采用创新的教学模式，把教学和实践结合起来。在教学安排方面实施新的变革，保持班级教学的传统模式，可采用小班化的教学方式进行补充，同时也可以针对学生个人开展个性化教学，根据每个学生的学习情况给予相应的指导。传统的班级教学模式能够有效发挥组织教学效率，小班化和个性化教学能对高等教育的教学方式和学生的培养起到有效的辅助作用，除此之外，学校还应做好与社会相关企业、其他院校、国外教育实践资源的交流对接，定期组织学生进行校外活动，把教学内容和教学实践结合起来，这对学生创新工作的发展有很大帮助，也可以培养学生的创新精神和实际工作技能。学校还应采用高科技的教学方式，为学生提供虚拟数字化学习空间，从而发挥学生主动开拓的精神。

目前我国的主要教育方针是强调创新型人才培养要注重学思结合、知行统一和因材施教。按照目前我国颁布的《国家中长期教育改革和发展规划纲要（2010—2020年）》相关要求，教师应该发挥创新教学的主动性，根据学生的个性化差异，采用不同的方式方法激发学生的好学好思精神，提高学生的主观积极性，培养学生的探索精神。学校要为学生营造出民主、自由、和谐的学习环境，在教育制度上采用分层教学、导师负责制、学生学分考核制和学生个性化教学奖励评价制度，坚持教学与实践相结合，还应开发出可以满足学生多角度思维和实际运用的课程，广泛开展各类学习实践活动。

二、体现学生主体地位

创新人才培养制度，关键是要注重学生主体性地位的实现，通过强调学生的学习自由、增加学生的学习机会和培养学生的创新个性，从而实现学生学习形式的创新。

（一）强调学生的学习自由

只有学术自由，才能很好地发挥学生对学科的无穷思考，培养学生的好奇心，除此之外，学校在教育教学过程中还要为学生提供自由学习的环境，这是培养学生创新意识的必要条件。学校要建立一套完善的学习制度。一方面要对学生的学习行为进行规划性指导和监督，保证学生学习的进度和质量，同时也要根据学校自身教学特点的不足进行改善，发挥教师的主观引导性，采用教学和实践相结合的模式。

　　学生学习制度的制定要以学习为核心，发挥学生主人翁的意识。高校要把学习制度规范和教学模式多样化、学习自由等方面进行结合。既要保障教育教学质量，也要强调制度实施的灵活性，教师在执行过程中不能采用固定死板的思维模式，制定制度的根本是要保障学生学习的自由性、自主性、开放性和创新性等。学生学习自由的前提是在良好的环境下能够很好地发挥主观能动性，能够充分地发挥自身的学习特长，激发自己的好奇心，提高自己的学习兴趣。所以，学校学习制度建设的根本是营造良好的学习氛围和自由民主的学术交流环境，为在非本专业领域有兴趣的学生提供个性化的学习需求，鼓励学生可根据自身的兴趣特点调整专业。学校也应及时调整必修课和选修课之间的比例，在保证本科知识学习质量的基础上，提高其他学科选修课的学习范围，制定合适的选修课学习课时。选修课的学习也要采用导师负责制、学生学分考核制度，把教学实践与理论结合起来。扩大学生的学习范围，提高学生的学习兴趣。通过多学科的学习可以丰富学生的知识，为培养创新型人才打好基础。

（二）增加学生的学习机会

　　高校创新型人才的培养需要给予学生更多的学习机会，高校应该建设符合本校教学发展的创新实验计划，目的就是提高学生的创新创业能力，这也是高校教育的重要指导方针。因此，高校应为学生提供学习和实践的环境，对于各学科的学习要把理论和实践结合起来，教师要在学生的培养过程中做好全过程的指导工作，学校要建立学习教学资源库，广泛收集各学科相关的教育资源，与国内外高校和相关学科的企事业单位做好教育实践对接工作。学校的核心是育人而不是管好人，因此，学校要实现育人的服务功能。

　　除此之外，学校对学习机会资源做好整合和规划，设置学习机会管理组织机构，由相关部门负责，建立学习机会活动制度，广泛探寻学生学习的项目类型，建立预算制度，做好资金支持工作，在充分利用本校教学设施和资源的基础上，扩大校外实践教学资源渠道，为学生的创新创业提供实践的机会，在提高学生兴趣和技能的同时，也要注重学生学习理念的培养。教师应引导学生将个人的兴趣爱好与学科紧密结合起来，针对社会的实际变化发展，对学科未来的发展进行广泛探讨，由教师指导学生完成学科对于社会发展的课题研究，将优秀文章在相应的期刊上发布，同时学校应对学生的思想成果给予一定的物质奖励和精神鼓励，培养学生独立思考问题和解决问题的能力，培养其创新精神和实际技能。

（三）培养学生的创新个性

创新型人才的培养重点是学生本身具有创新个性，由此引导学生发现自身的创新个性，培养学生的创新个性成为高校创新教学的重中之重。每个人都有创新潜能，创新体现为个人的思维能力和思想意识，对某一学科领域有很强烈的好奇心，同时也要有良好的现实条件提供创新思维科研成果转化。

创新个性的培养需要三个条件：第一，学校应该提供自由、民主的学习空间，学生在学习过程中充分发挥思想意识，学习成果要与众不同，不要复制模式化，教师应培养学生独自思考的能力，提高学生学习的主观能动性；第二，高校要培养学生的学科实践能力和社会适应能力，随着社会经济的发展，学科的发展也会受到现实情况的影响，教师应引导学生建立个人的社会发展方向，把个人的想法与社会实际相结合，让学生成为社会发展所需要的综合性人才；第三，学生应发挥主观能动性，充分发现自身的特长和兴趣爱好，自己有一定的执行能力和约束能力，锻炼自己独立思考、分析和解决问题的能力，要树立正确的人生观，把兴趣和爱好作为出发点，把为社会创造价值作为理想追求，不断地自我学习。

三、构建和谐的师生关系

创新型人才的培养需要坚持以人为本的核心教学思想，高校应建立和谐、自由、民主的学习氛围，教师与学生之间应有更多的交流互动，所以构建和谐师生关系是培养创新型人才的必要条件。

（一）坚持以人为本的教育理念

高校在培养创新型人才的过程中要时刻把以人为本作为核心思想，应发挥学生的主观能动性。倡导教师执行学生主导的教学理念，要把学生的教育作为工作重点。教师在教学过程中要关注每个学生的情况，根据学生的个性特点、兴趣爱好和心理因素，随时调整对学生的教育方法。

教师在课堂上要发挥引导作用，鼓励学生积极思考，对学习中的重点内容采用对话式、讨论式、自由发挥式和课题研究成果式等教学方法，巩固学科基础知识，锻炼学生思维能力，创建学术自由的课堂教学模式。教师要注重教学和实践相结合的理念，不是采用固定传统的教学方法，对于学生的学习不能采用单一灌输的方式，这样会降低学生学习的主观能动性。教师也应该充分了解每个学生的实际情况，从学生的个性差异、兴趣爱好、心理特性出发，引导学生发挥自己的学习潜能。

高校创新型教学的根本思想是以人为本，同时要对教师有严格的要求，要充分发挥自身的主观引导作用，做好培养学生创新思维、提升学科实践技能、培养学生良好的道德品质。教育的本质是育人，不应该只注重学科任务的完成，而是要和学生多进行思想交流，对学生以后在社会的发展提供有力帮助，所以构建和谐的师生关系对于教育教学非常重要，这也是教学中以人为本的核心体现。

（二）营造民主平等的课堂氛围

营造自由民主的课程教学氛围是建立和谐师生关系的重要条件，需要实现以下几个方面。

（1）教师和学生的本质关系是教师起引导作用，学生发挥主观能动性。在生活中教师应该和学生们成为朋友，这样可以使学生能够有很强的交流、沟通欲望，对于学科的学习有很大的帮助，应提倡亦师亦友的关系目标，这也需要高校对教师进行思想教育。

（2）每个人都渴望被尊重和认可，学生也一样，所以教师除了讲授本学科的重点知识外，还应在课堂上进行自由式互动教学，尊重学生的个人思想和人格，营造自由平等的学习气氛，教师应善于发现学生的长处和短处，对其长处给予鼓励，对其短处给予指导和纠正，培养学生自信、自强、自立的良好品格。

（3）教师要有很强的包容性，对于每个学生都应一视同仁，不能存在歧视和怠慢的教育行为，要用仁爱、宽厚去理解和爱护学生，要把以人为本作为教育工作的核心，要把对教育工作的激情和热爱投入到工作中，用阳光积极的心态带动学生学习，不是指责和批评学生，而是培养学生的自我学习能力和创新精神。

（三）创建师生互动的交流机制

创建师生互动交流机制是培养创新型人才的关键因素，具体实施内容如下。

（1）改变传统课堂教学模式，传统的教学模式是单一灌输的形式，这对学生的学习主动性有很大的阻碍作用，因此，要采用自由交流的模式进行教学，引导学生积极表达对学科的见解，在学科的重点知识内容讲解过程中应该进行多方面谈论，教师与学生积极互动，学生可以自由发表自己的学术思想，提高学生主人翁的意识。教师要对学生的观点进行指导，学生对于教师的观点可以提出疑问和见解，这样可以很好地拉近教师和学生的关系，共同提高学科知识的理解能力，发挥头脑风暴的作用，对学生以后的工作有很大的帮助。

（2）高校应建立导师机制，创建科研实验室，教师为实验室负责人，引导学生参与学科的课题研究，通过实验室的实际演练可以培养学生正确使用科学的研究办法，培养学生的学习兴趣。高校也应和学科相关的企事业单位建立合作，聘用企业技术人员作为实验室辅导教师，利用企业的实际条件，增强学生的实际工作能力，给学生提供实习机会。

（3）和谐的师生关系其实是教师和学生之间的互动交流，也是感情的一种传递，所以不应该局限于学校学习上。在生活中教师也要和学生有情感互动，教师应多组织学生参加夏令营活动，比如爬山、游泳、野营等，这样可以更好地拉近教师与学生之间的距离。在教学过程中，教师应该积极考虑学生对学科提出的问题和见解，对于合理性的建议可以发表在相关文章上。教师也要关注学生的家庭情况，对于生活上遇到困难的学生要给予帮助和关怀，通过关怀也可以进一步拉近师生感情，要把人文关怀和教学相结合，同时学校在教育工作中也应该给予教师一定的精神鼓励和物质鼓励。

第六章　创新型人才培养与高校人才培养模式构建

随着时代的快速发展，信息化技术的快速应用，创新已经成为时代的主旋律。国家寻求创新性发展，教育也需要为国家的发展培养具备创新能力的新型人才。本章将围绕高校创新型人才培养模式的构建展开具体的论述，将针对培养模式的认知、基本框架、运作机制、构建原则、构建对策以及构建过程中存在的重点难点展开详细的论述。

第一节　高校创新型人才培养模式的认知

当今时代是知识经济时代，越来越重视人的知识储备和知识水平，社会也越来越注重人才资源的质量，人才资源的质量提升是人类可持续发展的保障。当今社会和未来社会最大的区别就是有了源源不断的创新动力，这就要求必须培养人才的创新能力。

一、创新型人生价值取向

在知识经济时代，创新不仅能够带来经济的快速增长，还能够带动时代的整体发展，是人类社会文明发展的主要动力来源。在知识经济时代，我们需要不断创新来实现社会的整体进步和民族的伟大复兴。也就是说，创新不仅要带动经济的快速发展，也要带动社会的整体进步。这就意味着高校创新人才的培养必须注重开发人才的创新潜能，提高人才的创新能力，将创新作为人才的发展目标，将创新意识、创新精神融入人才的素质培养中，让创新成为人才的人生价值取向，为社会的创新发展贡献自己的力量，让创新人才为社会的整体发展服务，将创新作为自己的人生价值取向是当今知识经济时代培养创新人才的本质目标。

将创新作为人才的人生价值取向，主要包含了以下三方面的内容。

第一，将创新作为人生价值取向，应该是从内心深处积极主动地追求创新，而不是在外力的驱使下开展创新。创新作为人生价值取向，代表了人内心深处的第一需求，也是人对价值追求的最高层次，是新时代人们对自我价值追求的崭新内涵。

第二，创新对于经济价值的实现来说至关重要，新时代下创新应该与经济发展的需求相吻合，并且充分发挥创新力，推动经济的快速发展。但是创新不能仅仅是经济发展的服务工具，也不能只是实现经济目标的途径，而应该为了人类社会的全面发展服务，即创新是为了实现人民群众的根本利益。

第三，从本质上来说创新属于社会行为，是社会进步的产物，创新并不仅是经济进步的方式，也不是自然而然发展的。它的理念的提出、发展方式都是有社会标准的，社会标准是创新型人才培养的主要内容，按照社会的评价标准对高校人才进行创新素质的培养，才能不断地提醒高校人才按照标准约束自身的行为，让创新真正地服务于社会，让创新为人类带来福祉，避免创新沦为少数人获得经济财富的工具，也避免创新为人类带来不可抵挡的灾难。

将创新作为人才的人生价值观取向来培养人才，必须注重培养人才，将自身的创新追求和社会需求紧紧结合，培养人才的创新意识；让人才的创新行为服务于社会的整体创新需求；让人才的创新标准与社会对创新的需求标准相结合，并且人才的创新标准要服务于社会整体的创新标准；让人才的创新追求和中华民族的伟大复兴目标紧紧结合，来实现中国梦。

将自身的创新价值取向和社会所需要的价值取向深深结合，在此基础上自觉地开展创新、大胆地进行创新。这样的创新观念和创新趋向既体现了高校人才对社会的责任感，也体现了高校人才为社会服务的献身精神。

二、勇于挑战的创新精神

当今时代科学技术已经发展得相对成熟，无论是社会领域、经济领域、文化领域、教育领域，还是生产营销领域，都已经形成了较为完善的理论体系，如果想要在此基础上实现创新，提出具有创新性的见解、观点或是思维方法，那么必须以教育实践为基础，在此基础上开展创新。

创新首先要有创意，想要形成新的创意，首先需要观察。细致地观察是开展创新的基础，只有通过观察才能找出不同事物之间的差别，才能在此基础上进行整体的归纳分析，找出不同事物之间的具体差别和相关联系，并且通过差别与联系展开自己的想象。可以说细致观察是创新必备的基础要素，对于创新型人才的培养，应该培养人才细心观察的能力，掌握科学的观察方法。

想要形成新的创意，还需要展开独立的思考，观察之后，我们应该对观察结果进行细致的思考和分析，去掉糟粕留下精华、由表面现象分析内在本质、由此及彼触类旁通，实现对观察结果的理性认知，也就是透过事物的表象看清事物的本质。观察与思考之间的联系千丝万缕、密不可分，观察是思考的基础，思考是观察的升华，二者之间相辅相成促进了正确认识的形成。将观察和思考结合起来才能形成创意，才能在原有的基础上发现新内容，形成新见解。以观察为基础，在此基础上进行独立思考是形成创意的前提条件，通过思考获得的新发现也为接下来的创意发展指明了方向。

世界是千差万别的，哪怕是同一种事物也存在不同的类型，这就说明人们对于世界的见解、认识是存在差异的，也正是如此，不同的人对于同一事物的观察会形成不同的发现，得到不同的见解。正是人们思考过程的不同，形成了不同的认识，也就形成了不同的创新结果。这也说明了思考的重要性，一直以来人们都注重思考的力量，孔子说："学而不思则罔。"思考对于人的成长是至关重要的，对于创新来说思考是创新目标实践的必然要求，也是创新型人才必须培养的品质，尤其是在当今的知识经济时代，思考的能力更是重中之重，可以说是否善于思考直接影响了创意的形成，善于思考也是创新型人才培养必须注重的品质和素质。

想要在创新中获得新发现、新认识、新见解，不仅要善于思考，还要勇于挑战。挑战是需要勇气的，是对传统认知的突破，更是对传统认知的超越；挑战需要打破固有的思考方式，要实现思想上的解放，要有自己独立的思考方向，不容易被别人的意见所左右，不沉迷于经典，不惧怕权威；挑战还意味着要敢拼、敢想、敢做，敢于在已有的创新成果上去追求、去探索、去发现、去找寻新的知识，可以说创新就是对已有知识、已有认知的突破和超越，有了敢于创新、敢于挑战的勇气，才能打破传统认知，才能不固化于已有的见解。没有创新，社会就会墨守成规、止步不前，所以对于创新型人才的培养，必须培养其勇气，将勇气作为创新的宝贵素质之一。与此同时，需要注意的是创新需要的勇气并不是盲目的，是建立在细致观察和独立思考之上的，是理性的创新行为。

三、充分的知识准备与体系支持

在知识经济时代下，开展创新要有充足的知识储备和完善的知识体系作为创新的支持，对于知识经济来说，它的本质是利用知识创新带动经济的发展，创新是知识经济的核心，知识的生产、积聚、分配和应用是知识经济的基础，知识的更新是知识经济的重中之重，要发展知识经济必须意识到知识的基础性作用，要有充足的知识准备。除此之外，还要有完善的知识体系。知识体系的完善有利于创业的形成，也有利于创业活动的开展。虽然不能说水平越高，创新能力就越高，但是如果想要提高创新能力的水平，必须要提高知识的水平，这就需要有完善的知识体系作为基础。

知识对创新的支持重点在于知识的更新，对于创新来说，无论是形成新的创意，还是设计新的创新活动，都需要新知识、新认识、新理解作为创新的基础，所以我们应该注重知识体系的系统更新，尤其是对原有知识的创新。知识的不断更新能够为创新提供更多的创意来源，基于知识创新产生的创新活动能够更加符合知识经济时代的需求。

当今知识经济时代的发展呈现出了综合化的发展趋势，某一事物的出现并不是单纯因素的作用结果，而是很多因素的综合作用；而且发展出现的新问题，在解决的过程中需要涉及社会的方方面面，这一切都表明创新不仅是单方面的构造和发展，也不是某一领域内部的知识更新和技能升级，而是更为复杂的系统，涉及更多的学科交叉。未来创新的发展需要我们综合运用自然、技术、社会、人文各个学科的知识，只有综合各个学科的知识，才能完成新的创新任务，实现新的创新目的，达到良好的创新效果，而且不同学科之间的整合会碰撞出新的火花，不同学科所具备的思维模式通过整合会形成交叉，会形成各种新认识、新见解，为创新活动提供了很多新的方向、新的思路。除此之外，各个学科的知识交叉、融合也为知识的创新提供了新途径、新视角。从本质上来说，知识的创新来源于社会的生产实践，但是不同学科之间的知识碰撞、渗透和交叉能够产生一些新的知识观点，甚至是形成新的学科，这对于知识的种类或者是知识的总量发展来说是一种新方式，有利于知识体系增加新的内容，也有利于知识总量的扩张。

四、科学的创新观念

创新有其客观的发展规律，是一种科学性的活动，创新不仅要客观地分析事物的运动规律、变化规律、发展规律，以此来把握客观事物的发展，还要遵循创新本身存在的客观规律。创新的客观规律产生于创新的发展过程中，随着创新的深入，人们对创新规律的认识也更加深刻，人们对创新规律的认识和把握直接影响人们的创新行为是否自觉、是否科学、是否有效。尤其是当前知识经济时代越来越重视创新活动，这就更加要求我们掌握创新的规律，只有这样，才能保证创新行为是正确的，才能保证创新效果是良好的。

创新活动的开展需要科学的世界观、科学的方法论，也就是应该使用马克思主义唯物辩证法开展创新活动。与此同时，还要结合其他科学办法。

马克思主义的唯物辩证法指出，创新活动有其客观的发展规律，但是在不同的社会发展环境下，创新也会体现出其发展的特殊规律，创新规律的存在对人们的创新活动有所制约，也影响人们创新意识、创新类型、创新方法的形成和选择。但是通过创新，人们的主观能动性得到了增强，创新意识得到了提高，创新的潜能也得到了有效的开发，创新类型也变得多样和丰富，创新给人们所带来的能力提升能够帮助人们更好地应用创新规律，提高创新速度，有效地提升创新效果。在创新的过程中,人们应该积极调动自己的创新主观能动性,并且使用辩证的方法去分析创新客观规律对自我开展创新活动的影响,通过二者的有机结合,实现创新的自由发展,实现创新质的转变。我国的社会环境导致创新基础建设不足,为创新提供的创新条件也相对落后,我们需要根据我国实际的情况把握创新规律,积极调动人的创新主观能动性,加快创新的发展步伐,通过创新不断地推动社会的整体发展。

创新是科学的活动,必须以科学为发展基础,创新活动开展的基础条件是具备完善的科学知识体系,掌握基本的科学原理和科学方法。比如说开展理论创新活动需要有认知科学的基础;开展技术创新活动需要有技术科学的基础,需要掌握技术科学的原理和技术科学方法;开展制度创新要掌握经济科学知识、管理科学知识以及人文社会科学知识。如果创新活动没有科学原理、科学方法、科学知识体系的支持,那么创新也就失去了发展基础,就会变成盲目的,甚至是破坏性的行为。

我们应该正确认识科学原理和创新之间的关系,创新以科学原理为发展基础指的是某一阶段的创新应该以某一阶段的科学发展为基础,因为科学原理或者科学方法、科学知识体系本身也处于不断地发展创新中。我们的创新活动需要以某一阶段的科学发展为基础,某一阶段的科学发展对于创新的支持是相对稳定的。因为科学发展本身没有那么快速,我们的创新活动也需要一个变化的过程,在一段时间内或者某一时期内科学发展对于创新提供的基础支持是有效的。

我们必须明确创新的基础是科学,并且要用科学来规范创新活动、创新意识、创新行为。也就是说,创新型人才要有清楚的科学认知、明确的科学态度、较高的科学知识水平,只有这样,才能在遵循创新客观规律的基础上不断提高创新程度。

第二节　高校创新型人才培养模式的基本架构与运作机制

一、高校创新型人才培养模式的基本架构

创新型人才的培养模式是在知识的基础上，将开发智力作为主要手段、创新能力的发展作为中心，目的在于提高高校人才的综合素质。这样的培养模式体现了高校人才开发活动的结构框架，学生可以通过专业的教学活动或者其他活动进行知识的累积和获取，以此来建立自身的知识框架和能力结构。在这些知识和能力的基础上，最大限度地利用自己的潜力，尤其是思维能力、表达能力、自学能力、动手实践能力、管理组织能力、社会交往能力和科研能力等，特别是自我思考能力。通过提高知识和能力，经过内证实践转化为自身素质，培养自身的创造思维能力和创新能力。以上叙述的这些能力集中体现为创新能力。在创新人才的培养模式中，要以素质为重点培养人才的灵魂和根本，培养素质应该注重培养学生的创新素质和创新精神。

高校创新人才培养的模式再现的是高校人才培养的现实或抽象概括，是根据知识、智能、素质三个方面平衡发展的要求构建的，它与高校人才培养有着密不可分的联系，是从实践中产生，并引导高校人才培养项目的进行，该模式可分为四个方面：知识、智力、能力、素质。素质、能力的形成和智力开发的基础是知识，知识在其中发挥着重要作用。然而智力不是外在的，我们必须借助能力使它显现出来，因此，智力和能力是不可或缺的关系，二者通常被称为"智能"。人才的素质是由知识和能力通过升华和内部转化得到的；形成和提高素质的同时，也会促进知识的获取和扩充，智能在此过程中得以更好地发展。多种能力的发展与结合，使人才的创造力得到充分的体现。换句话说，创造力是智能活动的最高水平；在思维力和创造力等方面的提升中，素质提供了持续的潜力。最终，只有思维和创造力的结合，才能创造出优秀的创新型人才。

二、高校创新型人才培养模式的运作机制

创新型人才培养模式主要包括：人才培养的目标、人才培养的基本规范、人才培养的过程，是一种以达到社会对创新型人才的需求为目标的人才培养模式。

（一）人才培养目标

构建创新型人才培养模式，目的是为了培养具有创新能力的高级专业人才。该模式的构建应以国际发展潮流为主，从而对我国高校的人才培养目标进行重新确认，以知识、智能和素质作为和谐发展的要求，为经济发展提供更多人才。根据社会主义市场经济和知识经济的发展，具有创新精神创新能力的新型人才，应被现代高校着重培养。创新型人才培养模式是将人才综合教育和专业教育相结合，其关键在于从基础开始重点培养性格、综合素养和创造力，以培养人才为目标的模式。这一模式与以教育为目的的传统人才培养模式不同，它要求高校学生成为"社会人"。首先，在基础层面上，综合素质、适应能力、创新能力的培养要优于知识的灌输、专业知识的提高和技能的培养。其次，创新型人才培养模式的过程，是学生接受高等教育的过程。其间既要学习必要的科学知识和人文知识，又要具有较强的创新能力和适应能力，最终应成为一个全面发展、人格健全的人。而传统模式培养下，通常会变成一个从实用主义、功利主义的角度判断事物，思考问题，寻找人生答案的人。

（二）人才培养的规格

高校培养人才的目的是为了适应未来社会对高级专业人才的需求，而创新人才培养既要满足对知识、"智力"和"能力"的三大培养，又要充分地发挥知识和智慧。综上所述，高校创新人才应具备以下特点：素质好、基础知识牢固、办公能力较强等。因此，在知识、智能、素质方面的和谐发展才是衡量高校人才培养的重要标准。这也是对自身能力全面发展要求的具体表现形式。

（1）创新能力规格。包括：①在接受创新素质教育过程中，能逐步提高和发展创造性观察能力、创造性思维能力和创造性表达能力。②在参加科技活动或社会实践活动中，能表现出一定的创造才能，能撰写符合要求的科技论文。③在毕业设计过程中，能完成具有一定创新要求的设计课题，能撰写富有新颖

性、创造性的毕业论文。④在教师指导下，能从事一定的科学研究或技术创新工作。

（2）思想道德素质规格。包括：①正确理解和坚持党的基本路线，坚持四项基本原则，拥护中国共产党的领导；②努力学习马克思列宁主义、毛泽东思想、邓小平理论、"三个代表"重要思想、科学发展观以及习近平总书记系列讲话精神，学会运用辩证唯物主义和历史唯物主义的立场、观点和方法分析现实生活中的政治、经济、文化和道德现象。③树立社会主义民主法制观念，自觉维护和遵守各种法律法规，严格遵守校纪校规。④树立以社会主义集体主义为核心的人生观和价值观，反对拜金主义、享乐主义和极端个人主义。⑤树立正确的学习目的，养成良好学风，努力攀登科学文化高峰。⑥养成高尚的社会主义道德品质和文明的行为习惯。

（3）文化素质规格。文化素质教育的目标是使学生能了解人类改造自然、改造社会和改造自身的主要文明成果，能从中外丰富的人文社会知识和自然科学知识中吸取营养，陶冶情趣，塑造适应社会主义精神文明建设要求的高雅气质、健康的审美情趣，其具体规格：①掌握一定的文、史、哲基本知识。②熟悉中国文化发展的基本脉络，了解中国近现代史上的重大事件、著名人物及经典名著。③了解世界近现代史上的重大历史事件、著名人物及经典名著。④学习文化艺术类课程，培养健康高雅的审美情趣，树立正确的审美观。⑤了解反映现代科学技术与知识创新的人文背景。⑥了解现代企业制度下的企业哲学与企业文化基本内涵。⑦了解与社会可持续发展战略相关的人文知识。

（4）业务素质规格。学生在拥有一定业务知识和能力的同时，应具备现代高级专业人才所需要的业务素养是业务资质素养教育的主要目标。其具体规格包括：①在学习和完成作业时，要杜绝所有作弊事件的发生，除了教师的指导外，学生应该自觉、独立地完成各个教学任务的学习，完成各种各样的作业。②尊重客观规则，在客观地记录和总结一些实验数据和社会信息时，应尊重科学实验、科学研究以及社会调查研究活动中的数据和信息，实事求是。③重视理论与实际之间的关系，思考将所学各种知识与现实生活相联系，并将其投入到实际生产中的可能性。④形成以精心策划和精心研发的习惯为基础的品质意识，追求卓越产品和技术创新的意识。⑤团体意识和合作精神的结合，有利于在生活中相互合作，共同进退。

（5）身心素质规格。社会价值和人生价值的体现在现代高级专业人才拥有健全的身体和良好的心理素质。身心素质的培养是为了培养人才良好的身心素质，针对其身心素质存在的问题，要加强思想道德教育，加强心理素质培养，加强社团活动锻炼，加强体育锻炼，使学生们拥有足够强健的体魄和足够强大的精神去面对困难。同时也要求学生们具备良好的心理品质和团体合作的品质。

（三）人才培养的过程

企业的生产经营要经过供应、生产、销售等环节。从理论上讲，人才的培养也离不开这三部分。首先，人才存在在不同的年龄阶段，他们可以是通过考试和评价等方式选拔的应届毕业生，或是有一定经验基础的社会青年、在职人员，这会在人才提供方面充分支援人才培养。其次，人才培养是通过教师教育和学生在校学习等方式，使学生们在知识、智力和素质等方面得到全面发展，使学生们成为符合时代发展和社会市场经济所需要的人才。最后，人才的产生是通过双向选择实现的，高校培养出的创新性人才通过交流，在双向选择、供给和需求上通过以后实现就业。人才培养模式中的这三个部分是紧密联系，不可或缺，相互影响的。

受国家的高等教育政策、就业政策和社会工作环境等各种各样相关因素所影响，高校的人才分为人才的供应和生产两个部分，这些影响因素不能从根本上影响高校的人才培养方式，所以，要从高校的方面分析论述创新人才的培养过程。

第一，学制。高校创新型人才的培养过程中十分重要的一个环节就是学制，高校在培养创新型人才时不采取强制的学制，而是采取相对宽松的弹性学制。对于达到培养目标的学生可以允许其提前毕业，同样，未达到培养目标的学生可以视情况延迟毕业。

第二，按阶段划分教育方式。高校学生的教育可以按阶段划分为基础教育和专业教育两个阶段。两个阶段的教育内容和任务各不相同，基础阶段教育所承担的主要任务是强化学生的知识基础，尽可能大地拓宽学生的知识面，给学生建立起一个基础的系统框架。而专业教育的主要着重点在于对学生的专业技能和方法等相关知识的强化，在基础的条件下加强学生与之对应的创新能力。

第三，课程设置。高校的课程设置从另一个角度上看是教学内容的一种表现形式。合理的课程设置应采用模块化的系统结构，该结构更具逻辑性和条理性，这样的教育结构更有利于学生对知识进行掌握和了解，也更有利于培养创新型人才，提高学生的素质。

第四，学分制。学分制有利于高校对学生进行因材施教，更有利于文化素质教育和创新教育双管齐下。在国外，许多高校在对学生进行教学管理时采用的就是学分制的管理模式，这样可以保证学生在进行基础素质教育的情况下，更大限度地开发自身的创新能力。学分制教育可以适当地增加选修课比例，学生可以根据个人爱好选修学分，这样的教育模式充分展现了学生的主体地位。

第三节　高校创新型人才培养模式构建的原则与对策

一、高校创新型人才培养模式构建的原则

人才培养模式要以人才培养的目标和专业设置为前提进行构建。目前，在高校教育体系中，虽然每一个具体的专业在人才培养的目标、方向和定位上不尽一致，但他们的目标还是相对一致的，人才的培养需要和高等技术的建设、生产、服务和管理等一线人才需求相匹配，其培养模式需要按照统一的目标去设置。

《关于全面提高高等职业教育教学质量的若干意见》（教高〔2006〕16号）指出，高等职业院校要及时跟踪市场需求的变化，主动适应区域、行业经济和社会发展的需要，根据学校的办学条件，有针对性地调整和设置专业。要根据市场需求与专业设置情况，建立以重点专业为龙头、相关专业为支撑的专业群，辐射服务面向的区域、行业、企业和农村，以增强学生的就业能力。即针对专业设置与规划的基本原则与理念，提出了"专业群"的概念。

所谓专业群，指的是以一个或多个办学实力强、就业率高的专业为核心，多个技术领域或学科基础相近的专业组成的集合。专业群具有两方面的主要特征：第一，是在专业群内，所有专业通常是围绕某一行业设置的，专业都具有相同的工程对象及相近的技术领域。在实际教学中，这种特征反映为各专业的实训任务可以在一个体系中完成，有大量的设施和设备可以共用，还有一部分实验实训项目需要共同完成。这种状况对于高职学校实训基地的建设工作有着十分重要的意义。第二，在专业群内，所有专业是学校在长期办学过程中围绕某一实力较强的专业逐步发展成的一类专业，这些专业具有相同的学科基础，也拥有相同的专业理论基础课程，必然就会有共同的师资队伍，由此就能够形成专业的师资队伍团队和某类专业建设的良好师资队伍环境。

依据专业群概念，下面对高校创新型人才培养模式构建进行了具体分析，应符合以下原则。

（一）培养目标实现"三个满足"

首先，需要满足被培养者职业岗位的最基本的职业素质要求以及职业技术能力，这些能力能够成为学生们就业谋生的基础条件；其次，需要满足学生们在本质岗位上，因为职业生涯的晋升和发展，而需要掌握的相对完整的知识结构和综合素质；最后，需要满足学生们在思维、精神、人文素质等能力上的需求，让学生们能够应对各种变化，并且具有创新意识和终身学习意识。

以上三个层次的满足是从教育目标上满足三个层次，高校能够满足三个层次的要求，也就说明学生们通过培养满足了具备基本的职业技能和素质的同时也具有了职场上需要的应变能力和技能，另外还满足了学生个人职业发展的综合素质和创新素质等技能，让学生们不仅能够胜任自己的职位，同时还能够发展自己的职业生涯，成为创新型综合发展人才。

（二）知识、能力与素质结构体现素质与能力"双线"模式

如何将教学与实际职业岗位需要相结合，制定出适合高校培养创新型人才的教学模式，是各个高校应该尽担的职责，对于学生们在职业岗位上的综合素质以及技能的提升需要经过理论实践相结合的教学模式的印证，让学生们从知识到素质再到能力的增长等各个方面都达到人才培养的各方面要求，掌握核心

的素质和能力。要对知识和具备职业素质的能力进行明确的认知，从而根据认知体系，制定出相应的素质、实践、理论、教学创新四大体系，让素质教育和职业能力两个方面同时提升，培养出综合素质极高的创新型人才。

知识素质与职业能力是高校人才培养中重要的两个方面。我国人才教育的培养模式之前是以理论为主，而现在更加注重人才的能力培养，这种转变也需要在实践中不断地进行磨合和优化。学科本位人才培养模式对于能力的培养较为忽略，因此培养出的人才难以胜任职业岗位，对社会经济的发展产生了一定的阻碍；能力本位人才培养模式基本根除了忽略能力培养这一弊端，使培养出的人才可以满足岗位的需求，这种模式在一定方面也存在着缺陷，对于人才的全方面综合发展和可持续性发展有一定的薄弱点存在，而且如果遇到复杂多变的职位要求，也相对难以适应。所以如果想培养更全面的人才，就需要将知识理论教育和相关的职业技能培养双线并行，以保证创新型人才的全面发展。

（三）教学设计突出"一个合作"

合作在高校教育中有着十分重要的地位，比如在人才培养模式的构建中，校企合作就是一个十分重要的特点，不但能够体现出与课程相关的模式和方法，而且校区之间的合作能够以双赢为前提，让各个合作方通过自己独特的优势，共建一个共享平台，让人才培养资源更加丰富，从而提升学生们的就业竞争力和综合素质能力。在学校和企业两种不同的环境中，学生们受到不同的教育，享有不同的资源，这让课堂与实践岗位有了相结合的机会，同时也更便于培养出适合实际需要的创新应用型人才。

高校教育直接服务于社会与经济的发展，因此，高校的人才培养目标要体现出"重应用、重技术、重技能、重现场"的特征，让人才不仅具有职业素质，能够应对复杂多样的环境变化，也具备相应的实践能力。高校通过这种教育，让学生的技能、行业的需求以及市场的需求三个方面得到良好的平衡，这也让高校的人才培养模式能够在实践运用中，更好地与管理和服务、建设等建立起更密切的关系。

所以，校企合作是高校人才培养必不可少的一种模式。如果需要培养出既具备综合职业素质，又能够适应社会需求的人才，校企合作，就必须在这之中起到桥梁的作用，高校可以通过与社会上的一些企业、成功企业家进行合作，扩大高校的教学资源，使他们参与到教学设计、教学改革等工作中；同时高校也要使教师们对职业岗位相关的知识、能力、素质等方面有更深层次的了解，随时更新社会需求，了解社会发展，并制订相应的教学计划，对于教学内容和体系的调整需要符合社会需求的变化，确保职业岗位的教学具有针对性，保证创新型应用人才的质量。

（四）坚持"以人为本"，体现创新教育

企业竞争因为社会经济的发展而不断加剧，我国对于创新型人才也有了更高和更急迫的需求。所以学生们的创新能力以及创新精神的培养成了高校教育的重要任务。以人为本是高校培养创新型人才需要坚持的原则，因为以人为本的核心是将人才本身作为主体，由教学目标、培养模式、被教育者本身共同构成。

知识、能力、素质三者在创新型人才培养模式中需要有机结合起来，要打破传统观念，注重对学生进行个性教育，力求实现个体的全面发展。要在教育教学过程中的方方面面，比如在课程的体系设置、教学内容方式、实践活动以及评价体系等方面，都要针对教育的创新性和个性化的发展来制定。

创新教育和自主性学习，对于创新型人才培养是非常重要的两个方面，创新教育需要在教育的过程中，注重对学生们创新意识和创新精神、能力方面的培养，同时也需要在课程内设置创新教育课程，结合教学要求开设创新教育和创业教育，并让双创教育贯穿高校教育的始终。要重视人文关怀，为学生营造轻松、和谐的氛围，促使学生主动参与各类创新活动，培养其创新意识，激发潜在的创新能力。要尊重学生的个性发展，实施个性化教育，鼓励学生充分发挥其学习自主性，真正实现个性化学习的目的。

二、高校创新型人才培养模式构建的对策

传统教育强调知识的积累，是一种继承性教育，传统教育更多追求的是专一和稳定的教学方法和内容，把掌握知识作为主要目的，这种方式不利于培养创新性。而目前的社会发展对人才有着更高的要求，人才的培养模式也将会随社会的需求转变而发生变化，这将会在许多层面都体现出来。在人才培养中，

创新是所有素质要求的核心，所以在传统教育基础上，如何将创新教育融入新的教育模式中，即打破固有的传统教育模式，融入新的教育观念，需要在单纯传授知识的基础上，通过学生们创新意识和能力的培养，让学生们能够运用自己掌握的知识，去解决实际问题。人才培养工作需要与创新精神的培养、创新意识的培养以及创造性思维和能力培养相结合。对于创新教育观念的树立，只有观念上的更新，才能够给予创新型人才培养以明确的思想保证。

创新型人才的培养需要为之提供一个良好的创新环境，让整个人才培养环境处于一个相对民主和自由、相对宽松和进取的氛围。只有提供良好的环境，学生们才能够在这个环境中更好地实现自我价值，利用这个舞台，激发自我潜力，使之发挥出更强的创新能力。

（1）优化硬环境。以实验室、实训基地、图书馆等为基础加强创新教育的基地建设，根据实际情况配置部分现代化科技装备，同时，校外的第二课堂也对创新教育十分重要，在学校外，能够将理论知识运用于实践，即设立一定的创新教育基地，能够让创新型人才在学校内进行理论知识学习。近几年来，已经有院校升级了实验室，实验室的升级预示着高校科研水平以及教育能力的提升。实验室通过具有吸引力的课题、精良的设备、充裕的实验基金和优质的管理来吸引教师、学生和研究人员参与其中，为大学生的课外科技活动创造了环境。

（2）优化软环境。硬件设施具备后，还需要通过科学化的人才教育管理体制，来优化教学内容以及相关的课程体系，以培养学生良好的知识和能力结构，为学生最终成为社会所需人才奠定坚实的基础。要改革教学方式方法，多采用现代化、高科技教学手段，如多媒体教学、网络教学等，以营造良好的创新环境。在考核与评价方面，应取消固有的百分制、等级制，将教师的注意力与积极性引导到教学工作上来。此外，还应建立新型师生关系，实现师生间民主、平等的交流与合作，为学生创新能力的发挥创造良好的心理环境。

（3）构建多元化知识结构。创新是以科学合理的知识结构为前提和基础的。因此，高等教育必须从人才培养出发，建立具有完整性和有序性的创新型知识结构。

第四节　高校创新型人才培养模式在实施中存在的难点

目前，我国很多高等学校都已经意识到创新环境氛围建设的重要性，也有很多教育专家、教育学者深入研究了创新人才的未来发展。与此同时，社会对于创新人才的大量需求也促使高校学生意识到创新能力的重要，而且，学生对社会的责任感也使学生主观意识上想要谋求创新，这使高校产生了很多致力于发展创新的学生。这是一个良好的开始，但是从我国教育总体上来看，我国的创新人才发展处于刚刚起步阶段，未来创新人才的发展还存在一定挑战。挑战主要来自以下五个方面。

第一，市场的趋利性阻碍了学生素质的全面健康发展。市场经济崇尚的是竞争，追求的是价值的增长，优胜劣汰非常严重，始终是能者占据着经济的主要阵地，对市场经济环境下的弱者不同情、不关心，能获得最大经济利益的人就是市场英雄，市场经济过分追求利益而忽视了非经济的市场评价标准。但是，教育与经济不同，它可以为经济带来一定增值的同时，还为社会提供增值服务。特别是高等教育，高等教育对社会的影响仅次于国家政策教育，不仅注重经济和社会价值，也注重科学技术、民族文化的发展，教育为人民生活带来了幸福，助力科学真理发展，也促进了人类文化的繁荣昌盛。这些都说明高等教育的价值是多元化的，但是市场经济表现出的价值就是单一形式的，二者间存在巨大的不同。市场经济价值方面的单一追求影响了人才素质的全面健康发展。

第二，教学模式的传统化、单一化阻碍了学生知识体系的整体协调发展。虽然我国的教育逐渐意识到传统课堂的教学弊端，也一直在推行教学形式的改革与创新，但是大部分的学校仍然采用的是传统的授课模式，单纯地灌输知识理论，认为学生是知识的存储仓库，他们认为只要为学生灌输更多的知识，那么学生通过记忆就可以获得更多知识，所以知识的教育主要还停留在对前人知识的学习当中。

第三，目前高等院校专业和课程设置阻碍了学生知识体系的全面优化。社会经济的发展要求：一是高校要创新课程内容，创新后的内容应该与社会对生产生活的需求相吻合，专业的未来发展应该走在世界的前沿；二是要为学生打下坚实的知识基础，拓宽学生的知识面，培养学生分析问题和解决问题的能力。但是，目前我国的高等教育在专业设置和课程设置方面存在两个主要问题：一是专业细化且独立，不同的专业之间缺乏必然的交流与联系，学生长久的固化于一个细化专业，知识面必然过窄，这就造成学生的知识体系不科学、不合理；二是专业知识的内容过于陈旧，没有跟上时代的最新发展，这种现象形成的原因是我国的教育理念缺乏创新和改变。

第四，现有的选修机制阻碍了学生创新潜能的提高。我国的高等教育一直忽略了学生的学习主体性，学生往往都是被动选择学习课程，学校对于学生的培养忽略了学生的个性，对所有的学生实行千篇一律的教学内容，导致学生个体潜能没有被激发。

第五，高校的师资队伍水平阻碍了人才创新水平的提高。教师是培养创新型人才的主力，无论是教学内容还是教学方针、教学思想都需要教师来贯彻落实，教师是激发学生创新潜能、培养学生创新能力、提高学生创新水平的主体因素，是学生创新学习过程中的指导者。因此，高校必须注重提升师资队伍的素质，建立健全教师的奖励机制，利用机制促使教师主动创新教学模式，为学生提供最有效的创新培养方式。

第七章　创新型人才培养与高校师资队伍建设

随着社会对创新型人才需求的日趋凸显，创新型人才培养不仅是我国中长期教育发展规划的重要战略。创新型人才培养已成为我国高等院校最基本的和最重要的任务，人才的培养教师是关键，创新型人才必然是通过创新型教师培养出来的，因此建设创新型的教师队伍是高校培养创新型人才的前提和基础。本章重点围绕高校创新型教师队伍建设的重要性、高校创新型教师应具备的基本素质、高校创新型人才培养途径和教师激励机制进行研究。

第一节　高校创新型教师队伍建设的重要性分析

创新型国家的发展需要人才的支撑，人才是创新型国家可持续发展的保障。高校作为人才培养的重要基地，为我国社会的经济发展、创新创业提供了大量的人才支持，是提升我国综合国力的重要途径，在我国创新型国家建设中占据着核心的位置，发挥着重要的作用。

第一，高校创新型教师队伍建设要以教师为本，尊重教师。师资队伍的建设需要有建设观念，也需要转变管理模式。通过机制和体系的建设为教师队伍建设提供良好的校园环境；观念的建设和管理模式的转变需要以教师和创新的发展规律为基础，建立健全管理机制；符合教师发展规律和创新发展规律的管理机制能够为教师提供积极向上、和谐自由的工作环境,能够激发教师参与工作的主动性,能够挖掘教师的个人潜力。教师个人教学水平的提高有助于教学质量的提升,有助于科研水平的提高,只有教师的水平提高了,才有可能培养出高质量的人才。对高校教师的管理需要注意的是管理的职能是为教师教学和科研活动的开展提供服务,必须明确对师资队伍的管理是为师资队伍服务的,要在服务中体现管理思想,实现管理目标。必须注重管理人员的服务意识培养,只有具备服务意识才能尊重师资人才,才能建设好高校的师资队伍。学校的管理应该解决好教师生活方面的困难,让教师开展工作没有后顾之忧,能够全身心地投入创新工作中,能够以积极的心态参与创新教学过程中,只有这样才能保证教师师资队伍的稳定发展。除此之外,以教师为本还应该实现学术自由,应该给予高校教授参与学校学术活动决策的权利,教授参与到大学的研究与管理中是发展的必然,教授对教学研究的参与能够满足学校的发展要求,有利于学校的建设,也是学校尊重教师人才的重要体现。

第二,建立健全高校创新型师资队伍的培训机制,整体提升师资队伍的水平,保障为社会提供源源不断的高级人才。首先,以科学发展观为指导思想,将人才的培养作为教师工作的出发点,要培养教师形成终身教育的教育思想,为教师提供终身学习的培训体系。其次,通过开展科研项目的方式提高教师的创新能力,应该注重教师开展科研活动,提高学校整体的科研水平。最后,转变师资队伍的教育观念,注重创新意识和观念的培养,为国家塑造出具有创新能力的新型人才,而创新人才的培养需要教师具备创新意识,只有这样教师才能对人才实施创新教育,人才才有可能具备创新能力。

第三,完善人才培养机制,重点培养高水平的学术带头人,带领师资队伍开展创新活动,提升师资队伍的创新水平。首先,机制是高校创新型教师师资队伍水平建设的保障,通过机制培养和选拔具有高素质、高水平的学科带头人是高校师资队伍建设的第一要务,带头人能够带领师资队伍积极开展创新活动。其次,要注重师资队伍中教师之间的合作,要培养教师的创新合作精神。群体的力量是无限的,当今社会快速发展,想要获得快速的成功,依靠个人的力量是不够的,必须要发挥群体作用,通过合作,积极发挥个人的长处,取得创新的成功。当今技术覆盖的范围越来越广,不同专业不同学科之间的人才进行跨专业的合作是发展的必然,只有通过合作联合攻克发展难题,才能在当今社会取得学术成功,攻克重大技术难题。再次,应该给予教师流动科学合理的指导,教师的流动可以促进师资队伍的管理,能够有效地提高师资队伍整体的素质水平。最后,要注重培养教师的职业道德,思想政治素质对于创新师资队伍的建设是非常重要的,教师不仅要具备宽广的知识面,具备高水平的创新能力,还应该有极强的职业道德。职业道德应该作为招聘教师、考核教师、教师职称评定的重要标准,有职业道德的教师才能真正做到爱国、爱岗、敬业、无私奉献,才能真正尽到为人师表的责任,为学生树立良好的榜样,向学生传递正确的价值观念,才能为国家教育事业的发展做出突出的贡献。

第二节 高校创新型教师应具备的基本素质

大学生培养大学生科技创新能力无论对于国家和民族的发展,还是对于教育和个体的自身发展,都具有十分重要的作用。加强大学生综合素质培养,既是我们对教育状况和人才状况深刻反思的结果,是中国高等教育改革和发展的应有趋势,也是实施科教兴国、人才强国战略,建设创新型国家的必然要求。关于大学生的综合素质主要体现在以下四个方面。[①]

(1)思想素质,其主要包括政治素质、道德素质等内容。它存在的意义主要是为了解决知识为谁所用的问题。

(2)专业素质和人文素质,这两类素质所涉及的范围比较广泛,主要是专业知识以及专业知识以外的文化知识等。

(3)科技创新素质,一般是以科技创新能力和实践动手能力等为代表。

(4)身心素质,通常我们所说的身心素质主要包括身体素质和心理素质

---

① 康贝贝,张艳,关嘉.论高等学校创新型教师的基本素质及培养途径[J].沈阳农业大学学报(社会科学版),2003,5(4):344-347.

两个方面。

可见，学生的全面发展是素质教育所强调的目标，强调培养学生的创新精神和创新能力是创新教育的培养目标，如此我们便得知二者的本质目标近乎一致。培养创新精神与创新能力，应在德智体美劳全面发展的基础之上，同时注重培养和发展学生的创新精神和创新能力，而全面发展包含了创新能力，二者之间是相互联系、相互辅助的关系，我们可以理解成培养大学生科技创新能力是素质教育的深化和素质教育的有效平台。

培养大学生科技创新能力从来都被视为素质教育的重要组成部分，要想使大学生的综合素质教育得到显著提高，就需要开展创新教育。而创新教育的最终目的就是为了培养各种高层次的创新型人才，尤其是科技创新人才。

大学生科技创新，是为了更好地开展素质教育，提高大学生的综合素质。在大学生参加科技创新活动的过程中，要培养大学生们的创新精神，同时也要锻炼他们的实际操作和实践能力。

首先，通过参加科技创新活动，有利于提高大学生的观察能力和想象力，还能够促进大学生的实践操作能力，通过合理使用基本理论、基本知识和基本技能解决遇到各种问题的能力，从而锻炼了学生独立思考的能力，提高了其科技素质。

其次，通过参加科技创新活动，还可以在一定程度上提高大学生的写作能力、逻辑思维能力、口头表达能力、临场应变能力以及心理承受能力等，使大学生在人格和知识内涵上都充分得到提高。

最后，通过学生科技活动的开展，可以引导学生尽早参与科学研究，学生在自主参与科技论坛、创业实践、科技竞赛、学术研讨、课题攻关等探究型活动的同时，在无形之中不仅使大学生掌握了与人沟通的技巧、培养了其合作精神，也在探索和创造精神方面得到了良好培养。

通过科技创新活动，大学生的创新精神和实践能力都得到了培养，从而达到提高大学生综合素质的目标。

第三节 高校创新型人才培养途径和教师激励机制

一、高校创新型人才的培养途径

科技创新是科技进步、时代发展和民族复兴的历史要求。《国家中长期教育改革和发展规划纲要（2010—2020年）》指出："探索贯穿各级各类教育的创新人才培养途径；鼓励高等学校联合培养拔尖创新人才；支持有条件的高中与大学、科研院所合作开展创新人才培养研究和试验，建立创新人才培养基地。"由此可见，高校科技创新体系的重要组成部分，以及高等学校教学工作和学生工作适应时代要求的全新人才培养模式的重要手段和主要内容是大力开展大学生培养大学生科技创新能力。

（一）培养大学生科技创新能力的基本价值取向

大学生科技创新活动是在教师指导作用下自主开展的一种以现代化科技技术创新为核心的实践活动。大学生培养大学生科技创新能力的价值取向主要表现在培养学生的创新精神和创新能力，大学生科技创新能力的培养对于科技创新活动的重要影响主要表现在以下四个方面。

（1）它是培养大学生创新人才的重要组成部分。大学生在开展和参与科技创新活动中，可以得到更多的机会和平台，使自己的理论知识得以与实践进行有机融合，可以获得更多科学研究方法的学习与检验，有利于激发大学生开展创新实践活动的积极性和能动性，进而帮助大学生树立科学观念和创新理念。

（2）它是培养大学生科技创新精神、创新意识，提升大学生科技创新能力的重要源泉。

（3）它是大学生科技创新体系得以不断完善的科学支撑。在开展大学生科技创新活动中，学生可以提高创新技能、开发创新潜能、拓展创新智能。

（4）它是推动两类重要人才培养计划施行的重要动力。这两类重要人才分别指的是：学术型人才（从事科研工作，同时可以获得知识产权）和复合应用型人才（具备将科研成果转化为实际应用的能力，同时拥有一定的市场意识和对经济建设的直接服务力）。从另一个角度来讲，大学生科技创新活动是与社会对复合型和创新型的高素质人才需求相适应而存在的重要选择。

通过以上四方面的作用可知，在全面推进素质教育的整个过程中，对大学生进行自主探究能力和创新实践能力的培养至关重要，这不仅是素质教育的重要内容，更是推动创新型社会建设的重要要求。

（二）大学生科技创新活动是综合素质教育的重要内容

素质教育是与现代大学精神和功能相适应的一种教育理念。坚持实践操作与相关理论相结合的原则，积极开展各类科技实践活动，将实践融入大学生学习和生活之中，这是符合素质教育的本质要求，同时也关系到培养大学生科技创新能力的最终效果。

除此之外，学生科技创新活动也是将知识转化为能力重要而有效的一种途径。它为培养大学生创新精神提供了良好的环境和条件，并在一定程度上适应了大学生成才的主要需求。与此同时，还为高校的教学改革带来了明确且有益启示。实施综合素质教育已成为高校教育的核心，大学生科技创新活动正是综合素质教育的重要内容，是素质教育的实践环节。

大学生学术科技活动对于大学生综合素质培养的直接推动作用在于，它为不同学术群体和不同思维方式的交流碰撞提供了很好的平台，营造了积极探索的创新教育环境与学术交流氛围，从而影响着学生养成正面、乐观的学习态度、学习观念和学习作风。

同时，不同于单一的精英教育，大学生培养大学生科技创新能力具有大众性和普及性，它强调培养大学生科技创新能力的前提是每个人具备一定的学习能力，并且具备合理、科学运用各种资源以培养求是、求实、探索的精神，从而达到自我完善、自我发展的目的，它针对大众提供了参与科技创新和探索性学习的平台。

（三）激发大学生成才的不竭动力

社会的发展与人才的培养、教育质量的提高是环环相扣的，通过探索新型教育模式和大学生整体文化素质教育手段，可以显著提升教育质量，而教育的最终目的在于为社会发展培养更多优质的创新型人才。培养大学生科技创新能力的积极作用在于，它在一定程度上建立了正面积极的良好学风，同时为大学生培养科研能力、成才动力、在校学习能力、实践能力、创新能力、沟通能力以及社会适应能力创造了一定的空间，有助于提升大学生自主择业或创新创业核心竞争力。

（1）提升大学生道德修养。无论是自然科学，还是社会科学，对该领悟的研究和探究都必须坚持实事求是的基本原则，尊重客观事实和客观规律。因此，大学生培养大学生科技创新能力可以推动大学生养成科学的价值观、世界观、人生观和学习观念。同时，科技创新活动是一个需要长期奋斗的集体活动，需要集体智慧、集体思维共同发挥作用，因此，它也可以在一定程度上培养大学生的集体主义观念和团队合作意识，以及面对困难的进取精神。

（2）可以开阔大学生的视野。由于受到固化传统观念的长时间影响，致使授课、考试为主的知识传承教育成为我国高校以及教育特点。这种以授课、考试为主要特征的传承教育弊端明显，课上大部分时间都是由教师进行自导自演，学生只是一味接受，学生的创新性思维方式得不到挖掘，学生只会以一种比较机械的、单一且片面地方式看待各学科知识的结构，并没有整合资料的能力，思考问题时缺乏灵活性、全面性和深层次，甚至连处理问题的方式方法都是千篇一律，不会夹杂任何新意和突破，尤其是在发言、作业、试卷、论文中更是缺乏新意，这一教育特点严重阻碍了大学生在创新思维方面的培养与发展。

培养大学生科技创新能力的出现为思维纵横交错的培养提供了可靠平台。学生在进行科技创新活动的整个过程中，需要查阅大量文献，并在此基础上对其专业背景和考证研究工作的可能性进行分析、研究。在阅读与分析、研究的过程中，不同研究方法和思路会给学生带来诸多需要思考的问题，比如他们为什么会这样做？他们是如何做到的？自己所研究的东西和方向是否具有新意？还有没有别的途径？这一系列问题使他们产生更多的想法。而这些新发现和想法往往能够激发学生的斗志，如此便将学生的探索意识和思维方式在某种程度上进行了扩展，最终使学生的视野变得更为开阔。

（3）可以培养大学生的学习能力。目前，高校部分学生缺乏明确的学习目的，学习态度不端正，部分学生带有强烈的功利主义看待学习，缺乏脚踏实地的精神，他们对学习抱有急功近利的"实用主义"态度，忽视基础知识和基础理论的学习。培养大学生科技创新能力可以帮助培养大学生的学习能力。

第一，科技创新活动与良好的专业基础密不可分，换而言之，科技创新活动要以专业学习作为根本起点，以良好的学习成绩、知识水平为作为基本标准。善于学习的能力能给创新活动的成功带来更多机遇。

第二，科技创新是一项综合型工程，它需要众多领域和学科知识的共同支持，想要将此研究顺利进行下去，并取得良好的效果，就必须不断拓宽自己的知识面。如此一来便在某种意义上调动了学生学习的主动性和接触其他学科领域的主动性。学生一旦在科技创新活动中看到了自身不足，体会到成功的喜悦，必然会带动自己不断端正学习态度，从而提高自己的学习能力。

（4）培养大学生参与实践能力。让大学生清楚意识到"学习是基础，思考是关键，实践是根本"是大学生培养大学生科技创新能力的重要目标之一，同时，以提高学生整体素质、帮助其改善单向思维和生活模式的各种改革措施，可以实现学生以较强的思考和动手能力来更好地适应未来社会发展的目标。

当今阶段，用来提升大学生科技创新能力的形式主要包括实验教学、课程实习、专业实习、毕业实习社会实践和社会调查等内容，强调不管是开展社会科学策略调研，还是进行自然科学产品研发，大学生要积极利用科学实验的纽带作用，实现个人思想与社会实践活动的有机融合。

总而言之，完成理论建构和动手实践论证是科技创新活动的本质，而在大学生培养大学生科技创新能力的过程中，大学生不仅可以搭建完整、完善的理论知识体系，同时还可以掌握多样化的实验方法。

（5）促进大学生的心理健康。以培养大学生科技创新能力为主要目标和宗旨的科技创新活动，充分利用了大学生的课余时间，实现了课下时间利用率的最大化，使大学生摆脱了枯燥乏味的课余时间所带来的空虚心理，有利于大学生养成坚强的抗压能力和正面积极的心理健康状态。

（6）提升大学生的就业能力和创业能力。就现阶段的就业环境和就业形势来看，当代大学生就业难的现实已经成为一种趋势，并且暂时不会在短时间内得到改善或者解决。在经济全球化的国际经济背景和国内经济形势一片大好的环境下，社会就业正面临着严峻的创新型人才缺口。虽然不管从时代发展角度来讲，还是综合考量高校毕业生就业制度改革的倡导内容，都在鼓励"自主择业"向"自主创业"的转变，但是，大部分高校毕业生就业难的现状一定程度上受到毕业生自主创业观念尚不健全和自主创业机制尚未与市场结合两方面因素的影响。

所以，转变传统教育思想和教育观念，创新人才培养模式，加大大学生科技创新能力培养力度应当成为当下高校提升学生综合竞争力、扩大大学生自主就业面的重要选择。同时，要鼓励高校积极培养兼具科技创新和创业能力的大学生，来有效缓解大学生就业难的现状。

（四）深化教育改革、推进素质教育的必然选择

创新是人类对现有知识或技术进行自主探究，并获得创造性成果的过程，更是人类在运用科学的视角探索客观世界过程中培养的一种另类思维，创新活动的开展是一个涵盖社会科学和自然科学等多方面内容的复杂的过程，需要创新者具备一定的知识运用和驾驭能力。纵观我国大学生创新教育与实践，起步较晚、发展较慢，且学生的创造力长期受到应试教育的影响等因素，导致了学生的整体综合素质水平普遍较低。

《21世纪的高等教育：展望与行动世界宣言》中曾提道："毕业生将愈来愈不仅仅只是求职者，而首先将成为工作岗位的创造者。"在就业竞争压力日益严峻的当下，对于大学毕业生来讲，扎实的理论基础知识和实操基本技能是远远不足以构成其参与社会工作的核心竞争力的，因此，就需要高校密切关注针对大学生群体的创新教育，竭尽全力培养大学生的创新精神和实践意识，帮助大学生用扎实的创新创业理论知识和创新技能同步武装自己，提升自身的综合素质和创新素养。

（五）促进大学生就业的必要条件

促使大学生创新意识由被动转变为主动，有利于大学生向同时拥有理论知识和将理论知识转化为社会财富的创新者转变，从而变被动就业为自主创新就业。

因此，高校创新教育并不仅仅是高校改革教育模式以适应素质教育的一次伟大的尝试，它更大的价值在于为创新型社会和社会建设输送大量的创新型、全面性、兼具从事社会生产与服务管理能力与知识水平的优质人才，其最终要实现的目标在于有益于社会主义现代化建设，在于从根源处入手有效缓解大学生就业难的现状。

二、高校创新型教师的激励机制

（1）加强队伍建设，营造学术氛围。教育活动是教师的教和学生的学相结合的统一活动，强大且优质的师资团队建设是大学生课外科技活动取得显著成效的强有力保障。加强队伍建设主要包括：以精干高效的管理团队进行培养计划的制定与施行、以及施行过程的有效监督和科学协调等工作。管理团队要始终坚持"素质高，业务精，善管理，责任心强"的原则，以确保科技创新活动有序开展；此外，鼓励教师主动支持与参与大学生课外科技活动中。

（2）完善激励机制，健全保障体制。大学生课外科技活动的内容主要包括从课题的选择和审批到作品的申报、评选和奖励，再到作品的对外宣传与推广，它是一项过程复杂的社会实践活动，这个过程的完成自然离不开科学的管理机制、运行机制和合理的组织架构等多方协作。因此，必须建立健全的管理机制和运行机制，为大学生课外科技活动提供制度保障。

首先，建立大学生课外科研基金保障机制。即以规范的制度保障大学生开展课外科研活动有充足的资金支持。科研基金发挥作用的主要流程为：学校以官方书面文件形式落实大学生课外科技立项管理办法；科研立项；调拨定额启动资金。明确的制度保障科研基金真实有效、及时到位，一定程度上也是对学生积极参与科技活动的鼓励。

其次，建立大学生研究训练中心。训练中心的成立目的在于让学生通过教师提出的关于大学生创新、创业计划的科研选题或社会企业提出的优质课题的选择，与科研小组积极配合，共同开展科研创新，以研究训练中心接收并审核科研小组提出的课题申请为开端，随即调拨科研基金，而后教师指导学生进行科研工作。

再次，成立创造学研究室。该研究室主要的工作职能在于开设创造学基础课，并为其提供教学指导以及以培养创造力为核心的专题讲座。

最后，共享教学资源。转变信息网络资料中心及线下资源数据库的运营模式，积极开通各类仪器设备的使用权，最大限度地实现对学生开放，以便于学生及时获取所需的数据资源。

参考文献

[1]苏晓晋,武珺,曹瑛.大学生创新创业能力现状及培养途径[J].中国高校科技,2011,(11):76-77.

[2]刘本玲.学习型组织在培养大学生学习、创新与合作能力中的运用[J].教育与职业,2010,(30):181-182.

[3]郭鑫.论大学生创新能力培养的四个"关键"[J].黑龙江高教研究,2009,(12):214-215.

[4]卢光莉.创新型人才成长的生态环境与发展实践[J].前沿,2012,(13):163-164.

[5]李雪燕.创新型人才的成长特质与协同培养管理机制[J].东南学术,2017,(3):88-93.

[6]王明杰.创新型人才成长的主客观因素分析[J].中国人才(上半月),2010,(12):68-69.

[7]刘琳琳.创新型人才成长的规律与路径研究[J].科学管理研究,2014,32(1):82-85.

[8]王志明.创新型人才成长的生态环境刍议[J].前沿,2011,(8):198-200.

[9]柴蕾.建构应用型师资队伍的现实问题与变革策略[J].中国成人教育,2018,(4):48-50.

[10]颜菲.教学型高校师资队伍建设的新思路[J].中国成人教育,2013,(23):48-49.

[11]郑旭辉,林燕玲.高校创新创业型人才培养体系建设研究[J].福

州大学学报（哲学社会科学版），2020，34（4）：86-91，104.

［12］吴腾，吴润.基于创新项目探索应用型人才培养模式［J］.实验室研究与探索，2020，39（11）：183-185，203.

［13］叶婷.高校应用型创新创业人才协同培养路径探析［J］.学校党建与思想教育，2020，（16）：56-58.

［14］朱培培.新时代背景下的创新型人才培养与引进研究［J］.福建茶叶，2019，41（10）：170.

［15］孙宇飞.应用型院校人才培养机制创新［J］.中国成人教育，2018，（7）：43-46.

［16］李高申.应用型创新人才培养影响因素分析及对策［J］.中国成人教育，2017，（5）：69-71.

［17］吴能表，罗欢.人才培养模式的创新思维与实践［J］.中国大学教学，2018，（1）：51-55.

［18］秦秋，程冷杰.创新思维及其能力培养探析［J］.江苏社会科学，2009，（6）：227-231.

［19］戴斌，徐小平，聂一鸣.思维发展、环境建设与创新型研究生的培养［J］.高等教育研究学报，2012，35（3）：23-25.

［20］刘丽波.创新思维环境培养创新品质［J］.新课程·中学，2018，（7）：218.

［21］孙进，韦力.网络文化环境下应用型创新人才的培养研究［J］.黑龙江高教研究，2009，（11）：152-154.

［22］方之熙.创新人才培养必须重视文化的影响［J］.IT时代周刊，2011，（17）：65-65.

［23］范红丽，武永乐.创新人才培养视域下的高校校园文化建设研究［J］.教育与职业，2014，（35）：50-51.

［24］吴东莞.营造适合科技创新人才成长的文化环境［J］.中国人才（上半月），2008，（1）：64-65.

［25］黄培清.浅谈校园创新文化环境的营造［J］.教育探索，2010，（12）：

26–27.

［26］蒋晓虹.论创新人才的素质特征及其成长环境［J］.苏州大学学报（哲学社会科学版），2010，31（4）：174–178.

［27］申万兵，陈波.发展校园文化推动创新人才培养［J］.中国高校科技，2012，（6）：73–74.

［28］蒲勇，易联树.高校校园文化与创新型人才培养［J］.职教论坛，2012，（14）：67–68，71.

［29］马忠法，胡传实，尚静.知识经济与企业知识产权管理［M］.上海：上海人民出版社，2011.

［30］单志刚.知识经济概论［M］.北京：中国传媒大学出版社，2010.

［31］王庆海，管理学概论［M］.北京：清华大学出版社，2008.

［32］张健，管理创新的理论与实践［M］.北京：经济科学出版社，2012.

［33］黄津孚.管理创新［M］.北京：企业管理出版社，2012.

［34］王雷.高校创新型师资队伍建设机制分析［J］.现代交际，2013，（8）：194–195.

［35］康贝贝，张艳，关嘉.论高等学校创新型教师的基本素质及培养途径［J］.沈阳农业大学学报（社会科学版），2003，5（4）：344–347.

［36］张彩霞.知识经济时代大学生创新能力的培养［J］.辽宁行政学院学报，2010，12（11）：124–125.

［37］邵立新.知识经济对高校人才培养的要求与挑战［J］.漯河职业技术学院学报（综合版），2006，5（2）：72–73.

［38］赵小苗，赵小惠.知识经济和技术创新［J］.河北工业科技，2001，18（1）：7–9.

［39］［美］约瑟大·熊彼特著；李默译.财富增长论［M］.西安：陕西师范大学出版社，2007.